国家社科基金
后期资助项目
GUOJIA SHEKE JIJIN HOUQI ZIZHU XIANGMU

新时代教师师德修养：案例教学研究

Teacher Morality Development in the New Era: Study on Case Teaching

叶王蓓 著

华东师范大学出版社

·上海·

图书在版编目(CIP)数据

新时代教师师德修养:案例教学研究/叶王蓓著.一上海:华东师范大学出版社,2022
ISBN 978-7-5760-3474-5

Ⅰ.①新…　Ⅱ.①叶…　Ⅲ.①师德一教学研究一师资培训一教材　Ⅳ.①G451.6

中国版本图书馆 CIP 数据核字(2022)第 240939 号

新时代教师师德修养:案例教学研究

著　　者　叶王蓓
策划编辑　彭呈军
责任编辑　白锋宇
审读编辑　章　悬
责任校对　王婷婷　时东明
装帧设计　郝　钰

出版发行　华东师范大学出版社
社　　址　上海市中山北路 3663 号　邮编 200062
网　　址　www.ecnupress.com.cn
电　　话　021-60821666　行政传真 021-62572105
客服电话　021-62865537　门市(邮购)电话 021-62869887
地　　址　上海市中山北路 3663 号华东师范大学校内先锋路口
网　　店　http://hdsdcbs.tmall.com

印　刷　者　上海昌鑫龙印务有限公司
开　　本　787 毫米×1092 毫米　1/16
印　　张　19.75
插　　页　2
字　　数　339 千字
版　　次　2023 年 8 月第 1 版
印　　次　2023 年 8 月第 1 次
书　　号　ISBN 978-7-5760-3474-5
定　　价　72.00 元

出版人　王　焰

国家社科基金后期资助项目
出版说明

后期资助项目是国家社科基金设立的一类重要项目，旨在鼓励广大社科研究者潜心治学，支持基础研究多出优秀成果。它是经过严格评审，从接近完成的科研成果中遴选立项的。为扩大后期资助项目的影响，更好地推动学术发展，促进成果转化，全国哲学社会科学工作办公室按照"统一设计、统一标识、统一版式、形成系列"的总体要求，组织出版国家社科基金后期资助项目成果。

全国哲学社会科学工作办公室

目　录

序　言

　　叶王蓓博士所著的《新时代教师师德修养:案例教学研究》,是近年有关师德及其教育领域不可多得的一项优秀研究成果。

　　说其优秀,绝非客套的溢美之词,而是对这一著作所取得成绩的客观描述。主要依据有三:第一,在大量案例教学研究的基础上,著作直面教师道德及其教育中所遭遇的现实问题,展开了有深度的伦理分析,对广大教育工作者加强师德修养有极强的现实指导意义。第二,师德案例的教学研究特别注重两难案例的优选,大大增强了提升广大教师道德判断能力的可能性。案例分析、案例教学不仅使著作的可读性得到提高,而且这一伦理分析或者教学方式本身也足可成为广大教师提升自己师德修养的一个有特色的方法论建议。第三,著作不仅将国际范围的师德失范案例库纳入了分析的范围,而且将国际上职前、职后师德教育的珍贵实践经验以及学术界关于师德修养的动机、形成机制等课题的研究成果和盘托出。这些对于拓展新时代师德建设的视野都将有极大的助益。

　　当然,道德修养至少涉及认知、情感、行为等几个方面。道德之知固然十分重要,但"惯偷明明知道偷东西不对,为什么还一直偷东西"这一诘问是 20 世纪 60 年代人们对在道德认知发展研究上作出卓越贡献的道德心理学家、教育家劳伦斯·柯尔伯格提出的,在今天仍然适用。故对于师德修养与教育实效性的取得来说,涵养横亘于道德认知和道德行为之间的道德情感也是极为关键的任务。正因为这一点,关怀教育大师内尔·诺丁斯才说:"如果我们按照数学教学的方式处理道德教育的话,我们就大错特错了。"

　　一本书自有一本书的使命。《新时代教师师德修养:案例教学研究》特色鲜明,已经在自己的维度上对师德建设作出了十分突出的贡献。读者倘若能在认真阅读本书的基础上继续前行,真正做到融会贯通,就必将在师德修养上取得更大的进步。

最后,我想说:叶王蓓博士是我们北京师范大学的优秀校友,我为她敬业的工作以及高质量的研究成果而感到由衷的自豪。

檀传宝

于京师园三乐居

(作者系北京师范大学教育学部教授、教育学部学术委员会主席)

第一章　新时代师德修养路径：案例教学与实践

第一节　概述

师德师风建设，是一个备受世界各国关注的议题。如何培育师德？目前，在医学、法学、商业、教育等领域的职业道德教育中，案例教学由于其具备学习者中心、建构主义的特点，被认为有助于提升职业人士的道德敏感性、同情心、对道德基本原理和知识的了解、道德判断和推理能力、道德决策和反思能力等，因而得到广泛使用。本章简要介绍国内外师德培育研究情况、案例教学法、师德案例开发和教学流程。

一、国外师德研究及其培育研究

在国外，尽管有自由主义的干扰，但20世纪80年代以来，受教师专业化浪潮影响，教师对师德相关议题的敏感性和处理能力依然受到人们的关注。随着一些师德著作的出版，如阿兰·汤姆（Alan Tom）的《教学作为一种道德工艺》（1984）、内尔·诺丁斯（Nel Noddings）的《关心：伦理和道德教育的女性路径》（1984），师德成为国外备受关注的议题。

近四十年来，国外师德研究主要集中在如下领域。其一，讨论师德内涵。师德内涵主要涉及如下讨论：教学的道德、伦理维度，教师职业的道德角色，教师的职业道德。有的学者，如卡尔（David Carr）、索科特（Hugh Sockett）等，强调沿循亚里士多德的美德伦理传统；有的学者，如斯特赖克（Kenneth A. Strike），则强调原则、权利和义务等概念；有的学者，如内尔·诺丁斯等，倡导用关心和关怀来分析学校、教师的道德角色；还有一些学者讨论职业美德，如公平、正义、正直、诚实、热情、耐心、责任、实践智慧等。其二，通过对教师道德实践的分析，开展以质性研究为主的实证研究。比如较为出名的"学校的道德生活项目"、"教学仪态项目"等，分析学校生活中的事件、教师行为及其对学生可能造成的道德影响。随着实证研究的深入，人们发现教师的日常教学充满道德两难问题（两种或以上道德原则同时作用于一起事件，当事人只能运用其中一种），而教师缺乏相应的道德知识体系来处理师德相关事件。

由此，出现了第三个师德研究领域：培养教师道德两难问题处理能力。特哈特（Ewald Terhart）指出，教师职业的特色，决定了教师的日常工作中充满了道德两难。他们既服务于学生，又服务于社会，两者的利益时有矛盾。但是，教师在处理道德两难问题时，准备却并不充分：（1）尽管各国都颁发了教师伦理规范等法律、法规，但是这些师德规范条款常常只对师德底线作出规定。教师在日常工作中，特别是处理道德两难问题时，需要承担的责任和造成的影响远超法律、规章的规定。（2）欧美的一些跨国教师教育研究（如 Pantić，2012）指出，无论是职前教师教育，还是在职教师的专业发展，由于过于强调技术、知识教育，师德教育都备受忽视。奥瑟（Fritz Oser）指出，面对道德两难时，难倒教师的并不是美德的缺乏，而是如何平衡公正、关怀和实事求是等原则。教师往往会采取几种方式面对道德两难：回避（不面对难题）、代理（寻找其他人来处理，如校长等）、独断专行、合作（与相关各方合作，平衡多方考虑，从而解决难题）。

提升教师师德敏感性以处理道德两难问题，最常见的方式是两难案例集教学（casebooks），使用道德两难案例，唤起教师对师德的思考和分析。道德两难案例主要来自现实案例（加以虚拟处理），通过提供道德两难情境，让教师作出决策并反思自己的决策过程，提升自己的师德敏感性和判断力。这些研究以斯特赖克等人所著的《教学伦理》一书为代表。该书已被译为中文并受到广泛关注，它构建了分析教学伦理两难问题的框架：教学案例→争论→概念→分析→方法上的反思→补充教学案例→进一步探究。《道德教育期刊》（*Journal of Moral Education*）和《教师教育期刊》（*Journal of Teacher Education*）这两种德育、教师教育领域的著名刊物，曾做过几期特刊，讨论道德两难案例教学。道德两难案例的讨论和分享，被认为有助于提升师德、增强教师解决道德两难问题的能力，并削弱道德两难造成的负面影响等。

二、我国师德研究及其培育研究

20 世纪 90 年代以来,我国师德研究逐渐增多,这和我国教师教育从原来封闭的师范教育转向开放、综合的教师教育体系有一定的关系。在努力提升教师素质,吸引更多、更优秀的人才加入教师队伍的同时,教师应该具备什么样的师德素养,也成为学术界关心的议题,牵动着千家万户的心。国内师德研究从教师职业道德、教师个人私德、教师公民政治素养、教师育德能力等方面定义师德。林崇德等(2014)认为师德需要以中华传统美德为基础,并从四个方面解释师德内容:爱岗敬业、关爱学生、严谨治学、为人师表。陈桂生(2001)认为师德就是职业道德,而职业道德规范应由颁布的政策、法规加以规定。程德华(2010)认为师德包括爱生包容、尊崇公德、廉洁自律、履职尽责、民主公正等。吕京等(2014)指出,随着立德树人要求的强调,教师育德能力成为师德内容的必要成分。檀传宝在 2003 年的《教师伦理学专题》中,将教师的幸福作为师德建设的逻辑起点,系统研究了教师的公正、仁慈、义务、良心及教师的人格等师德范畴;在 2009 年出版的《走向新师德》中,檀传宝明确提出了要努力促进师德形态从职业道德向专业道德转化等主张;在 2016 年的《教师专业伦理基础与实践》中,檀传宝等将教师专业伦理细分为教学伦理、科研伦理和社会伦理,并对教师伦理的理论与实践作了全面、深入的探索。

当然,也有学者在讨论师德内涵的基础上从发展阶段、师德与其他道德的关系、师德的空间弹性等维度提出看法。如傅淳华、杜时忠(2016)指出教师道德学习存在阶段性的特质,不同阶段有不同的需求。黄向阳(2010)提醒,尽管师德的内容包罗的范围较广,但师德是教师的职业道德,需要平衡其与私德、公德的关系。李敏、檀传宝等(2008)意识到师德要求同时存在崇高性和底线。

近年来,我国陆续颁布了师德相关的政策文件,呼应理论界关注的四个方面(职业道德、个人私德、公民政治素养、育德能力),对当下师德提出了要求。比如《中小学教师职业道德规范》(2008 年修订)对师德提出六个方面的要求:爱国守法、爱岗敬业、关爱学生、教书育人、为人师表、终身学习。《国家中长期教育改革和发展规划纲要(2010—2020 年)》强调:"教师要关爱学生,严谨笃学,淡泊名利,自尊自律,以人格魅力和学识魅力教育感染学生,做学生健康成长的指导者和引路人。"2011 年教育部对幼儿园、小学、中学三类教师专业标准的制定公开征求意见,提出学生为本、师德为先、能力为重、终身学习等基本理念,同时强调学生主体地位,要求教师尊重、关爱学生,充分发挥学生的主动性。2014年出台的《中小学教师违反职业道德行为处理办法》对底线作出了规定,列举了十类教师不可触犯的师德禁行行为及相应处罚办法。

自21世纪初以来,我国学者开展了一系列的师德研究,从教师和学生、教师和家长、教师和同事、教师和学校、教师和社会、教师和职业、教师和自身等几个维度,调查教师、学生、家长等的看法。陈桂生(2001)调查200多位教师,要求其列举5种教师不道德行为、5种不一定不道德但教师不宜有的行为,发现主要的师德问题有:教师不尊重学生人格、不自重,以公职谋私利,等等。檀传宝等(2010)在我国东、中、西部选择四个城市发放教师、学生、家长问卷,发现师德教育不足,往往将政治理论和法律法规等非道德方面的内容列为教学重点。方晓义等(2022)通过86名特级教师的写作,分析其师德观,发现师德存在明显的地区差异。朱水萍(2014)调查了4所初中的教师,了解人们对师德的理解和期望。近年来,我国研究者逐渐注意到,教学中往往存在着道德两难问题。如周坤亮(2016)研究指出八类师德困境:公平问题、学生行为管理问题、课改与考试的冲突、学校行政管理带来的冲突、投入与回报的冲突、教师信念与家长观念的冲突、同事相处的冲突、不同原则间的冲突。王晓莉等(2011)的实证研究发现,师生之间出现道德两难问题的比例最高。

总之,国内外研究趋势显示,师德研究逐渐从理论研究转向注重实证研究,而实证调研的发现,凸显了培养教师应对道德两难问题能力的重要性。但是,我国大部分师德实证研究主要是调研、了解教师的师德现状和遇到的困难,对师德培育路径——如何提升教师应对道德两难问题的能力,如何系统培育师德,哪些因素影响师德发展水平——的研究并不多见。

三、新时代师德培育路径探索

2014年9月,习近平总书记在同北京师范大学师生代表座谈时指出:当今世界,科技进步日新月异,国际竞争日趋激烈。特别是经历了历史上罕见的国际金融危机,各国纷纷调整发展战略,更加注重科技进步和创新驱动。当今世界的综合国力竞争,说到底是人才竞争,人才越来越成为推动经济社会发展的战略性资源,教育的基础性、先导性、全局性地位和作用更加突显。"两个一百年"奋斗目标的实现、中华民族伟大复兴中国梦的实现,归根到底靠人才、靠教育。源源不断的人才资源是我国在激烈的国际竞争中的重要潜在力量和后发优势。希望广大教师认清肩负的使命和责任,努力为发展具有中国特色、世界水平的现代教育,培养社会主义事业建设者和接班人作出更大贡献!

进入新时代以来,师德师风建设进一步受到关注。2018年中共中央国务院《关于全面深化新时代教师队伍建设改革的意见》把"突出师德"作为教师队伍建设的基本原则之一:把提高教师思想政治素质和职业道德水平摆在首要位置,把社会主义核心价值观贯穿教书育人全过程,突出全员全方位全过程师德养成,推动教师成为先进思想文化的传播者、党执政的坚定支持者、学生健康成长的指导者。2018年《新时代中小学教师职业行为十项准则》在以往师德规范的基础上,既对教师设立了很高的职业道德标杆,也对教师职业道德作出了底线规定,具有更强的约束力。

对于师德师风建设的途径,习近平总书记指出:"传道者自己首先要明道、信道。高校教师要坚持教育者先受教育。"要引导教师把教书育人和自我修养结合起来,做到以德立身、以德立学、以德施教,把教师职业理想、职业道德教育融入培养、培训和管理的全过程。在制度上,需要注重宣传教育、示范引领、实践养成相统一。

近年来,有关部门落实习近平总书记的重要讲话精神,进一步加强师德师风建设,建立健全师德建设长效机制,创新师德教育理念、模式和手段。2014年教育部《关于建立健全高校师德建设长效机制的意见》指出:建立师德建设专家库,把高校师德重大典型、全国教书育人楷模、一线优秀教师等请进课堂,用他们的感人事迹诠释师德内涵。举行新教师入职宣誓仪式和老教师荣休仪式。结合教学科研、社会服务活动开展师德教育,鼓励广大高校教师参与调查研究、学习考察、挂职锻炼、志愿服务等实践活动,切实增强师德教育效果。2017年,教育部在全国范围内开展了师德建设优秀工作案例申报和评选活动,共遴选出天津市和平区"人人讲师德、弘扬正能量"、天津大学以"青椒会"为载体加强青年教师师德建设等30个师德建设优秀工作案例。此后,教育部公布了一些违反"教师职业行为十项准则"的典型案例,如南京大学教师梁莹学术不端问题、郑州科技学院辅导员叶成与学生发生不正当关系问题、安徽省铜陵市3名教师组织学生有偿补课问题及黑龙江省哈尔滨市教师那中华违规收受学生家长礼品礼金问题,以警醒广大教师。2020年《中小学教师培训课程指导标准(师德修养)》

进一步把师德培训课程分为 A、B、C 三类:A 类课程是必修的通识性、基础性课程,重在明确教师必须遵守的基本规则与要求;B 类课程是基于学科育人与课堂实践的拓展性、体验性课程,重在激发教师对师德进行自我反思、自我感悟与自我升华;C 类课程是以问题解决为出发点的专题化、特色化课程,重在促进教师在教学生涯中自觉践行高尚的师德行为。

可见,关注解释现实生活的经验,使用以焦点或问题为导向的案例教学方法,促进教师的师德专业知识和专业行为技能发展,已成为国内外师德培育的有效途径之一。本书计划以师德真实案例、师德两难案例教学为载体,在以下三个方面作出创新尝试:

首先,目前国内师德研究较多关注的是在职教师的师德,本研究把职前教师也纳入研究视野。背后的考虑是,师德养成,和教师其他知识、技能、态度的养成一样,落入教师学习的范畴,即受三个阶段学习经历的影响:先验学习经历(教师教育之前),教师教育经历(含师范生、教育硕士阶段教育和非师范生教师资格获取经历),任教学校经历。如果单单关注最后一个阶段即在职教师阶段的师德,则对师德养成的整个过程及各个阶段影响师德教育的变量关注不足。

其次,目前国内对在职教师的师德研究较多停留在调研师德现状和师德发展遇到的困难上,尽管有部分研究(如杨春茂的《师德典型案例评析》、全国师德教育研究课题组的一系列《师德突出问题典型案例评析》等)针对师德案例进行分析,但是使用道德两难案例培养师德仍然较为少见。本研究在此基础上,通过调研和搜集道德两难案例,进一步整理供实验用的道德两难案例。

再次,本书道德两难案例的开发、分析和运用,借鉴了西方文献中较为常见的道德两难问题处理框架和师德案例分析框架,并结合中国师德的独特传统加以修正调整,形成了始于案例教学、终于案例写作的师德案例教学模式:案例教学→案例讨论→理论学习→案例写作。

本书的基本观点如下:其一,师德发展呈现阶段性特征。职业生涯阶段不同的教师,师德发展需求不同,侧重也略有不同;每一个师德发展阶段都为后续阶段的师德素养发展提供基础,师德素养呈现螺旋上升的发展趋势。其二,师德案例特别是道德两难案例运用于师德培育类课程,可将复杂教学情境中的冲突和问题尖锐地展示在学习者面前,激发学习者的学习动机,以探究、掌握相关的理论,有助于促使学习者学以致用,将课程涉及的理论知识运用于自己的实际工作。

第二节　案例教学法

一、案例教学法概述

20 世纪 20 年代以来,案例教学作为一种能够有效融合理论与实践的教学方式,一直在商业、法律和医学等领域广为使用。

案例教学法指的是教师以教学案例为基础,在课堂中帮助学习者达到特定学习目标的一整套教学方法及技巧,包括问题、证据、解决方案等部分。案例教学法有如下特点:其一,力图促进专业知识和行为技能的发展;其二,采用议题或者问题导向;其三,本质上关注解释现实生活的经验。

大学教学使用案例教学法可追溯到 1870 年左右的哈佛大学法学院。19 世纪末,美国哈佛大法学院院长兰代尔(Christopher Columbus Langdell)提倡教师使用法院真实的判例而不是传统的教科书作为基本教学材料。这些判例由教师精心选择、汇编成册后发给学生在课前阅读。上课时,教师并不是直接告诉学生法律规则是什么,而是使用苏格拉底式提问法,引导学生一步一步地自己发现法律规则。兰代尔倡导案例教学法的理由是:法律作为一门科学,是由一定的原则和原理组成的,只有掌握这些原则和原理,并能够一直熟练、准确地将其运用于错综复杂的法律事务,才能成为一名真正的律师。掌握这种技能,应该是每一个学习法律的学生的任务。每一则原理都是经过缓慢的演进才达到今天的状态的,换言之,它们是数世纪以来经过判例的不断延展而成长起来的,这种成长可以通过一系列判例来追寻。有效地掌握这些原理最简捷的最佳途径,就是研究体现这些原理的判例。

在第一次世界大战时期,哈佛商学院开始采用案例教学法。此后,案例教学逐渐被运用于商业、公共管理等领域的教学中。在 MBA 教育中也较多采用案例教学法,案例教学法被认为能有效提升学生的经验基础。这是基于对学术教育和专业教育之间差异的认识。学术教育与专业教育在目标、训练重点、典型学习成果、思考过程、最适合的学习方法等方面都存在明显区别。从目标来看,学术教育要帮助学生理解和扩展知识,而专业教育是要让学生发展技能、增强实践能力并建立伦理标准。学术教育的训练重点是掌握理论并将其用于分析,专业教育的训练重点则是学会判断并在此基础上执行计划。学术教育的典型学习成果是提交研究报告,专业教育则是拟定行动计划。就思考过程而言,学术教育是抽象演绎,专业教育是务实归纳。以上差异决定了二者在最适学习方法上的区别:学术教育适合采用讲授方式,而课堂讨论则是专业教育最适合的教学方式。MBA 教育是专业教育,因此更适合采用以讨论为重要特征的案例教学法。

随着案例教学法被广泛应用于多个领域,1984 年世界案例教学研究与运用协会(World Association for Case Method Research and Application, WACRA)成立,吸引了学者、政策制定者、职业人士等参与其中,研究和使用案例教学法。

近年来,同为专业教育的教师教育硕士项目也开始关注案例教学。在教师教育领域,早在 20 世纪 20 年代,美国新泽西州教师学院就使用了案例教学法。该学院的教育实习生需要搜集和记录实习中遇到的问题和困难:简要介绍问题,深入描述遇到的困难,尝试解决这个问题,最后记录尝试的方案所产生的效果。搜集这些案例的作用如下:其一,记录实习生实践中遇到的问题并协助其解决。实习生遇到问题后,会向大学提交案例或困难报告,大学会派出一到多名教师,与其一起解决问题。其二,为本校教师教育课程搜集案例资料,来自一线的案例能使课程教学更真实。

到了 20 世纪 80 年代,美国学者舒尔曼(Lee S. Shulman)对教师教育中使用案例教学法作了理论梳理。舒尔曼指出,案例教学法的意义在于提供两类知识:案例知识(case knowledge)和策略性知识(strategic knowledge)。案例知识是一种潜在的、可以编码的、传达实践智慧的知识主体,是教学的知识基础,与从教育研究中提取的原则性知识一样。策略性知识,就是解决冲突的智慧,比方说如何处理教师遇到的道德两难问题。另外,教师教育旨在转变职前教师对教和学的观念,而案例教学被认为可从以下几个方面促进观念转变:个体有机会深刻反思自己的信念;与同学、导师一起讨论不同的价值观念;在真实的环境中练习所学习的教学技能;个体在情绪、感受上得到支持。案例教学再现真实的生活情境,并且特意抽取其中复杂的、多层次的教室教学现况,展现一个或多个两难事件。

案例教学法在最近二十多年里,在教师教育中广为应用,如使用案例教学法来发展教师对教学决策和教学技能的批判性思考,就案例开展讨论,从而促使教师开展批判性探究,发现自己的"盲区",打开思路,对自己固有的教学信念进行反思并加以提升。实践经验、批判性思考和反思在案例教学中融为一体,通过案例教学,职前教师也能尝试"像教师一样思考"。不同于讲授型教学鼓励消极接受知识,案例教学有助于增进积极的学习和思考过程,激发学生学习的主动性、责任感。在师德研究中,同样发现了案例教学法的影子。本书第二章对师德案例教学的相关研究作了梳理:追随柯尔伯格(Lawrence Kohlberg)的认知道德发展理论,师德案例教学主要采用两难案例教学法,如斯特赖克和索尔蒂斯(Jonas F. Soltis)等的《教学伦理》一书即师德两难案例集,可用于师德课程教学。

总之,随着案例教学法的发展,目前出现了如下几种案例类型:其一,直接案例。呈现一个场景,提出一系列封闭结构的问题,即答案都可从学习资料中获得,然后组织学生开展讨论。使用这一类案例进行教学,可以帮助学生理解基本概念、原则等。其二,两难案例。呈现一个个体、机构、社区面临的必须解决的问题,在学生对案例展开讨论之后,教师呈现真实的案例结局和解决方案。使用这一类案例进行教学可以提升学生解决问题的能力。其三,分析性案例。聚焦回答问题和分析案例情境,讲述一个故事,让学生分析发生了什么,以及为何其他可以采用的方案没有在案例里出现,以此优化学生的分析技巧。

案例教学法在实际实施过程中,还可以与多种教学策略组合使用。如:辩论,可鼓励学生挑战现有思维,发展批评性思考能力。角色扮演,可促使学生思考,提升同理心,理解多元的观点、立场。拼图教学法,即首先结合学习内容将学生分组(拼图组),学习内容数量与小组人数数量完全一致,组内学生独立学习,暂时不和其他组员互动,接着重新分组(专家组),学习相同内容的学生聚到一起交流学习成果,再返回拼图组,与组内同学交流各自学习成果。点击案例法,即教师利用信息化技术陆续呈现案例,学生使用电子设备如手机等对案例及问题作出回应,并和邻座同学讨论。

案例教学中的案例分析,可以使用麦克内格尼(Robert F. McNergney)等人提出的五步问题解决策略:第一步,辨别问题;第二步,案例角色视角;第三步,知识来源;第四步,问题解决;第五步,评估行为带来的消极和积极结果。这个五步问题解决策略被广泛应用于案例分析和案例讨论。相应地,在案例讨论中,讨论者主要聚焦问题分析或者策略分析,其案例分析的知识依据可能是个人的生活经历,也可能是职业知识和经验。在案例分析的过程中,讨论者在小组内可能产生这样一些互动活动:推敲细节、挑战质疑、同意、提问、探究、参考、回应、澄清。其中比较常见的活动是推敲细节,即结合个人经历和职业经验互相补充对方的思考。另一种常见的活动是回应组员之间的互相提问或者讨论组织者(如老师)的提问。

二、案例开发

随着案例教学法在多个学科领域教学中的使用,大量的案例被开发出来。案例开发需要考虑如下几方面因素。

(一)案例素材来源

不同学科领域对教学案例素材的理解不尽相同。在英美法系中,案例即判例,指具有先例作用的高级法院判决,是判决的法律原则和规则。在医学领域,案例即病例,患者的症状、诊断及治疗记录构成了案例。在管理领域,案例是对企业决策人实际面临的经营管理问题的记录。在教育领域,案例是对已经发生的教育教学事件的客观写照,它以丰富的叙述形式,展示一些包含教师和学生典型行为、思想、感情的故事。

(二)案例基本要素与特征

教学案例是对真实事件和情境的描述或以此为基础创作的故事,它有明确的教学目的,学习者经过认真的研究和分析后会从中有所收获。因此,案例教学的基本要素包括:案例,模仿真实生活中的职业情境;案例背景说明,供使用者详细检查和分析案例;可控制性。案例教学把真实生活引入课堂,学生在教师引导下练习处理这些真实的现实问题,学会像职业人士那样思考。

案例的特征基本如下:其一,真实性。案例是具有真实性和完整性的故事。如哈佛商学院 MBA 课程对案例选择的要求是尽可能模仿管理实践:一是选择真实的企业案例;二是案例材料包含的信息通常非常丰富,有的长达 20 多页,虽然阅读量很大,但更接近企业真实的决策场景。其二,典型性。案例是具有一定代表性的典型事例,代表着某一类事物或现象的本质属性,如教师教育案例所叙述的事件包含教师和学生的典型行为、思想和观念。其三,情境性。教学案例是情境化的,与具体的地点、时间和学科知识紧密结合。如果案例被认为有独特性,就不能忽略具体的学科和教学情境,因为教学就是在特定情境中将特定的知识传授给特定的学生。其四,问题性。一个"星级质量"的案例要达到如下标准:提出一个没有明显正确答案的问题;明确必须解决问题、作出决策的主角;需要读者运用案例中的信息去思考问题;需要读者进行具有批判性和分析性的思考,以便对问题及其潜在的解决方式进行评估;具有足够的赖以进行深入分析的信息。其五,理论性。教学案例必须表征一定的理论知识。

(三) 常见的案例形式

需要指出的是,案例的载体有很多,可以是文字案例,也可以是以音频、视频等为载体的案例。案例的撰写主体也是多元的,既有可能是教师,也有可能是学生,即案例教学中的案例可以是供学生阅读的案例,也可以是学生开发的案例。案例的呈现既可能在教学之初,也可能在教学之末。

目前,教师教育领域常见的案例教学类型主要有以下几种:

一是儿童个案,即要求职前教师结合自己所学的理论,观察一个真实的孩子。这类案例研究的目的是检查学生的学习和发展,并辨别她/他的优势、发展过程、重要影响因素等。收集个案研究的数据,如观察、访谈、记录等,可帮助职前教师锻炼自己的观察和记录能力,以及分析孩子如何学习的能力等。因此,这一类案例主要展示年轻学生的思考、学习、互动、信念、渴望等,常用自传体形式,创造一个人的故事而不是一个事件。

二是两难案例,道德两难、人际冲突、文化碰撞等主题都适用于该类案例教学。使用这类案例可帮助学习者适应复杂和不确定的工作环境。在师德培育中,两难案例教学的使用比较普遍。

三、案例撰写要领与步骤

(一) 案例撰写要领

整体上,教学案例的写作有两个要领。其一,教学案例应给出明确的教学目标和任务,是教师和学生达成某一具体学习目标的手段。其二,教学案例是一种文学作品,应该有可读性、趣味性,应该结构清晰、书写流畅。

根据舒尔曼的总结,案例撰写的第一步是发掘能够提供丰富现实对话的第一手经验,第二步是反思案例呈现的重点,第三步是反复修改,使得案例能够更清楚地说明相关的研究和理论,并鼓励案例学习者反思。案例撰写完成之后,就变成了第二手经验,即不再是经验本身,而是用语言重构经验,并呈现于大众面前。一旦案例得到传播,那么它就变成了第三手经验,如何解读它的含义取决于使用该案例的群体。

(二)案例撰写步骤

可按照如下案例说明书进行案例写作。

1. 主题/题目

案例的基本主题是什么?讲什么故事?案例如何联系课程要点?案例与课程要点之间有什么关系?

案例(C)与课程要点(L)的典型安排包括如下几种:

其一,从讲授案例开始,采用问题导向,激发学生学习兴趣。可以以案例结束课程,从而检测学生的推理能力和将课程材料运用于相关问题的能力。也可以用讲座结束课程,将课程所涉及的要点串联起来,促进学生全面地了解课程内容。

C		C		C		C		C/L
	L		L		L		L	

其二,从讲座开始,提出新的思想或技巧,接着介绍运用这些思想的案例。使用案例还是讲座结束课程,取决于要强调运用,还是要强调归纳。

L		L		L		L		L/C
	C		C		C		C	

其三,一段教学是指导性的,另一段是实践性的。学生首先学习基本知识、理论和技能,然后将其运用到解决教学案例的各种问题中去。

L	L	L	L					
				C	C	C	C	C

其四,按照讲座→案例→讲座的顺序来说明知识→应用→经验的学习过程,然后

安排一段实践活动,对所学知识加以运用,最后以讲座来结束教学。

L		L							L
	C		C	C	C	C	C		

2. 受众/前提

分析案例的目标受众,以及读者若要从中获益,需要有什么样的背景知识和经历。

3. 教学目的/意图

教学目的何在?如:激发学习兴趣,增进对于不熟悉问题或材料的了解,传达基本事实信息,加强理论理解和应用,提升批判性分析和推理技能,分享经验,学习社交技能,学会尊重他人,增强个人信心,改变态度。

4. 故事摘要

用几句话或两至三段话勾勒出故事梗概,概括案例所包含的事件。

5. 案例内容

①场景:时间、地点、原因。②决策者、主要人物和其他人物。③争端和问题。④必须(不)做什么与制约因素。⑤决策/行动。

此外,写作中还特别需要注意以下两点:

信息源:为了达到教学目的,保证案例逼真性,作为研究和分析基础的基本信息和资料的来源是什么?

研究计划:作者需要如何搜集信息和资料?采取何种信息搜寻战略?与谁谈?花多长时间搜集数据?何时结束写作?

第三节　师德案例开发

一、本书师德案例开发缘起

本书的师德案例主要分为两类。一类为真实案例,用于举例说明,散落于各个章节的理论介绍中,如第六章引用了较多一线班主任教师、特级教师的案例来说明班主任工作、特级教师职业生涯发展的特点。第二类为两难案例,常用于一些章节的导入部分。本书一共使用了 24 个主要案例(见表 1.1),其中有一半以上为两难案例。本节将详细介绍本书案例的开发。

表 1.1　本书主要师德案例清单

案例	对应章节	目的	来源
1. 淘气的小明	师德内涵	分析师德内涵	一线教师
2. "我的妈妈"朗诵比赛		分析实践中的师德特性	一线教师
3. 高铁扒门		分析新时代师德内涵	网络
4. 菁菁着装的疑惑	师德传统	联系师德传统与现实	网络
5. 巧克力事件	师德规范	反思实践与师德规范	网络
6. 开办微信公众号		介绍新时代师德规范	一线教师
7. 来自家长的微信		反思师德规范有效性	一线教师
8. 体罚学生案例两则		分析违背师德规范的后果	网络
9. 公费师范生陈俊	职前教师从教动机与师德	分析中国免费师范传统与从教动机	一线教师
10. 网红乡村留守教师		分析从教动机类型	网络
11. 雅倩的新班级	在职教师教学动机与师德	分析在职教师工作动力	一线教师
12. 不听课的大学生们			一线教师
13. 一辈子学做老师		反思师德与教学动机的关系	网络
14. 实习最后一课	教育实习与师德角色构建	实习与师德践行要求	一线教师
15. 新来的实习生		实习与师德观察学习	一线教师
16. 实习前后说奉献		探索身份转变及相应的责任	一线教师
17. 该打多少分呢		了解课程育人	网络
18. 体育老师做班主任	师德与以德施教	学生道德管理者	网络
19. 高考几何题		课程德育建设者	网络
20. 特级教师霍懋征的故事		师德发展引领者	网络
21. 菜市场的书桌	线上教学师德角色	分析线上教学中教师对公平的认识	网络
22. 张老师上网课		探索线上教学中师生关系的转变	一线教师
23. "QQ 龙王"教师的一天		线上教学中师德角色发展	网络
24. 国家需要的时候就是担当的时候		特级教师线上教学	网络

本书作者为教师教育工作者,在和职前教师、一线中小学教师接触的过程中,发现案例教学并不像有的学科领域所介绍的那样,仅仅用于增加教学的趣味性。在师德教育中使用案例教学法,有助于从教师的视角出发提出疑问,促使学习者进行深入的师德理论、制度学习,也有助于职前教师、新教师等一线教学经验不足者了解实际教学环境的复杂性,并借助案例来反思自己的决策和行动。因此,本书选定案例教学法作为切入视角。

成书时,正逢华东师范大学黄向阳老师等翻译的斯特赖克和索尔蒂斯所著的《教学伦理》于上海出版。《教学伦理》一书及其使用的案例教学模式较为自然地融入了本书作者最初的师德培训活动,但是在向一线教师介绍和使用该书的时候,遇到了本土化的挑战——斯特赖克等的案例集所提供的师德两难案例尽管发生在教师身上,所关注的价值观也是全球教师共同关心的,但是由于文化差异,案例中的教师及其相应的反应并不能唤起中国教师的共鸣,且案例中的情况也并非中国教师当下最苦恼的。

例如《教学伦理》中的第一个案例"荣誉代数班":进入荣誉代数班对未来升学有优势,太多的学生和家长想进来。这个班级的负责老师遇到一个难题——一个非裔美国学生分数并没有达到要求,且其母校也并不出色,但是考虑到非裔美国人能取得这个分数已属不易,以及非裔美国人的学业表现总体不佳,这位老师不知是否应该给这个学生进班的机会。我国教师也会遇到类似情况,比如重点班/快班,但是我国文化和美国文化差异很大。一方面,我国教师不认为该由这位教师来决定学生是否进班,在实际操作中,这是由学校来决定的。另一方面,我国对教育公平的理解和美国有所不同。我国文化认为,如果一个孩子学习优秀但家境贫困,那么社会应该尽力帮助这个孩子,让他/她有深造的机会,因此更侧重于精英领导型教育公平观。而 20 世纪 60 年代以来,以科尔曼为代表的学者提倡平均主义的公平,认为对于不同家庭经济背景的孩子而言,考试选拔本身就是不公平的,教育公平应该是进入、生存、表现和结果的公平。因此,"荣誉代数班"这一案例在呈现给我国一线教师时难以激起争论,无法准确引导教师聚焦"教育公平"展开素材搜集等活动。

二、本书师德案例开发线索

本书对案例内容本土化进行了思考。案例的开发及其相对应的师德相关资料的整理是同时进行的。因此,本书的案例开发遵循了五条互相交叉的线索。

线索一:案例开发本土化的重点何在。

受启发于案例本土化,本书的案例开发,首先思考的是"什么让中国的师德和其他国家的师德有所不同"。师德传统及不同师德传统之下的规范成为重点,由此诞生了案例"菁菁着装的疑惑"。案例教学作为一种教学方法,其目的在于鼓励学习者探究中国师德的独特传统,素材来自网络论坛某教师的自述。同样来自网络的还有"巧克力事件"、"菜市场的书桌"等案例。

线索二:开发源于网络素材的案例。

"菁菁着装的疑惑"、"巧克力事件"、"菜市场的书桌"这三个案例的素材,都具备真实性、情境性,都真实发生在一线中小学(含线上教学),能抽取出具体的地点、时间、教学事件等。这些事件都曾经在现实中引起热议,已具备讨论的典型性、问题性。

教师着装的要求,近几年在网络上得到热议,不只"菁菁着装的疑惑"的原型受到关注,社会围绕教师着装已展开多层次的持续性讨论,有人批评教师采用某些类别的着装(如黑色丝袜)或不修边幅,也有一些平台转发某些学校近乎严苛的教师形象标准。为防止教学案例争议点过多,讨论难以聚焦,本书选择了争议度稍小的女教师穿了校长眼中的"奇装异服"该不该换掉的案例,加工形成了"菁菁着装的疑惑"。"巧克力事件"在现实中也备受关注,有人叫好——告密者就该被处罚,也有人担心——违规带巧克力的同学当着告密者的面吃了巧克力,不守规则的同学没有受罚。"菜市场的书桌"在 2020 年春节期间备受关注,人们关注教学环境的改变对不同家庭背景孩子的冲击。

本书结合现实中已有的讨论要点,梳理素材所对应的师德制度、政策、理论等,在案例后加以呈现。

线索三:教师职业的纵向发展。

本书按照教师职业纵向发展的线索,梳理相关案例与师德研究、理论。选择这条线索和两个因素有关。第一,师德不止是政策规范文本内容或者显性、隐性的"制度",更应该是教师日常的教学实践。因此,不同年龄、职业发展阶段的教师在面对教学实践、面对传统和现有规范的时候,会产生自己的理解,这个时候我们看到的是实践中的师德。第二,本书作者在和职前教师、在职教师的接触中,发现两者对同一师德问题有时会有不同的看法,有的看法甚至相当不一致,这呼应了目前师德研究中的一个观点——师德素养和其他学科教学素养一样,其发展具有阶段性。

因此,本书依据进入师范/教师教育项目学习→教育实习→入职→从新教师发展至资深教师的线索来梳理各职业阶段教师常遇到的师德问题。比如,针对处于进入师范/教师教育项目学习阶段的职前教师,本书结合国内外教师从教动机研究,向其介绍社会传统、重要他人以及职前教师个体差异等对教师职业(包括师德)认识的综合影响。

线索四:梳理源于一线教师/职前教师实际教学素材的案例。

本书针对来自一线教师/职前教师的实际教学素材,结合线索三进行顺序编排。因此,来自职前教师、实习教师、在职教师等的案例会编入本书不同的章节中。

这些案例全部来自作者身边教师的真实生活、工作情境,因此满足真实性、情境性等要求,便于整理成教学案例。和来自网络的素材相比较,现实案例的争论点或者说是问题性的设置有所不同。

第一,具有职业性。有的问题只有职前教师/教师群体才能深入体会,网络、现实中的讨论深度不足。对于这样的问题,特别需要教师群体进行深入思考和回应。比如"公费师范生陈俊"这一案例,尽管社会上批评违约师范生违背契约精神,但是这个群体的个人经历是局外人难以深知的。本书通过介绍我国资助师范生的传统、世界各国教师从教动机,结合部分已毕业公费师范生的人生选择,帮助这一群体深入认识自己、师范项目及职业选择,从而作出更现实的调整。

第二,争论存在群体差异。本书选择部分职前教师、实习教师、新教师、资深教师观点较不一致的事件,引导不同阶段的教师发展性地看待遇到的师德难题。比如对"新来的实习生"、"淘气的小明"、"来自家长的微信"等案例,不同职业生涯阶段的教师有较不同的观点。

线索五:搜集名师师德案例,提炼师德发展规律。

本书作者于2018年到2021年1月间,参与搜集我国名师师德案例,分别对教育部"国培计划"中小学名师校长领航工程的14位特级教师、上海市"双名工程"的22位特级教师进行回顾性的职业生涯访谈或访谈分析,作者所在单位的研究团队完成了超过40万字的访谈转录稿。本书借此契机,既吸收名师提供的师德案例,又梳理名师师德素养的要点及纵向发展特点。

中小学名师校长领航工程的14位特级教师来自我国13个省、市、自治区,获得特级教师荣誉有 10 年左右的时间,绝大多数为正高级特级教师,具体信息见表 1.2。

表 1.2　中小学名师校长领航工程被访者信息

代码	性别	省份	学科	工作单位类型	教龄
SXD	男	四川	数学	中学	27 年
WMY	男	江西	数学	中学	28 年
HJH	男	山东	语文	中学	22 年
CLJ	女	湖南	语文	中学	29 年
WAJ	女	海南	英语	中学	21 年
YJM	男	新疆	英语	中学	22 年
LCG	男	青海	物理	中学	30 年
ZSL	女	广东	物理	教育局	27 年
CTH	男	江苏	生物	中学	25 年
CY	男	上海	化学	中学	22 年
ZYH	男	宁夏	化学	中学	31 年
XM	女	四川	语文	特殊教育	22 年
JLY	女	广西	体育	小学	26 年
GJ	女	湖北	体育	中学	27 年

上海市"双名工程"的 22 位特级教师绝大多数为正高级特级教师,具体信息见表 1.3。

表 1.3　上海市"双名工程"被访者信息

代码	学科	教龄	第一学历	工作单位类型	性别
MT01	心理	33 年	本科	教育学院	男
MT02	心理	39 年	大专	教育学院	女
MT03	特教	34 年	中师	特殊教育学校	女
MT04	物理	39 年	本科	教育学院	男
MT05	物理	35 年	大专	中学	男
MT06	物理	39 年	中师	中学	男
MT07	美术	45 年	中师	教育学院	男

代码	学科	教龄	第一学历	工作单位类型	性别
MT08	学前	38 年	中师	幼儿园	女
MT09	学前	38 年	中师	幼儿园	女
MT10	生物	39 年	大专	教育学院	男
MT11	数学	39 年	大专	中学	男
MT12	语文	30 年	大专	中学	男
MT13	语文	35 年	大专	中学	男
MT14	化学	29 年	大专	中学	男
MT15	化学	30 年	本科	中学	男
MT16	英语	39 年	本科	中学	男
MT17	英语	29 年	大专	中学	女
MT18	体育	39 年	本科	中学	男
MT19	历史	31 年	本科	中学	女
MT20	历史	34 年	大专	教育学院	女
MT21	思政	29 年	本科	教育学院	女
MT22	地理	29 年	本科	中学	男

第四节　师德案例教学流程

一、教师教育领域常见的案例教学流程

（一）儿童个案类案例教学流程

以斯坦福大学"青少年发展与学习"课程所设计的儿童个案案例教学为例。该课程采用学生写作案例的教学思路，要求职前教师从自己教育实习的工作对象中挑选一名与自己差异较大的学生进行观察（需获得学生家长的知情同意），并每周参与该课程的学习。该课程每周发布学习任务，包括阅读相关主题的文献等，并在课堂教学环节开展讨论，每位职前教师可结合自己对所挑选案例的观察及课程的阅读书目进行发言。与此同时，职前教师需接受研究技能训练，如数据搜集训练，并在实习工作中展开

对个案学生的了解,锻炼自己的数据搜集和分析能力,最后完成案例写作。在课程最后,职前教师结合同学和老师的建议,修改自己的案例并进行汇报。该课程2018年的教学安排说明可参见附录1.1。

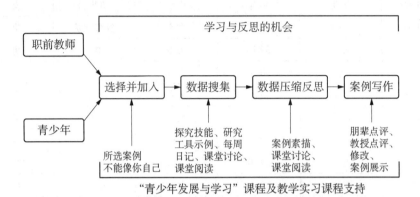

图1.1 斯坦福大学"青少年发展与学习"课程教学流程图

(二)两难类案例教学流程

以斯特赖克和索尔蒂斯的《教学伦理》一书为例,其师德两难案例教学主要流程如下:第一步,使用一个伦理两难案例,激活学生的思维;第二步,呈现针对该伦理两难案例的伦理争论,以直观的形式展现该案例中的伦理争端;第三步,呈现两难问题所涉伦理"概念"的讨论,从伦理学视角理解争端;第四步,分析使用的观点是结果论还是非结果论,遵循的原则是尊重人还是利益最大化,其思考过程和作出的决定各是什么样的;第五步,提供系列阅读书目供进一步思考和研究。斯特赖克和索尔蒂斯的两难案例教学强调伦理探究,因此,其案例设计和组织围绕其关注的几个伦理主题展开,部分案例见表1.4。

表1.4 《教学伦理》中的部分案例

主题	两难情境
惩罚与正当程序	化学教师处理学生引起的实验室爆炸
心智自由	学生的小说投稿似乎隐射了本校老师和同学
机会均等与民主社会	荣誉代数班
	苏珊的三年级

主题	两难情境
多样性:多元文化与宗教	古陆与双世说
	新港与易洛魁人联盟
民主、专业主义与正直从教	二年级教分数

二、案例教学伦理决策的理论基础

师德案例教学,旨在提升教师针对真实教育情境、道德两难问题的伦理探究和决策能力。因此,伦理学研究为师德案例教学的伦理探究提供了理论基础和伦理决策模式。以下简要介绍四种对师德案例教学中的伦理决策较有影响的理论。

(一) 功利主义

作为一种结果论,经典功利主义及其代表性学者边沁(Jeremy Bentham)提出,应主要依据行动所产生的一般善、一般恶的数量来判断一个人的行为。在面对两难情境时,一个人会评估可选的应对方案并作出决策,决策的重点在于平衡行为所产生的善和恶,尽可能将善最大化。穆勒(John Stuart Mill)同意边沁的观点,但是他对一般善和一般恶的衡量持有不同观点。穆勒认为,善和恶的质量可作衡量,但是其数量难以作比较。穆勒还提出,需要了解个体决策的动机,尽管一个行为的性质是依据结果来判断的,但是其背后的动机也非常重要。

(二) 康德伦理学

基于康德(Immanuel Kant)理论建立起来的伦理学流派关注先验知识,认为它们是伦理推理的基础和道德律。先验知识并不是通过个人生活经验习得的。道德律意味着人们必须按照它的原则行动,因为这是我们的责任。面对道德两难情境的时候,一个人的回应应该是纯粹基于义务而做的行为——是他应该做什么,而不是他真正想做什么。因此,康德认为,一个人的行为是否符合道德不应取决于行为的结果,而应取决于该行为的动机。

对于什么是应该做的,康德列出如下两点考虑:第一,使用一般规律并注意自己对待他人的方式。一般规律是人们可以用在任何人身上的。斯特赖克和索尔蒂斯对这点展开解释:你如果撒谎,你希望自己被别人欺骗吗? 如果你偷盗,你希望自己被别人偷盗吗? 这相当于我们中国的"己所不欲勿施于人"的道德原则。第二,反思自己如何对待他人。一个人永远不可以把其他人当成一个手段,这是对人作为理性存在的不尊重和忽视。反面事例如:和朋友一起吃饭,为了获得免费的食物,你骗朋友说,自己不小心把钱包落在了家里。

(三) 社会契约理论

个体遵循一系列原则或者道德规定,从而保证社会的安全和繁荣。霍布斯(Thomas Hobbes)认为,每个个体都有保护自己和自己财产的动机,因此,他们会建立一份社会契约,与其他人一起保护社会。罗尔斯(John Rawls)强调,个体有足够的自由,但是个体的选择不能给其他人造成负面影响。因此,社会需要设置一系列的引导原则,必须对所有人公正,为所有的个体所接受。

(四) 女性主义伦理

柯尔伯格的学生吉利根(Carol Gilligan)在其著作《不同的声音》(*In A Different Voice*)中,对柯尔伯格有关女性道德发展不如男性的判断提出了批评。柯尔伯格的研究表明,男孩在伦理决策过程中一般都会优先考虑规则,而女孩则采用了另一个视角,优先考虑"关系"(relationship)。吉利根认为,这并不能说明女孩道德发展不如男孩。

诺丁斯的关怀伦理也基于"关系"来分析伦理决策。关怀伦理涉及两个明确的角色:一个是关怀者,另一个是被关怀者,在大部分的关系中,角色不断互换,人们时而扮演关怀者,时而扮演被关怀者,但是在家长和子女、教师和学生的关系组合里,角色互换的情况较少。关怀者需要倾听、关怀和呼应被关怀者的需求。诺丁斯的关怀伦理深入探索了教师和学生形成关怀关系的方式,鼓励教师倾听学生的需求表达,花时间去构建充满关心和信任的师生关系。

三、案例教学中伦理决策的步骤

基于上述伦理学理论基础,师德案例教学中的伦理决策可分为如下两类。

（一）整合结果论和非结果论

受功利主义和康德伦理学影响,斯特赖克和索尔蒂斯的两难案例教学吸收了两种主要的伦理学观点:一是结果论与利益最大化;二是非结果论与尊重人。前者坚持,某种行为的对错要由它的结果来决定,即最好的和最正当的决定就是给最大多数人带来最大好处或最大利益的决定。后者认为"你们希望人们怎么对待你,你们也要怎么对待别人",即不根据行为结果决断行为对错。他们指出,伦理探究需要区分伦理断定与事实断定。事实断定是一种描述,描述有符合或不符合实际情况的区别。伦理断定告诉人们何为对、何为错,关注的是规定而不是事实描述。伦理决策可整合结果论和非结果论,以开展综合的思考。

瓦尼克(Bryan R. Warnick)和西尔弗曼(Sarah K. Silverman)进一步细化了综合结果论与非结果论的案例教学伦理决策步骤,具体如表1.5所示。

表1.5　瓦尼克和西尔弗曼的教师伦理决策步骤

步骤	行动	引导性问题
1	从案例中提取信息	有哪些事实? 我还可以了解到什么?
2	考虑不同的参与者	谁会关心这个案例? 他们如何看待这件事情?
3	辨别伦理问题	道德、规则出现了什么冲突?
4	辨别可选方案	有哪些可选的方案?
5	理论分析自己所选的方案	结果论:我的方案对所有涉及的人群,会产生哪些可能的影响? 非结果论:我的方案是否对每个参与的人都可行? 如果我卷入了类似的事件,我希望如何被别人对待? 是否有一些道德规则、法律、行为规范可以参考?
6	考虑自己作为教师的角色	我对学生有哪些独特的责任? 我对学科、对职业群体又有哪些责任?
7	如果时间允许	有哪些文章、专家或者有经验的人可以提供帮助?
8	作出决策	经过上述考虑,我觉得哪个决策最好? 为什么?
9	对自己的决策加以跟进和评价	这些决策可以如何被监督? 关系如何修复? 我未来还会做一样的事情吗?

（二）依据师德规范、行为准则

　　与基于伦理学理论进行师德案例教学研究的学者不同，教育行政机构、教师培训机构常以本国家、地区的教师职业伦理规范为基础，开发实用导向的两难案例培训材料。其逻辑为，师德培育的要点是在教师个人道德标准与职业伦理标准之间架起桥梁。以美国康涅狄格州教育局 2015 年发布的《教育者的伦理职业两难（教学者指南）》为例，其中共提供 12 个两难情境，逐一对应康涅狄格州教师职业伦理规范条款。

表 1.6　《教育者的伦理职业两难（教学者指南）》中的两难案例

主题	两难情境案例
涉及学生	教师通过手机短信等与学生交流非教育教学内容
	教师用私家车载学生参加体育训练
	教师打招呼时触碰学生身体
涉及职业伦理规范、法律	教师利用个人社交媒体发表过火言论
	教师酒驾
	教师修改有效证件
涉及社区、家长	教师公共场合行为不检
	教师泄露学生个人隐私
	教师使用职位谋利
涉及霸凌	情感霸凌
	网络霸凌
	身体霸凌

　　案例呈现后，给出案例伦理分析和伦理决策的指导步骤，帮助职前、在职教师掌握具体场景下的分析思路、应对措施。

　　以下是"教师用私家车载学生参加体育训练"案例的伦理决策步骤。

　　"教师用私家车载学生参加体育训练"案例概要：某教师指导的学生要前往校外的运动场接受训练，但是学校经费有限，无法安排接送学生的车辆。这位老师正好要开私家车去这个运动场指导学生，因此邀请学生搭乘他的私家车一起前往运动场。不过，这个州的大部分地区禁止教师的私人汽车搭载学生，除非是学校批准的活动，且需要教师参与协助,教师在提前获得学校允许并有相应保险的情况下,才被允许搭载学生。

问题一:这个两难情境说明哪些可能的问题?

答案:区域教育行政部门可能没有向教师对这类行为作出清楚说明。其他学生和家长可能认为教师偏爱某个学生。一旦发生车祸,教师将难以照顾学生。

问题二:这个情境中教师违反了哪些教师伦理规范?

答案:如果当地不允许教师用私家车载学生,那么教师将面临惩罚。教师有义务向学生提供安全的学习环境,即使是出于好意,没有获得家长允许、交通工具不安全等也会对学生造成伤害。

问题三:这个教师还有可能造成哪些负面的影响(对自己、对学生、对社区等)?

答案:教师的职业形象会受损。一旦发生车祸,其他人的身体和心理将遭受创伤。此外,学生可能不便于推辞不坐教师的车。

问题四:案例中的教师、学校可以如何作出改进?

答案:需要尽可能清楚地把本地区相关规定告诉教师。如果当地允许教师用私家车载学生,那么车上教师人数可以多一点,以便照应学生。还可从家长处获得其知情同意书。

第五节　本书师德案例教学与实践反思

一、本书师德案例教学流程

目前教师教育领域所使用的"儿童个案案例教学"和"两难案例教学"的流程各有优点。前者促使课程学习者学以致用,将课程所涉及的理论知识运用于自己的实际工作,并联系理论与实践,进行案例写作。后者将复杂教学情境中的冲突和问题尖锐地展示在学习者面前,激发学习者的学习动机,从而努力探究、掌握相关的理论。

本书将两类案例教学流程进行一定程度的融合,形成了以"案例教学"为出发点、以"案例写作"为终点的案例教学流程。这样结合,有如下考虑:

首先,激发师德课程学习对象的学习兴趣。职前教师,特别是应届师范生,缺少相关经历,对教师职业可能遇到的师德两难情境并不清楚。通过案例的展现,生动、鲜明地向其介绍现实中可能遇到的师德两难问题,可使其身临其境地代入角色。对在职教师而言,真实、匿名的案例既能让他们在自己的工作、生活中找到相似点,又能提供安全的讨论环境,让他们可以借点评、讨论案例,表达自己对某些事件的真实看法。

其次,训练师德课程学习者理论联系实际的能力。针对课程学习者的特点,课程学习结束时提交的"案例写作"可以有所不同。尚未见习、实习的职前教师可以采用"案例分析写作"的方式:从已有案例中选择自己印象最深刻、最感兴趣的案例,结合相关理论,开展进一步的文献搜索和阅读,提出解决思路,并对存在的异议、疑问进行说明。已经开始见习、实习的职前教师,或者在职教师,可以采用"案例写作"的方式:结合自己的实际工作,参考已有案例和相关理论,编写一个两难案例并结合理论进行评析。

本书使用的案例教学流程如下:第一步,呈现教学案例。第二步,小组初次讨论教学案例。第三步,教师提供相关师德理论与研究成果。第四步,小组结合相关理论,再次讨论教学案例,并完成小组案例讨论汇报单。该汇报单可分为两个部分,第一部分记录第一次小组讨论要点(案例初步讨论),第二部分记录第二次讨论要点(理论学习后的讨论),便于教师作出评估,了解学生师德学习发展的情况。第五步,在学习周期(如期末)结束之前,小组开展案例写作并于最后一次课上展示。案例教学和案例写作的结合,促使学习者从认知、情感和行动等方面多层次展开师德素养的学习。

二、本书师德案例教学类型

案例教学法作为一种教学方法,一定会和教学的内容形成互动。在使用过程中,针对师德修养的三类教学内容,可以形成三种不同的案例教学类型。

第一种:师德基本概念类教学。这一类案例教学,服务的教学内容为师德基本知识、基本概念,本书第二章有关师德内涵的案例教学就可以归入这一类。结合概念教学的特征,案例教学可以从如下两个角度提升教学效果:其一,真实案例可以唤起学习者的生活经验,让学习者有话说,从而在案例讨论的过程中,基于自己的经历,零星提炼出概念的某些特征,便于教师在后续教学中基于这些碎片理解,帮助学生构建完整的概念认知;其二,抓住冲突性两难案例中概念学习的要点,可以促使学习者展开讨论,带着疑问深入学习案例背后的理论、概念。

第二种:师德规范制度类教学。这一类案例教学,服务的教学内容为师德规范和相关制度,本书第三章有关师德传统和规范的不少案例就可以归入这一类。结合师德规范类教学的侧重点,案例教学可以通过真实案例,帮助学习者明确相关规范对教师行为的规定,而师德失范案例及相应的处理方法,对学习者可起到警示作用,使之了解和掌握违规行为可能产生的不良后果及相应的惩罚手段。

第三种:师德构建类教学。这一类案例教学,服务于职业生涯各阶段的教师。随着职业生涯调整和环境变化,教师需要不断构建自己对于师德的认知、情感和行为,本书第四章到第七章所使用的部分案例就可以归入这个类型。案例教学可以通过两难案例,引发教师对本阶段师德修养重点、要点、难点的思考,澄清、反思自己的初心和理想,从而明确下一步的师德践行要点,也可以通过典型优秀案例,引发学习者对师德榜样的追随,从而内化师德信念,将其落实到日常工作中。

三、学生作品分享

以下为使用本书案例开展案例分析的学生作品。

作品名称:班级管理的实质与理想路径

作者:王安琪、杜宇航、黄悦琦、吴海萍、李雨波(华东师范大学硕士研究生)

第一步:案例分析

首先,学生通过讨论,确定选择教师提供的两个案例——"来自家长的微信"和"巧克力事件"加以分析。

接着,针对案例,进行关键信息提炼。学生对案例中涉及的关键信息加以提炼(见画线部分)。

来自家长的微信

张老师好!肖星昨天确实是因为生日带手机去了学校,实属不该。我的孩子我还是很了解他的,他从小到大在学校从来没有被学校老师这样处罚过,这样会让孩子很受伤,上次叫外卖是被同学利用,如果因为孩子屡教不改,我同意学校处分!如果见风就是雨的话,孩子跳楼等的悲剧还会重演!昨晚回到家我就跟他谈到这个问题,他也知道不对,他把心里话也跟我说了,我能理解他。刚刚听到孩子被处分,而且连他最看重的奖学金都被取消,这样的打击对孩子实在太大,作为最了解他的妈妈,我不知道他会不会就此退学或者还有更极端的想法。您愿意看到您的学生就这样沉沦下去吗?可否换成其他的处分方式?

巧克力事件

叶老师的学校严格禁止学生带零食到校。今天,叶老师正在办公室办公,突然来了一名举报的同学浩林。他告诉叶老师,子轩同学今天带巧克力来学校了!叶老师找来子轩同学,一问才知道:浩林之前勒索子轩分享巧克力,否则就告诉老师。子轩没有同意,浩林就来举报了。面对这个情况,叶老师这样处理:喊来浩林,请子轩当着浩林的面,把巧克力吃了。

然后,学生对案例中涉及班级管理的要素进行总结,得出如下结论:第一个案例涉及规则与惩戒、家校沟通等方面。第二个案例涉及生生关系不融洽,教师对规则的执行存在不民主、不公正的情况,有可能造成学生漠视学校规则的风险。

第二步:分析班级管理的实质

通过相关文献梳理,学生提出班级管理存在内在之维和外在之维。内在之维是指:教师在"尊重学生"的前提下,引导学生建立"规则"意识,实现"危险的远离"与"自我的保护",涉及学生的认知、情感和意志。外在之维:建立教学秩序,促使学生体悟个人自由与教学秩序之间的平衡关系。创建理性的教育秩序,包含"时空的迁移"、"情境的变换"和"人事的际遇"。

因此,学生管理的实质是引导学生体知管理的"本真意涵",明晰自我的自由是以保证他人权利的实现为前提的。学生管理是一种直面个性的人与人、人与环境、人与自我的"不确定性"存在。

第三步:探索班级管理的理想路径

基于文献梳理,提出班级管理的理想路径,应该兼具教育性、伦理性、管理性,并应时、境、人作出调整。人可以梳理为经济人、社会人、自我实现型人和复杂人,管理则可以分为以下几种:虚无专制,呈现强烈的冲突性、内耗性和爆发性的特点;制度契约,强调人与人之间的协作关系、秩序共创、理性秩序等;精神契约,即发展并维持积极的伙伴关系,包括认同、关注、欣赏、肯定和喜爱在内,基于各自的偏好,用各自"内在的尺度"去感知彼此。因此,理想的班级管理路径是:学生与教师、学生与学生之间以及学生与环境之间关系的同质性与异质性分别促使班级管理的内外之维相互反哺、相互融通与相互转化,使得班级管理最终呈现出一种"从心所欲不逾矩"的和合共生的理想境界。

针对案例所涉及的数个班级管理的要点,结合理论进一步讨论理想路径。

1. 规则的建立——形成和谐的师生关系

师生关系从根本上讲,是教师与学生在共同的教育教学活动中,通过相互的交往形成的一种人际关系,这种人际关系具有深层次、多维度的特征,由师生间的教学关系、心理关系与道德关系交织而成。进入 21 世纪以后,建立新型师生关系变得尤为重要,师生关系朝着民主化与平等化方向发展。民主的师生关系以"以人为本"为指导,通过平等、开放的人际关系,形成以促进学生全面发展为目的的师生关系。总之,教师要树立科学人文主义的教育观,凸显学生的主体性,树立教育法制观念。

2. 规则建立的举措

班主任需要明确每个学期班级常规管理的具体目标和实施细则,做好学期计划、月计划、周计划以及日计划,并加以灵活变通。

从自身层面来看,班主任需要借助学校平台,通过班主任专业培训不断提升自身素质和能力,同时,由于学生好模仿的年龄特征,班主任需要以身作则,言行一致,树立榜样。

从关系层面来看,班主任首先需要构建和谐的师生关系,然后借助家长的教育力量,形成教育合力,建立学生—教师—家长三者的沟通联结制度。

从实施层面来看,班主任应该重视学生自主管理的形成和效果,提高学生对班级管理的参与度。

3. 规则的实施——惩戒

惩戒权是教师的职权之一。教师在教育教学过程中,可依法对学生失范行为进行处罚,以避免失范行为再次发生,促进合范行为的产生和巩固。教育惩戒的出发点是对学生的关怀和爱护,不能侮辱学生的人格,不能损害学生的身心健康,其目的是使学生认识到自己的过失并改正过失。现实生活中,易将其与体罚、变相体罚混为一谈,这是对教育惩戒的误解。

教育惩戒可分为学术性惩戒和纪律性惩戒。前者如学校基于学生不佳的学业表现而对其施加否定性评价,如延迟毕业、不授予学位、撤销学位等。后者如学校或教师为了维持实施正常教育的必要纪律或秩序,对违反校规或破坏班级纪律的学生施加惩戒。

目前,惩戒的使用存在"滥用"或"不用"等问题,其原因有立法缺失、校规虚置、媒体渲染、理念失当等。

实施惩戒应该注意以下几点:

社会方面:立法机构要尽快为惩戒教育立法,虽然我国现行的《教育法》、《教师法》与《未成年人保护法》都涉及惩戒教育的内容,但都较笼统,不够明确和具体。社会舆论导向要客观、公正。

家庭方面:家长要加强修养,提高认识,切实依托学校与教师教育学生,配合学校制订惩戒教育实施细则,并形成严格的监督机制。

学校方面:学校要信任依赖教师,以奖惩措施激励教师正确实施惩戒教育。教师要勇于实施正当的惩戒教育。实施惩戒教育的三大原则是:公正合理、民主、集体认可。

主要参考文献

[1] 陈胜祥."教师惩戒权"的概念辨析[J].教师教育研究,2005(01):74-77.

[2] 阚仁建.信任理论视角下师生关系建构的研究[J].卫生职业教育,2020,38(10):53-55.

[3] 李栋.张力与限界:教育教学场域中儿童管理的误读与重构[J].学前教育研究,2018(02):52-63.

[4] 李秀娟."教育惩戒"研究述评[J].当代教育论坛,2005(22):31-32.

[5] 李衍香.民主的师生关系:内涵、表现及达成[J].基础教育研究,2019(19):78-80.

[6] 任海涛."教育惩戒"的性质及其法律体系构建——以《教育法》《教师法》为核心[J].湖南师范大学教育科学学报,2019,18(05):21-29.

[7] 唐汉卫.交叠影响阈理论对我国中小学协同育人的启示[J].山东师范大学学报(人文社会科学版),2019,64(04):102-110.

[8] 徐洁.民主、平等、对话:21世纪师生关系的理性构想[J].教育理论与实践,2000(12):12-17.

[9] 向葵花.重新审视惩戒教育[J].基础教育研究,2004(06):10-12.

四、师德案例教学实践反思

(一) 教、学、研互动:案例教学开发设计

尽管本书的案例教学开发设计主要由本书作者一人完成,并无课程开发团队,但师德案例教学的开发涉及作者及其同事近年来教、学、研工作的积累。

首先,作为教师教育者,由于教学和研究的缘故,本书作者与职前教师、实习教师、在职教师都有着密切的接触。在多年的交往中,各职业生涯阶段的教师提出了其与师德实践相关的一些体会、思考甚至困惑。一方面,这促成本书作者坚持师德发展呈现纵向阶段性特点的观点,并依据此观点组织本书的案例及相关理论的写作。另一方面,这也为本书的写作提供了丰富的一线案例素材,部分一线教师甚至提供了自己录制的音频、视频,使得案例不仅仅局限于文字。

其次,本书作者及其所在单位聚焦教师教育研究。数年来,作者及其同事开展了多种类型的教师教育研究,涉及主题广泛,如国际教师调查、教育部中小学名师校长领航工程、上海"双名工程",也和多个地区的学校、教师紧密合作,开发教师发展项目。作者结合相关的主题,开展本土化的教师调查研究,部分成果于国内外学术期刊发表,成功开发了一些适用于我国教师的调查研究工具,如借鉴休伯曼(Michael Huberman)的教师职业生涯发展阶段分析师德的纵向发展,借鉴理查德森(Paul William Richardson)等的职前教师从教动机量表分析我国职前教师从教动机。这些研究为本书的写作提供了部分理论框架、可供分析的实际案例/数据,为案例教学学习者提供了直接可以使用的研究工具。

(二) 师生、生生互动:打开彼此的心扉

一般课堂上的师生互动,教师需要注意很多策略性的地方,比如注重互动的深度,向学生抛出需要深度思考的问题而不是作一些浅层的提问,注重学生学习的主体性地位,关注学生学习的起点、变化和生成,给予及时的协助等。

师德两难案例教学中师生互动的最大挑战,或许不是来自教师该使用哪些策略开展师生互动活动,而是教师该如何开展师生情感互动,打开彼此的心扉。事实上,参与

这门课程的人大多数都已经成年,且都曾经在生活中与几十位甚至更多教师有过紧密的交往,早已对教师职业形成了自己的固有认知。

正如已有文献所指出的,案例教学法既向学习者提供反思自己历史的机会,又向学习者提供讨论的平台,结合相关的理论介绍,促使学习者的观念产生变化。但是在实际教学中,基于现实却加以匿名化处理的案例尽管能引起学习者就相关议题展开讨论,也能激发学习者探究相关理论的动机,但是未必能打开成年学习者的心扉。我们无法得知学习者过去的故事,故难以使学习者在自己的人生故事和师德学习之间建立联系,以构建有关师德的理解、认识和情感。在实践中,本书作者尝试了如下方法:

其一,在案例讨论、呈现相关理论和研究的同时,融入教师个人故事叙事。作为一门课程,师德修养案例教学涉及主讲教师、学生等人员,少则十余人,多则近百人,其内容有显性的部分,如教学案例、文献、政策、相关理论等,也有隐性的部分,这个部分常由参与教学的教师和学生共同打造。每个个体都带着自己关于教师的故事进入学习。从教师角度来说,教师本人作为曾经的中小学生、职前教师,在教学中融入自己和教学主题相关的人生故事,能为教学提供一些非正式的案例,向学生提供一个教师职业生涯阶段不同于他们的个体的故事,与学生分享自己的情绪和感受。这些故事和案例并不相同,无需特意打磨以提炼其中的争议性问题供学生讨论、探究,而是把教师作为一个完整的人,通过个人经历的分享,促进情感的交流和人际的信任。在本书一系列的两难案例教学中,主讲教师都可融入自己的故事。融入的个人故事类型有:与教学主题、案例相近却又形成鲜明对比,可作为教学补充的个人故事;有助于介绍相关师德制度、有利于研究师德纵向发展的教师个人历史性经历;呼应学习者当下实践体验的经历。

如使用"菁菁着装的疑惑"(东方师德传统对教师道德有很高的要求,甚至细化到着装)介绍东西方师德传统差异的时候,教师可融入与教学主题、案例相近却又形成鲜明对比的两个故事:

第一个故事来自主讲教师的教师教育研究访谈。一位藏族语文老师回忆她的高中语文老师穿着不同平常,形成了非常显著的教学效果:

整个高一学年,语文老师让我印象非常深刻。老师当时上课,我记得是上《雨巷》,其实天气有点冷了,但是老师为了意境,穿了旗袍,其实是有冬天的旗袍的,但是她没有穿,她说她想要体现江南女子的那种美,就穿那种很薄的旗袍,然后把头发扎起来,上了一堂课。非常美,印象非常深刻。

另一个故事来自作者的学生时代,遇到与"一日为师,终身为父"观点迥异的师兄:

> 那时候,我在读博士(大概二年级),在一次会议上遇到了之前只闻其名未见其人的大师兄。他那时候已经是一个被导师评价为'青出于蓝而胜于蓝'的年轻学者了。他发言结束,我赶紧去找他自我介绍:我是罗老师的学生,我知道你也是他的学生。他回答:那是很久以前的事情了。(这位大师兄是美国人。)

任课教师用自己的个人经历,从更多的角度来讨论"菁菁着装的疑惑"案例涉及的对教师着装的社会期待——合适的着装对学生有着深远的影响,而不同社会文化对师生关系的认识也有着巨大的差异。

在讲解教育实习阶段职前教师面临的身份转换及师德发展的时候,主讲教师也会分享自己青涩的实习故事:

> 我和我的室友非常幸运,被分到师大北门口的学校实习,我俩带同一个班。在其他同学一早闹钟响起,"兵荒马乱"离开宿舍,长途跋涉去各个实习学校的时候,我俩都还在梦中,告诉自己还可多睡一会儿,最多十分钟就走到了嘛!这一天,是我俩正式到实习学校报到的日子,带教的班主任前一天吩咐:"早一点(到),明早晨会前,我向同学们介绍一下实习老师。"可是,我和我的室友醒来的时候,已经是实习学校晨会的时间了!我们赶紧一路小跑。跑到半路,我的室友,一个爱美的女生,后悔了。她说:"跑得脸红通通的,多难看,今天不去了!"我的个人经历告诉我,影响学生教育实习效果的,不止有学生本人、带教教师,一起实习的小伙伴也非常重要。

其二,寻找多元途径,让学生述说自己的故事。在几十个人秧田式就座的教室环境里,让一个成年人站起来,面对或许熟悉或许陌生的同学,讲述自己人生中遇到的和师德有关的故事,其实是比较有挑战性的。部分优秀的在职教师,在有了多年教学经历之后,能比较完整且充满感情地说出自己和学生、和自己以前的老师之间发生的师德故事。比如作者的课堂里,曾有一位女校长(学员)走上讲台,神采飞扬地讲述了自己教导学生时,家长给予积极反馈和感谢的案例,给作者留下了非常深刻的印象。但是,这样的人并不是多数。在实际教学中,本书作者将学生分组,从学习之初到学习结束,小组成员需要就案例和学习内容进行讨论,并在学习结束的时候合力完成案例写作,因而有较多的时间和机会在小组内与朋辈互动,深入交流个人的经历和感受。

另外,本书作者也通过设计文字反思题等形式,鼓励学生与教师一对一地分享自己对相关议题的看法或个人经历,从而尝试唤起师生情感上的互动,促使师德学习尽可能地涉及认知、态度、情感和行动。以下为作者在教学中搜集的两例学生个人故事。学生通过文字讲述个人故事,既是对教师的信任,也是对自己教师职业认识的积极回顾,让作者产生双份的感动。

作业:请结合本课所获理念,分析一个你经历的"关怀"案例(正面、反面例子皆可)。

案例1:这个案例是关于我小学时候班上的一个留守同学的。爸爸妈妈都外出打工了,他由爷爷奶奶抚养,但是家里是比较贫困的那种,不管从穿着还是从别的什么都可以看出来。有一天,我们的语文老师班主任,在早上把那位同学叫到办公室去,让我们来布置教室。在前一天,她让班委去买了一个蛋糕。等我们布置好了之后,她蒙着他的眼睛让他来教室,然后我们一起唱起了"生日快乐"。那是第一次老师为同学这样做。当时老师给我们说了一些他家庭的情况,谈到要关心同学,给予关怀,让同学们在平时的生活学习中多帮助他。那个时候,那位同学激动地哭了,老师抱住他,一直安慰着他,我们都非常感动。从那以后,那位同学非常积极地参与班级活动,学习成绩也有较大的提高。我们深深感受到老师的关怀能够让一个学生有怎样的改变。

案例2:对于老师的关怀,让我印象最深的是在本科期间。大四的时候,老师提出了论文的方向和题目,我们课下努力去找资料进行论文的写作。老师的要求很严格,班级里面其余的同学论文都要接近尾声了,我的论文还处于修改的阶段,虽然不断地修改和完善,老师依旧很不满意,我一度想延期毕业,放弃这次的论文提交。后来,我跟自己的老师谈了自己的现状。老师说:你先回去,再看看论文。我本以为我就要这样延期毕业了,第二天老师叫我去办公室,还让我带上自己的电脑。刚开始我完全不知道老师想要干什么,后来到了办公室,老师带着我一句句修改我的论文。我的论文术语存在很大的问题,所以要改的细节很多,从摘要一直修改到正文结束。那整个周末的下午,老师都在给我修改论文,没有一点点的不耐烦。修改论文结束后,老师跟我讲,他不是故意要为难我,他只是感觉我的能力很强,并且我又决心攻读博士学位,所以自己探索的阶段很重要,但是我们接触到的正式写论文的机会不多,这方面实践不强,因此前期自己写作有些艰难。我听后真的很感激老师。后来老师说他手里有某个方向的论文要写,问我想不想试一试。我很珍惜这次机会,在别人毕业旅行的时候,我在努力地写新的论文。后来这篇论文发表了,我的本科生涯圆满结束了。到现在,老师认真而有耐心地帮我修改论文的那个下午,我都会不断地想起。那次老师对我的关怀,到现在依旧产生着影响。

思考题
　　1. 尝试结合实际生活或者新闻素材开发一个师德案例。
　　2. 尝试使用角色扮演进行师德案例教学。

主要参考文献
[1] 陈桂生."师德"研究[J].教育研究与实验,2001(03):8-11+72.
[2] 程德华.高校辅导员师德心理结构研究[J].宁波大学学报(教育科学版).2010,32(03):71-75.
[3] 方晓义,陈浩莺,王永丽,等.中小学教师师德观的内隐研究[J].北京师范大学学报(社会科学版),2002(01):28-33.
[4] 傅淳华,杜时忠.论当前师德教育的困境与超越——基于教师道德学习阶段性特质的反思[J].教师教育研究,2016,28(03):13-17+66.
[5] 黄向阳.师德的边界——兼评电视辩论"先跑老师该不该受到指责?"[J].河南教育学院学报,2010,29(06):63-68.
[6] 李敏,檀传宝.师德崇高性与底线师德[J].课程·教材·教法,2008(06):74-78.
[7] 林崇德.基于中华民族文化的师德观[J].西南大学学报(社会科学版),2014,40(1):43-51+174.
[8] 吕京,吕丁.立德树人视域下教师素质的新内涵及其提升[J].中国教育学刊,2014(11):65-67.
[9] 邵光华.美国师范教育中的案例教学法及其启示[J].课程·教材·教法,2001(08):75-78.
[10] 石中英.人作为人的存在及其教育[J].北京大学教育评论,2003(02):19-23.
[11] 宋耘.哈佛商学院"案例教学"的教学设计与组织实施[J].高教探索,2018(07):43-47.
[12] 檀传宝,张宁娟,李敏,等.中学师德建设调查十大发现[J].中国德育,2010,5

(04):5－10.

[13] 檀传宝.教师伦理学专题[M].北京:北京师范大学出版社,2010.

[14] 檀传宝.走向新师德:师德现状与教师专业道德建设研究[M].北京:北京师范大学出版社,2009.

[15] 王晓莉,卢乃桂.教师应对教学道德冲突的策略及其实证研究[J].课程·教材·教法,2011,31(09):84－89.

[16] 习近平.习近平谈治国理政(第二卷)[M].北京:外文出版社,2017.

[17] 习近平总书记教育重要论述讲义编写组.习近平总书记教育重要论述讲义[M].北京:高等教育出版社,2020.

[18] 林恩.公共管理案例教学指南[M].郐少健,岳修龙,张建川,等译.北京:中国人民大学出版社,2001.

[19] 林恩.案例教学指南[M].郐少健,岳修龙,张建川,等译.北京:中国人民大学出版社,2016.

[20] 叶王蓓.德育互动教学法[M].上海:华东师范大学出版社,2019.

[21] 周坤亮.教师专业伦理决策研究[D].上海:华东师范大学,2016.

[22] 舒尔曼.教师教育中的案例教学法[M].郐庭瑾,译.上海:华东师范大学出版社,2007.

[23] 朱水萍.教师伦理:现实样态与未来重构[D].南京:南京师范大学,2014.

[24] ARTAN A E. Case-based Discussions in an Educational Psychology Course: Problem Solving Processes and Interactions [D]. Pittsburgh: University of Pittsburgh, 2007.

[25] BARNETT C S, TYSON P A. Case Methods and Teacher Change: Shifting Authority to Build Autonomy [C]//LUNDEBERG M, LEVIN B, HARRINGTON H. Who Learns What from Cases and How?: The Research Base for Teaching with Cases. Mahwah, NJ: Lawrence Erlbaum Associates, 1999.

[26] CARR D. Moral Values and the Teacher: Beyond the Paternal and the Permissive [J]. Journal of Philosophy of Education, 1993,27(02):193－207.

[27] Connecticut State Department of Education. Connecticut's Teacher Education and Mentoring Program: Ethical and Professional Dilemmas for Educators [EB/OL]. (2015－01)[2022－06－07]. https://portal. ct. gov/-/media/SDE/TEAM/

Module_5_Facilitator_Guide_January_2015. pdf? la＝en.

[28] DRIVER J. Ethics：The Fundamentals [M]. Malden, MA：Blackwell Publishing, 2007.

[29] GRAGG C I. Because Wisdom Can't Be Told [C]//MACNAIR M P. The Case Method at the Harvard Business School. New York：McGraw-Hill, 1954.

[30] GRVIN D A. Making the Case：Professional Education for the World of Practice [J]. Harvard Magazine, 2003(Sep. -Oct.)：63.

[31] HARRINGTON H L, GARRISON J W. Cases as Shared Inquiry：A Dialogical Model of Teacher Preparation [J]. American Educational Research Journal, 1992,29(04)：715－735.

[32] KIEGELMANN M. Making Oneself Vulnerable to Discovery：Carol Gilligan in Conversation with Mechthild Kiegelmann [J]. Forum：Qualitative Social Research, 2009,10(02)：Art. 3.

[33] LANGDELL C C. A Selection of Cases on the Law of Contracts [M]. Boston：Little Brown, 1871.

[34] DARLING-HAMMOND L, HAMMERNESS K. Toward a Pedagogy of Cases in Teacher Education [J]. Teaching Education, 2002,13(02)：125－135.

[35] MCNERGNEY R F, HERBERT J M, FORD R E. Cooperation and Competition in Case-based Teacher Education [J]. Journal of Teacher Education, 1994,45(05)：339－345.

[36] MORINE-DERSHIMER G, CORRIGAN S. Teacher Beliefs [C]//WALBERG H J, HAERTEL G D. Psychology and Educational Practice. Berkeley, CA：McCutchan Publishing Corporation, 1997.

[37] NASH R J. "Real world" Ethics：Frameworks for Educators and Human Service Professionals [M]. New York：Teachers College Press, 1996.

[38] NODDINGS N. Educating Moral People：A Caring Alternative to Character Education [M]. New York：Teachers College Press, 2002.

[39] NODDINGS N. The Caring Relation in Teaching [J]. Oxford Review of Education, 2012,38(06)：771－781.

[40] OSER F, ALTHOF W. Trust in Advance：On the Professional Morality of Teachers

〔J〕. Journal of Moral Education, 1993,22(03),253 - 275.

[41] PANTIĆ N, WUBBELS T. The Role of Teachers in Inculcating Moral Values: Operationalisation of Concepts 〔J〕. Journal of Beliefs & Values, 2012,33(01):55 - 69.

[42] RICHERT A E. Case Methods and Teacher Education: Using Cases to Teach Teacher Reflection 〔C〕//TABACHNICH B R, ZEICHNER K M. Issues and Practices in Inquiry Oriented Teacher Education. London: The Falmer Press, 1991.

[43] SHULMAN L S. Those Who Understand: Knowledge Growth in Teaching 〔J〕. Educational Researcher, 1986,15(02):4 - 14.

[44] SPERLE D H. The Case Method Technique in Professional Training: A Survey of the Use of Case Studies as a Method of Instruction in Selected Fields and a Study of Its Application in a Teachers College 〔M〕. New York: Teacher College, Columbia University, 1933.

[45] STRIKE K A. Justice, Caring, and Universality: In Defense of Moral Pluralism 〔C〕//KATZ M S, NODDINGS N, STRIKE K A. Justice and Caring: The Search for Common Ground in Education. New York: Teachers College Press, 1999.

[46] TERHART E. The Ethics of School Teachers: Between Administrative Control. In Professional Autonomy and Public Interest 〔R〕. 〔S. l. :s. n. 〕, 1994.

[47] THOMPSON R. Harvard Business School Discusses Future of the MBA 〔N〕. HBS Alumni Bulletin, 2008 - 11 - 24.

[48] WARNICK B R, SILVERMAN S K. A Framework for Professional Ethics Courses in Teacher Education 〔J〕. Journal of Teacher Education, 2011,62(03),273 - 285.

[49] WASSERMAN S. Getting Down to Cases: Learning to Teach with Case Studies 〔M〕. New York: Teachers College Press, 1993.

附录 1.1　斯坦福大学"青少年发展与学习"课程教学说明节选(2018 年秋季)

本课程聚焦青少年在家庭、学习和社区中的发展和学习原则,从心理、认知、社会、学业等角度展开分析,包括以下内容:青少年如何学习? 有哪些学习动力? 学校应该如何致力于青少年的发展? 学校应该为青少年开发哪些文化相关的、可持续的教育经历?

课程要求

每周发布相关的阅读书目。要求充分阅读,积极参与讨论,并及时提交作业。以下为本课程的四项主要学习任务:

1. 课堂参与。本课程以研究生阅读研讨课的形式进行。学生每周需完成相应的文献阅读,并在课堂积极参与讨论、回答提问、探究特定教学议题。另外,需结合自己在实习学校的个案研究对象,汇报所读文献对自己日常工作的启发。

2. 周记。每周提交周记,记录文献阅读对自己在实习中指导个案学生的影响情况。每篇周记需 2—3 页(双倍行距,12 号字体),引用相关文献并使用 APA 或者 MLA 参考文献引用格式。每周一提交。

3. 个案研究伙伴反馈。给每名学生指派一名个案研究伙伴,两人分享各自的周记并持续给对方一定的反馈意见。

4. 案例研究与写作。周记会成为各自案例写作的主要基础。每个人都有机会对自己研究的案例从认知、社会、情感、体能发展等角度展开分析。教师也会展示前几届学生开发的案例。课程结束后,将案例修改完善,然后提交。

阅读与作业

第一周:青少年发展和学习

• 什么是青少年?

• 我的青少年时代是怎样的? 这对作为教师的我有哪些启发?

当日阅读

Giroux, H. (2010). Teachers as Transformative Intellectuals. Kaleidoscope: Contemporary and Classic Readings in Education, 35 – 40.

Gorski, P. C., & Pothini, S. G. (2013). Case Studies on Diversity and Social Justice Education. Routledge. Ch 1.

Nakkula & Toshalis (2006). Educators as Applied Developmentalists.

补充资源

Rogoff, B. , Dahl, A. , & Callanan, M. (2018). The importance of Understanding Children's Lived Experience. Developmental Review.

Lee, C. D. (2008). The Centrality of Culture to the Scientific Study of Learning and Development: How an Ecological Framework in Educational Research Facilitates Civic Responsibility. Educational Researcher, 37,267-279.

第二周:学校作为发展和学习的环境
- 学校和教师如何影响青少年的发展和学习?
- 如何使用发展的视角开展我的实习?
- 我是否使所有的学生都获得了支持性的、有吸引力的教育体验?

今日阅读

Eccles & Roeser (2011). Schools as Developmental Contexts During Adolescence. Journal of Research on Adolescence. 21(1),pp. 225-241.

Pope, Doing School, Chapters 1 and 7, 2-6 (jigsaw), Epilogue (optional).

补充资源

Dewey, J. (1964). School Conditions and the Training of Thought. How We Think, 45-55.

Bronfenbrenner, U. (1994). Ecological Models of Human Development. International Encyclopedia of Education, 3(2),37-43.

……

第九周:个案研究工作坊及其对教学的意义
- 我如何使用发展的视角开展我的学科教学?
- 我如何成长为一名教师? 我还需要学习青少年发展的哪些方面?

今日阅读

Girod, M., Pardales, M., Cavanaugh, S., & Wadsworth, P. (2005). By Teens, for Teens: A Descriptive Study. American Secondary Education, 33(2).

Northern, A. M., & Petrilli, M. J. (2017). What Teens Want from Their Schools. Thomas B. Fordham Institute. Accessed at https://edexcellence.net/articles/what-teens-want-from-their-schools.

第十周:案例分享

分享自己案例的2—3个要点。

第二章 以德育德：师德内涵的探索

师德是什么？师德包括哪些？进入新时代以来，我国的师德内涵有哪些新的变化？师德被视为教师的个人美德、职业道德等的综合体，也被视为一种双向的育德影响力，即教师以德育人，不仅影响学生道德，还最终提升自己的师德水平。本章结合国内外针对师德实践的研究，提出实践中师德有两组特性——显性、隐性和互动性，冲突性、差异性和建设性，并对新时代师德内涵要点加以梳理。

第一节 师德内涵

一、案例及相关评论

淘气的小明

李老师是小学二年级 C 班的数学老师。她的班上有个调皮的男孩子小明。这个学期开学以来，小明上课的时候喜欢发出声音，吸引同学们的注意，对教学造成了干扰。比如昨天，在课上，只要李老师面对黑板写板书，就不断有噪音从小明的位置传来。"叮！"小明的卷笔刀掉地上了。李老师皱皱眉头，接着板书。"咚！"小明的铅笔掉地上了。李老师叹口气，继续板书。"铛！"小明的书也掉地上了。同学们已经忍不住了，窃窃私语，小声偷笑。李老师又是给小明递眼神，又是停下来讲纪律，总算把这节课的教学任务完成了。

课后，李老师赶紧给小明家长打电话，诉说小明的课堂表现，希望家长配合教育。由于情绪低落，李老师在电话里语气生硬，还说了一句"怎么把孩子教育成这样"。小明家长不满，对李老师说："什么叫把'孩子教育成这样'？孩子掉文具是很常见的事情! 你有没有师德? 这么小的事情上纲上线找麻烦?"

提问:你觉得李老师有没有师德? 你觉得小明家长说的师德是什么含义?

相关讨论认为,在课堂上,李老师争取维护好课堂纪律,保证正常完成教学任务。为了维护纪律,李老师还尝试了眼神暗示开小差的小明、暂停教学讲纪律等方式,从这些细节来看,李老师是一个师德修养不错的老师:兼顾了课堂教学的效率和纪律,且有一定的耐心,给开小差的同学改正的机会。在课后,李老师也及时和家长沟通,争取家长配合,可以说是一个负责任的教师。但是,李老师没有及时调整好个人的情绪,在沟通中语气生硬,引起了家长不满,在家校和谐这方面似乎做得不够。至于小明家长口中的师德,相关讨论认为,这有一种道德绑架的意味,似乎要求教师无论什么时候、遇到什么情况,都必须充满爱心、耐心地协助学生纠正问题,并且最好不要打扰家长。

师德到底是什么? 它是我们生活中的一个常见词,它似乎无所不包。教师似乎需要具备种种美德,一旦有一点不足,就有可能像上述案例那样,被人们以"你没有师德"来评价。本节将梳理师德内涵。

二、师德内涵:是什么

分析"种差"和"属概念",是界定概念的一个好办法:找到这个概念的属概念,然后找到这个概念与同一属概念下其他种概念之间的差别,最后把上述两个部分综合为整体。师德内涵的概念主要回答"师德是什么"这个问题,代表性的观点主要有四种。

(一) 师德是卓越的品德

教师被视为卓越道德的代表,师德被视为崇高、卓越的品德。如我国传统对师德设定高标准,"师"含有"出于其类,拔乎其萃,为众之所长"的含义。此外,古代学者还塑造了"人师"——被世人推崇的圣贤师形象:"四海之内若一家,通达之属,莫不从服,夫是之谓人师。"荀子认为,"人师"的德行是让别人诚服的关键。"人师"是以身作则的德行学问的持守者。"人师"以高尚的才气风度、恭敬审慎的道德行为,成为受人敬仰的模范。

西方社会和东方社会都有着对师德抱高期望的传统。19 世纪中期,教育评论家阿道夫·第斯多惠(Adolph Diesterweg)发现人们对教师往往有这样的期望:"有着日耳曼人的健康和强壮,莱辛(Gotthold Ephraim Lessing)那么锐利的思维,黑贝尔(Friedrich Hebbel)的情感深度,裴斯泰洛奇(Johann Heinrich Pestalozzi)的热情,萨尔士曼(Christian Gotthilf Salzmann)的雄辩,莱布尼茨(Goufried Wilhelm Leibniz)的知识,苏格拉底的智慧,耶和华的爱和仁慈。"

当代国际教师教育论坛形成一种共识:要成为一名有效的教师,不能仅仅只有专业技术能力,更需要具备奉献精神、责任感、正直感、对教育的热爱等基本品质。联合国教科文组织指出:教育的质量,不仅仅由可量化的数据如班级规模、学校硬件设施等决定,也受师德等间接因素影响,如教职员工对职业的投入、教师帮助每个学生达到自己最好水平的能力,以及教师道德、职业行为、责任感等。需要指出的是,教师的品德一定具备时代特点,即不同的时代、不同的阶级、不同的社会类型,对教师的品德要求一定有不同的侧重。因此,不能单纯地把所有时代、各种社会对教师品德的要求作简单累加,而是应该结合时代需求加以遴选。

(二) 师德是教师职业道德

师德被认为是教师的职业道德,是一般社会道德在教师职业中的特殊体现。如申继亮、赵景欣(2006)认为,教师职业道德(师德)是指从事教师职业的人应该遵循的行为准则和必备品德的综合,是一般社会道德在教师职业中的特殊体现。职业道德,可以由职业群体内部设定,也可以由其他机构设定。如刘捷(2002)提出,专业道德是指一种职业群体为更好地履行职业责任、满足社会需求、维护职业声誉而制定的自我约束的行为规范——一套被一致认可的伦理标准。

相应地,教师职业道德规范是调节教师工作所涉及的各种关系的行为准则,这些关系主要包括教师与学生的关系、教师与同事的关系、教师与家长的关系。考虑到教师职业的特点,有些教师职业道德规范还把教师与知识学术的关系列入其中。如:卡恩(2021)指出,遵守学术道德是高校教师的责任和义务。另有学者指出,现代社会的教师必须是研究型教师,只有研究型教师才能给学生的创造性培养提供良好示范,而从事科学研究会面临一定的伦理困境,对教师的科研伦理水平要求很高。

按照朱光潜提出的道德二元论——问心的道德与问理的道德,西方教师职业道德主要属于问理的道德,职责分明,是典型的底线伦理规范。目前,全球约180个国家和地区制定了教师职业道德规范,其中不少采用了禁行行为的表述方式,即主要对教师职业道德提出底线要求。如美国《教育专业伦理规范》包括两个原则,每个原则都包含八个要点,绝大多数要点的表述都使用了禁行行为表达,如"不得有意为难或者贬低学生"、"不得出具不符合事实的专业资格证明"。

我国的教师职业道德偏向于问心的道德,强调教师的综合素养和全身心投入,是典型的引导型道德规范。如中华传统师德是在以师生为主的伦理关系范围内,为师者有志道信念,重礼尚德,有仁爱情怀,学识广博。进入新世纪以来,我国对强调师德崇高性有了一些不同的思考,呼吁师德体系应该平衡强调师德崇高性与探讨底线师德。有的学者提出,教师和普通人一样,只是追求道德完善的"常人",现代社会是强调权利与义务对等的法治社会,强调教师专业道德的高尚性违背了权利与义务的对等性,超出了教师所能承受的范围,使教师不得不付出身体、精神等方面的代价,甚至牺牲个人幸福,如投身工作而淡漠亲情、友情等,这对教师来说是不合理的要求。也有学者提出,"底线师德"具有具体、操作性强、可变动等特点,与"崇高师德"分别把持着师德体系的"下边界"和"上边界",应确保教师遵守师德底线要求。

(三)师德是针对教师的多种道德的综合体

如李清雁(2009)认为,师德是教师个体道德和职业道德的综合体,是作为职业行为主体的教师在一般道德基础上,发自内心对职业行为各种要求的认同,是教师所秉持的职业道德认识、职业情感以及在从业活动中表现出来的职业行为,是对职业伦理规范的自觉遵守与践行,是对教师职业生活的一种整体把握。也有学者把师德视为教师人格品质、专业特征、社会价值的结合。如林崇德(2014)提出,可基于中华文化中的师德观,从师业、师爱、师能、师风四个方面解读师德内涵:师业,爱岗敬业,表现为认同教育事业、教育岗位的情感和行为;师爱,关爱学生,以尊重学生为起点,以严慈相济为手段,以一视同仁为原则,以学生成长、成才为目的;师能,严谨治学,表现为教师的教育、教学、反思和创新教育能力;师风,即为人师表。

(四)师德是双向互动的育德影响力

师德既是教师自己的品德修养,又是影响学生、开展道德教育的内容和方法。这一双向互动的道德教育关系以何为链接点,不同的理论流派有不同的观点。

我国传统师德注重以弘扬道德利他来激发教师的理性自觉,从而实现双向互动德育。教师在道德利他性的驱使下,以"得天下英才而教育之"为乐,以"学而不厌,诲人不倦"为信念,进而通过不断地穷理,以育人化人的方式达到立德、明道、至善、成性的道德境界。因此,于泽元等(2021)提出,教师自身的成长是最大的师德所在。教师是学生的重要学习对象和学习路径,因此,教师自身成长与否、成长得如何成为最关键的师德所在。我国第一本《教育伦理学》的作者丘景尼指出,师德不只是"自己修养",更需"训练他人"。

20世纪80年代北美认为教学是一种实践科学,坚持从技术、科学层面来研究教育教学,对教学的道德层面有所忽视,阿兰·汤姆针对这一情况在《教学作为一种道德工艺》中提出新的比喻——工艺。教育不是对自然科学的模仿,而是一种道德的工艺。基于"道德的工艺"这个概念,汤姆指出教学的双向育德链接包括两方面:其一,教学是道德的,因为它需要教授道德;其二,师生关系具有不平等性和道德性。霍金斯(Denis John Bernard Hawkins)说:"一个个体对另外一个个体施加控制,如果人们愿意接受这种控制,说明这种控制不是剥削性的,而应该是道德性的,是在提升和发展这个被控制者的能力。"

内尔·诺丁斯在其关怀伦理理论中提出,师德的重点是"关怀"。师生建立双向的关怀关系,从而培养学生道德。诺丁斯认为,人类的情感才是激发道德的动机力量,可运用情感让学生在师生等关系交往中感受到爱,建立并维持交往中的道德关系。他强调教师的示范作用:教师是伟大的道德人格的代言人,教师传出对学生的平等关爱是学生学习和体会关爱的榜样。教师应该以身作则,创造师生、生生互相关爱的氛围,使学生在感受被关爱的过程中潜移默化地学会关怀、塑造道德。

芬斯特马赫(Gary D. Fenstermacher)等提出了两个概念来描述双向育德的影响:"道德地教"(teaching morally)和"教以道德"(teaching morality)。前者意味着教学以道德的方式进行,后者则是将道德传达给别人。首先,教师应是有道德的人;其次,教师提供成为有道德的人的方式。

综上所述,本书认为师德不是一个概念,而应该是一个理论体系,它包含了多个概念,以及多个概念的互动关联。它由三个层次构成:其一,时代对教师个人道德的期望。由于教师是培养正处于成长阶段的儿童、少年、青年的重要他人,社会对教师的道德期望一般比对普通人要高。需要指出的是,个人道德不仅包括个人的道德修养,还包括个人的政治认同、法治观念、责任意识等。其二,教师职业道德。由职业群体或者教育行政部门等制定行为准则,调节教师工作所涉及的各种关系,这些关系主要包括教师与学生的关系、教师与同事的关系、教师与家长的关系、教师与社会的关系。受不同社会、不同时代对教师职业道德要求的影响,有的教师职业道德注重澄清底线,说明教师禁行行为,有的则注重道德引领,注重鼓励教师追求崇高道德理想。其三,育德影响力,教师与学生双向互动的育德影响。师德不只是教师身上静态的道德品质、规范,还是动态的育德实践与影响,教师通过以身作则,开展对学生的育德,最终达成师德内化。不仅学生需要教师育德,教师更需要通过育德影响,发展成为真正的好老师。第一个层次是第二个层次的基础,第二个层次则是职业内部针对教师工作的特点所作的进一步提炼,而前两个层次都服务于第三个层次的实现。

三、师德内涵:有什么

师德包括哪些内容? 这个问题,比"师德是什么"更难回答,因为"有什么"比"是什么"更难穷尽答案。有四组关系引导着这个问题的答案,有助于梳理师德包括哪些内容。

(一) 个人品质与师德

从个人特点出发,描述理想型教师,从而回答师德包括什么。如阿奇曼(Eric Achermann)指出:

(教师)有很多的美德,特别是……公正、仁慈、爱和平静,有很高的智力天赋,真实、丰富、可快速获取的记忆,丰富的想象力,有能力控制不自愿的活动,充满活力和事业心,反应迅速,同时也有内在的平静并谨言慎行。倾向于和孩子打交道,和他们玩耍,教他们并引领他们向善,有沟通和行动的能力、洞察学生个性的能力、适应学生的能力,有教学法技巧,能领导和管理一个班级,能投入个人精力……有健康、强壮的身体,比如健康的精神、正常的身材和令人印象深刻的外表,肢体动作轻松而优雅。

联合国教科文组织提出,可以把许多社会团体文化共享的价值观作为师德的基础,提倡这些伦理标准和核心价值观——正直、诚实、真实、公平、尊重他人等(如图2.1所示),使之成为教师职业的支撑性价值观。

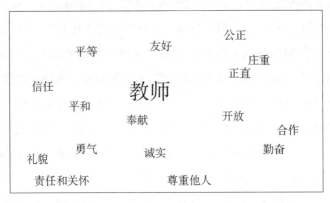

图 2.1 联合国教科文组织提出的师德基础

也有研究从教师个人性格出发来讨论师德与教学。比如使用明尼苏达多相人格测验等了解教师个性和学生成就之间的关系。梅兹(John Merz)强调教师的情感稳定性、积极自我概念、弹性、语言智能、合作取向等,和师德有紧密联系。迪特里希(R. Dietrich)等则特别强调教师个体对奉献的看法,如教师对教育政策的认同、对学生的用心投入和注意等。

(二) 职业与师德

檀传宝(2005)指出,强调教师的理想人格或个人修养,显得比较粗糙、抽象,没有很好地体现教师专业的独特性。不少学者结合教师的职业特点筛选理想的师德,如索科特认为:

(教师的职业道德)是一系列可以获得的道德品质,蕴含在教学的社会实践之中……首先,由于教师处理知识需要求真,追求"诚实"、质疑"欺骗"就是这个场景中符合逻辑的部分;第二,学和教都涉及面对困难并进行智力和心理上的冒险,这些要求"勇气";第三,教师对学生个体的发展承担责任,这个过程要求对学生投入无限的"关怀";第四,"实践智慧"是教学这个复杂过程的必要要素,它要求融入其他一些美德,如耐心等。

和以往从个人性格、美德及规范角度出发的师德观有所不同,索科特筛选出少数几项教师的职业道德,并对其功能进行了论证。

我国传统围绕教师与职业的关系、教师与学生的关系、教师与社会的关系展开师德梳理。在教师和职业维度上，儒家"仁且智"的理想人格成为传统师德的核心范畴："学不厌，智也；教不倦，仁也。仁且智，夫子既圣矣。"在教师与学生的关系方面，孔子强调"其身正，不令而行；其身不正，虽令不从"，教师通过给学生树立模范来教化学生。同时，教师要"爱生如子"、"诲人不倦"。在教师和社会维度上，《礼记·学记》强调"尊师"和"重道"："凡学之道，严师为难。师严然后道尊，道尊然后民知敬学。"

檀传宝等（2016）提出，幸福、公正、关怀是师德的三大基本范畴。教师的幸福是指教师在专业状态下做称职的老师，处理我与我、我与职业的关系，获得专业幸福和教师生活幸福的统一，即生活、职业、作为人的存在意义上的幸福。教师公正是教师在专业状态下公平正义地对待学生、对待同事等。教师关怀是对公正的补充，若没有对学生的真正关怀，学生可能感受不到公正带来的正向影响力。

沙普剌-里斯沁斯基（Orly Shapira-Lishchinsky）指出，目前各国师德规范都涉及教师、学生、家长、社区、教育领导者等主体之间的道德关系。教师和学生之间，强调关注关怀学生；教师和家长、社区之间，注重尊重家长，告知家长学生学习等情况，注重学校服务社区；教师和职业之间，注重教师的专业发展如教师的终身学习，强调教师地位名誉等。

20世纪80年代以来，我国完善各级各类教师职业道德规范，分别于1984年、1991年、1997年、2008年先后四次修订颁发中小学教师职业道德规范，基本都从教师和国家、党、社会的关系，教师和学生的关系，教师和职业的关系等多个角度，分别对教师提出期望。进入新时代以来，一系列教师职业道德规范如《新时代中小学教师职业行为十项准则》相继颁布，凸显对教师坚持正确政治方向的要求，加强党对教育工作的全面领导，坚持社会主义办学方向，确保教师成为先进思想文化的传播者、党执政的坚定支持者。

（三）育德与师德

根据师德是一种双向育德影响力的观点，育德有三个层次的要点常被纳入师德范畴。首先，教师需成为学生的道德模范。如我们熟悉的品格教育领袖人物里克纳（Thomas Lickona）强调："教师可以成为榜样——伦理榜样，在教室内外展示高度的荣誉感和责任感，也可以通过他们对学校内外道德重大事件的反应，成为学生道德关注和道德推理的榜样。"里克纳指出,教师的道德责任是充当"关怀给予者"和教导者。受班杜拉(Albert Bandura)的社会观察学习影响,该流派认为道德和责任是通过学习榜样获得的。

榜样教学的概念大概在20世纪之初才出现,但是它在实际教学中的应用历史却非常久远。在正规课程学习中,品格教育常使用榜样教学。品格教育认为,青少年儿童正处在他们人生的关键时期,特别需要榜样的引导。这里请注意,榜样包括正面榜样和反面榜样。正面榜样向孩子提供积极的、有益的行为示范,而反面榜样则示范破坏性的、有害的行为。榜样常常包括宗教人士、警察、父母、教师等,随着现代文化的影响,许多公众人物如运动员、娱乐明星等也有可能成为榜样。这些人物有可能是正面榜样,也有可能是负面榜样。榜样教学中,最需要突出的一点是榜样的透明性,即孩子有充分的机会了解榜样的行为。由此,父母、学校教师被认为是最重要的榜样人物。榜样教学并不一定关注信息或知识的传递,它的目标是对个体某些态度、生活方式、世界观产生影响。榜样教学还有一个独特的地方,就是它能联结理想和现实两种状态。通过榜样的展示,孩子们能对抽象的道德观念形成具体、现实的理解,这有助于他们结合榜样展示的德目,在未来相应的场合下做出合适的行动。

其次,教师需组织场所(如学校、班级等)的道德环境建设,如提出公正团体等。在公正团体中,道德文化通过协商得到构建和强化,其目的是:发展人际敏感性和道德推理的能力;分析对共同理念敏感的规则;民主实践,从而让学校的民主水平得到提升;有机会陈述自己的观点;不同观点的声音带来开放和宽容;联系判断和行动,从而增强道德能动性;发展参与的责任,以提升对学校的责任感。

1974年,柯尔伯格领导哈佛大学道德教育研究中心开展了设立"公正团体学校"的道德教育研究,在这些学校运用"公正团体法",主要遵循以下几条管理原则:第一,学校采用直接的民主管理方式,所有重大问题都要经过每周一次的团体碰头会讨论和决策,每个成员(教师和学生)在会上都有一票;第二,设置一些委员会,请师、生、家长一起参与;第三,各成员之间达成一种社会契约,规定每个人的责任和权利;第四,学生和教师的基本权利是相同的,包括自由发表意见、尊重他人、禁止身体和言语上的伤害等。按照这些原则建立的团体实际上是充满民主气氛的、由大家共同管理的场所。这一教学法向儿童提供了"角色承担"的机会,个体在与他人的互动中考虑他人的观点,而社会环境或公共机构较高的公正水平是个人公正观点得以发展的条件。

一些研究还使用柯尔伯格的道德发展量表,提出道德发展高阶段的教师应该比低阶段的教师表现得更有弹性、更能抗压、更灵活等。他们可以更开放地在以学生为中心的教学环境中展开教学。也可以说,道德发展高阶段的教师能够采用多元的视角、多样的应对行为、更多的教学模式等,因而对多种学习模式更加了解,从而加以有效应用。

第三,教师要重视育德的双向贯通。很多教师总是重视关怀学生,做到公正、真实,却忽视了让学生学会承担责任,学会理解公平、关怀和真实等。正如罗尔斯所言,共同福利和公正的观念需要包括所有的公民,责任必须是双向的。

诺丁斯的关怀伦理认为,道德哲学的观念源于自然的母子关系、主观体验等,师德的核心是形成"关怀的社区","关心学生的成长需求"。关怀和被关怀是人类的基本需要,人们需要其他人的关怀,需要被理解、被给予、被接受、被尊重和被承认,因而教师的关怀在培养学生道德的过程中可以发挥"超能力"。

(四)时代与师德

时代的变迁会体现在相关政策、实践和研究上,对师德的内容作出新的规定。新中国成立之后,我国提出新的师德要求。1951年,教育部部长马叙伦在全国初等教育与师范教育会议上提出:"我们所培养的各级各类学校的新师资,必须是用马克思列宁主义毛泽东思想武装起来的、熟悉业务的、全心全意为人民教育事业服务的人民教师。"这赋予教师建设新社会、培养社会主义新人、和资产阶级争夺青年一代的时代师德使命,凸显师德"又红又专"的特点。1952年,我国颁布《关于高等师范学校的规定》和《师范学校暂行规程》,规定高等师范学校、师范学校的任务是根据新民主主义教育方针,以理论与实践一致的方法,培养具有马克思列宁主义和毛泽东思想,具备高级的文化与科学水平、教育的专门知识与技能,全心全意为人民教育事业服务的中等学校、初等教育和幼儿教育的师资。1958年,教育部提出"培养发展和改进各级师范学校,培养又红又专的工人阶级自己的教师队伍",突出教师树立献身党和祖国教育事业的志向,树立为人民教育事业服务的思想,强调"春蚕精神"和"蜡烛精神",不忘"灵魂工程师"的职责与神圣。

在西方国家,特别是盎格鲁-撒克逊国家,在过去一百多年里经历了多个教师专业发展阶段,各阶段有关师德内容的讨论呈现出时代特点。

在始于 20 世纪初的前职业化阶段,英美国家普及公立教育。面对当时学校的大班教学、教学资源缺乏等情况,教师主要以去中小学实习的方式接受培训。在 20 世纪早期、中期,师德相关讨论散见于杜威(John Dewey)的《教育的道德原则》(1909)、沃勒(Willard Waller)的《教育社会学》(1932)、彼得斯(Richard Stanley Peters)的《伦理学与教育》(1966)等作品,主要强调教学和教育的道德特质,大部分围绕青年人的德育课程展开讨论,较少涉及教师的伦理道德角色、责任和实践,仅从整体上描述社会对教师群体的道德期望等,并没有结合具体的环境进行讨论。

20 世纪 60 年代开始进入职业自主化阶段。随着美苏展开太空竞赛,各国政府增加了对科技的投入,基础教育也迎来了繁荣的发展。教师教育年限延长、资格认证、教师教育基础知识学术化等,都提高了教师的职业地位。教师教育不再像 20 世纪初那样由师范学校负责,而是成为大学专业。20 世纪中叶以来,西方师德研究逐渐把视线聚焦到教师教学的道德本质和职业伦理上,认识到教师工作的道德复杂性、教师行为所造成的影响,强调教师职业化的伦理责任。阿兰·汤姆的《教学作为一种道德工艺》讨论了教学的道德层面,论证了师生关系是道德的,教师通过选择课程材料和教学方法给学生以积极影响。1984 年,诺丁斯的《关心:伦理和道德的女性路径》介绍了学校和教师的伦理道德责任,不再局限于正规德育课程所规定的部分。这个时候,斯特赖克和索尔蒂斯也首次出版了他们后来备受欢迎的案例教学集。

进入 21 世纪以来,正如科克伦-史密斯(Marilyn Cochran-Smith)等所总结的,在社会、历史等宏观背景下,工业经济向知识经济过渡,带来世界范围内的大规模移民,出现新的社会文化生活情况,教师教育面临多重挑战:政策空前关注教学质量和问责;人口流动带来日渐多元的生源和日益扩大的校际差距;知识经济时代,人们的学习方式、学习内容不断更新。

因此,1990 年可以被视为一个分界点,其后西方社会出现了更多师德研究,关注研究教师教育有效性、教师如何服务于知识经济和社会、教师如何致力于推进多元与平等。其中,教师应该具有哪些品德、承担哪些责任,常常成为讨论重点。阿兰·汤姆指出:教学作为一种实践活动,必定伴随着价值导向活动,且关注目的和效果。负责任的职业行为必须参考一系列的道德价值观念,以促使实施者评估直接和间接的、积极和消极的结果。

第二节　师德特性：实践探索

一、案例及相关评论

"我的妈妈"朗诵比赛

宋老师是初一(3)班的班主任老师。这一天的语文课上,王老师组织大家结合之前完成的作文《我的妈妈》,进行朗诵比赛。这是一个同学们熟悉的主题,大家都有话可说,作文写得很有感情,是一个很好的德育机会,可以开展感恩教育。课上,同学们大声练习,准备一会儿朗诵自己的作品。宋老师正好经过自己班级门口,听到学生大声朗读赞美母亲的作文,便往里面张望,发现学生小山举着一本本子在装样子,脸埋在本子后面,肩膀还微微地颤抖。小山很小就失去了妈妈,但这个情况班上其他同学并不知道,很多科任老师也不知道。宋老师赶紧走进教室,悄悄把小山带到自己的办公室。

提问:上述案例中的两位老师是如何在教育教学活动中践行师德的? 如果宋老师没有及时来到教室,小山的哭声引起了大家注意,王老师该如何应对?

相关讨论表示,这个案例对于有一定教学经验的中小学老师来说并不陌生。师德践行的重要内容之一就是育德,因此,王老师开展学科德育是在课程教学中践行师德,宋老师了解学生情况,关心学生,当发现学习主题给小山带来情感上的挑战时,及时带走小山,体现了师德践行。

如果班主任宋老师没有悄悄带走小山,王老师该如何处理? 有的学员建议:如果在教学中遇到这种突发情况,要及时给予学生安慰,比如鼓励学生"妈妈看到你现在的成长,妈妈也会很高兴的"。有的学员认为不能被动发现问题,这样可能伤害到学生,建议在开始教学之前和班主任聊聊,了解班级学生的情况,以便在教学中作出调整来保护学生。

对于上述案例,学员们的观点并不一致,但他们都注意到了教师日常行为对学生的影响,都注意到了教师对学生的关爱。教师的一言一行都是师德展示的机会,也都有可能对学生造成深远的影响。

因此,探索实践对师德的提炼有着重要的意义。如果说,思辨提炼是总结师德内涵的一种方式,告诉我们师德应该是什么,应该有什么,那么我们走进一所所学校、一间间教室,观察一位位教师,基于实践进行调查研究,则是另一种提炼师德的方式,它告诉我们师德实践有什么规律与特点。以下将介绍师德行动研究与师德两难案例研究等探索的两组师德特性。

二、师德:显性、隐性与互动性

自 20 世纪 90 年代开始,西方社会师德研究不再局限于理论思辨讨论,而是转向实践,开展行动研究,其中有两个著名的个案研究探索实践。第一个是教师行为师德研究项目,即"学校的道德生活项目"(The Moral Life of Schools Project)。该项目由杰克逊(Phillip W. Jackson)等主持,是研究教师在教室内师德行为的经典项目,分析"每一个教学活动可能的道德意义,展示即使是最小的动作也能对学生的学术、道德成长造成最深刻的影响"。该项目组成员会见、采访和观察了来自 6 所学校的 18 名教师(9 名小学教师和 9 名中学教师)。小学教师来自一至六年级,中学教师来自七个不同的学科领域:英语、社会、数学、科学、体育、特殊教育和宗教。在研究者和中小学教师互相熟悉之后,研究者参观学校教室,开展了两年半的观察。

另一个著名的教师行为师德研究项目也在美国开展,即"教学仪态项目"(The Manner in Teaching Project),是对教学中的道德方式的实证研究,由密歇根大学承担。当时社会上已经对教师行为对学生学术、学科成绩的影响进行了深入的挖掘,对教师行为对学生道德的影响却关注不足。当时美国的教育理念是:美德是不能教授的,至少不能像餐桌礼仪和算数一样被教授,美德应该是从与具备美德的人交往中习得的。因此,项目团队认为美德的呈现方式也应该不同于学术内容。教师如果希望提升学生的美德,其自身必须是一个有美德的人。"教学仪态项目"由理查德森和芬斯特马赫主持,继承了亚里士多德的美德观,并把芬斯特马赫的哲学思考延伸到了实证研究中,凸显对"仪态"概念的讨论:"教师对学生每个提问的回应,每次布置作业,每次解决学生的争端,每次给学生评分,都伴随着教师美德的展现。这种美德的展现可以被视为教师的仪态。"

"教学仪态项目"研究了 2 所学校里的 11 位教师。一所学校是乔丹小学（Jordan Elementary School），位于中西部城市，学生主要是中产阶级白人。另一所学校是高地学院（Highlands Academy），位于大都市区，以服务非洲裔为主，包括幼儿园和一至八年级。该项目注重辨别诚实、热情、真实、公平、勇敢、慷慨等美德及其表现形式，研究教师如何展示这些美德。选中这些美德和当时社会对教师和教育的期望有关。

这两个著名的研究项目对实践中的师德特性作出了如下三点探索。

第一点，师德在实践中存在显性或隐性的特点。一方面，教师所具有的个人美德、职业美德等品质，在实践中存在显性和隐性的差别。有的美德比较容易观察到，有的则比较隐蔽。弗洛纳（Catherine Fallona）指出：比较容易观察到的美德是友好、机智、勇敢、荣誉、温和、慷慨和优雅，其他的美德，如宽宏大量、节制、诚实和正义，则不那么外显。另一方面，相对于师德内涵中的美德，师德内涵中的育德部分较为显性，即教师如何教授道德容易观察得多。

第二点，基于实践中的教师育德，调查研究进一步补充细化了教师"教以道德"这一个师德内涵维度，辨别教师育德策略，也可分为显性策略和隐性策略。

策略一，开展直接的德育教学。这一策略为显性德育，在正式的德育课程中引导学生为成年生活做准备并进行自我道德发展，强调道德教育，促进学生的亲社会行为和道德发展。在教学中，教师明确教授学生正直、幽默、主动、耐心、友好、勇气等，向学生展示哪些是教师期望其满足的道德和智力要求。

如"教学仪态项目"中，乔丹小学的"生活技能"课程充分展现了直接德育。该课程向学生展示 17 种生活技能，包括了一些美德，如正直、创新、幽默、耐心、友好、自豪、勇气，不仅在这个课程的教学过程中加以强调，在其他课程教学中也进行强调。高地学院也开设了直接的德育课程，如黑人文化课程，凸显团结（Umoja）、合作和责任（Ujima）、合作经济（Ujamaa）、创意（Kuumba）、信仰（Imani）。课堂教学中，教师通过讲故事、唱歌、点评学生行为等方式开展价值观教育。

策略二，学科德育。在占据较多教学时间的各科教学中，教师主要通过两个相对隐蔽的方式开展育德：其一，在学科人物表现出令人钦佩的美德时，教师开展道德教育。其二，教师在学科教学中促进学生的智力美德如耐挫、好奇心等的培养，并在学科教学中设计锻炼学生品质的学习任务。

策略三，建设德育环境，包括学校、班级共同体等。教师构建理想课堂，为学生行为建立道德标准、规则等,组织课堂环境,建立尊重、宽容、有序的教学共同体。此外,也可在学校建筑、教室布置等方面设置德育要素,潜移默化地影响学生,使之形成有益的价值观。

在班级管理育德中,尽管没有课程载体,但是教师有着明确的道德规则设想并加以执行,如"教学仪态项目"中的教师强调相互尊重,将分享、宽容、有序和积极学习等作为班级建设的要素。为了达到这些目标,教师们给班级设定道德规则和期望,由此形成有规则的社区。

"教学仪态项目"中的乔丹小学也有类似案例。

汉娜让学生坐成一个圈开展讨论,主题是环保。汉娜让学生汇报之前完成的小调查,一个学生马上开始大声地阐述自己的观点。汉娜说:"哦,杰森,你今天有点激动。等别人说完再举手说话是不是更礼貌?"杰森点头,坐回自己的位置。

这个案例里,教师通过使用语言,对学生进行纪律提醒,也提出对教室里学生良好行为的期望。教师与学生的沟通,通过大部分人都听得到、看得到的方式开展,有的时候不仅仅是指出一名学生的问题,也提醒全班同学留意教师对其学习的要求。

策略四,德育活动。相关的典礼、仪式、活动存在于所有学校和课堂中,形式多样。我国有升国旗仪式,团、队重要仪式,入学、毕业、成人等仪式,学生社团、课后文体活动等。

策略五,私下谈话。上述策略都是公开培养学生道德的方式,私下谈话则是另一种德育方式。师生私下交流,引导学生以道德的方式生活。很多私下谈话是纠偏性质的,是教师发现学生不良行为后通过私下谈话加以纠正。

第三点,互动性。实践中,师德内涵的重要组成部分,无论是显性的还是隐性的,都会互动形成育德合力,具体表现如下:其一,即使是隐性的教师个人道德、职业道德观念,也会影响这位教师的育德实践,如在教学中选择哪些德育主题,在班级管理中注重哪些道德、规则等;其二,即使是隐性的教师个人道德、职业道德观念,也会随着师生交往的深入,影响甚至决定师生是否能形成良好关系,而这个良好关系,将是教师成为学生道德榜样的前提;其三,良好师生关系的形成,将进一步鼓励师生双方,使教师进一步努力提升师德修养,成为学生的道德典范,使学生按照教师的期望提升自己的道德修养。

"教学仪态项目"在研究教师的教室管理时,对教师的个人美德、教师培养学生美德的尝试都加以考虑。理查德森和弗洛纳强调班级管理研究的这几个要素：教师人生经历、教师观念和情感、教师性格。以下案例来自"教学仪态项目"，我们从中可以看到教师个人道德、育德影响力之间的互动性。

教师行为观察

达仁是任教于乔丹小学的一位白人女教师。她40岁出头，在一至四年级工作了15年，曾经参与早期阅读项目。乔丹小学位于美国的一个大学城，学校的生源差异较大，包含来自低收入家庭和中产家庭的孩子。1998年，研究者对达仁的工作进行了录像。达仁工作的教室，一间是四人一组坐在一起，教师的桌子放在墙边，另一间三面墙边分别放了两排桌子，学生挨着坐，教师的桌子放在中间。

达仁在教学中是开放、友好的，且常常面带微笑。学生在教室里随意走动，把东西扔到垃圾桶，拿自己的教科书，找其他小组的同学讨论。教师当然还是学生关注的焦点，她安排学习任务等。教室里的每项活动，似乎学生都知道该如何行动：如何坐，如何站，如何参与讨论，作业完成之后如何做。达仁不时地加入小组讨论或和个别学生开展对话。

以下为学生来找达仁的一个情景：开始上课的时候，一个学生来找达仁，表示昨天写完作业太晚了，所以她的母亲没有在她的学习进展报告上签字。达仁回应："可以延后一天，但是如果明天还没有签字，我就会给你妈妈打电话了。"

整体上来说，她的班级非常有秩序，学生非常清楚教室规则，同时也乐在其中。旁观者几乎很难提出改进建议。

教师人生经历

达仁的父亲也是一位教师，但是她并不欣赏她父亲的教学方式。她回忆说，父亲对学生很严厉，对自己的孩子则更严厉。他很少对孩子/学生解释为何让他们做某事。达仁学生时代的很多老师也是这种风格。学校对她来说是一个困扰，越来越多有趣的事情不被允许去做。

因此,达仁在教学中强调:"告诉孩子为何要这么做是非常重要的。"这些年来,达仁和她的同事致力于社群教学,即通过学生群体来进行道德教育:美德往往就是社会性的,要尝试做一个受欢迎的人并能够与其他同学合作。达仁向自己的学生解释这个观念,从而让学生产生团队的感觉并对自己的学习负责。

达仁也鼓励学生理解他们自己。她鼓励他们谈论自己的感受,对自己应该负的责任坦诚。她每周都让学生评估自己的生活技能和美德,比如勇气、诚实、好奇心、耐心、信任、友谊。

教师行为中的美德

达仁的行为体现了以下这些美德:

友好:对学生展现关怀和尊敬,比如搂着一个学生走过大厅,拥抱学生,和学生一起大笑,仔细倾听学生。

风趣:和学生开一些小小的玩笑。在黑板上故意写错几个地方,鼓励学生找出来。

真实:诚实并追求真相。对学生言传身教。

温和:能克制地表达情绪和作出行动。

公正:对每个孩子使用同样的规则和要求。

实践智慧:对实践进行反思,指导教师做,如何做,并解释为何这么做。

三、师德:冲突性、差异性与建设性

第一,随着实践师德研究的深入,研究者们发现教师的教学实践中充满冲突,会出现道德两难问题,即同时涉及多种道德原则,当事人无法兼顾,只能遵循其中一种道德原则。

在观察教师日常教学行为对学生的影响时,奥瑟发现:教师的每个行为都肩负着沉重的伦理责任。教师需要考虑实践中师德的冲突性:职业行为和决定可能会产生主要作用和副作用,两者可能会有冲突;要评估主要作用和副作用的影响;需要均衡考虑关怀、真实、公正等多种美德,但在冲突中可能不得不舍弃一些;尽可能多地考虑受众,受影响对象可能不局限于单一个体而是一个群体。

　　基于师德冲突性的观察，奥瑟认为师德不应该是某一种美德，如诺丁斯等的女性主义关怀理论，或者道德推理的观点，或者斯特赖克等的教学伦理原则，也不应该是一系列美德的聚合体，而应该是一个综合性的道德动机，通过使用道德的"分析单元"（unit of analysis）作出分析、判断和决定。

　　奥瑟指出，师德两难情境常常是如下美德之间的冲突：关心（这一美德备受教师关注）、实事求是、公正。比如，斯特赖克等在《教学伦理》中提到这样一个案例：琼斯老师通知约翰尼的父亲来学校，因为约翰尼打架了。约翰尼父亲冲进琼斯老师的办公室，这个身高1米96的大个子手握腰带，气得浑身发抖，问约翰尼在哪里。此时琼斯老师改口了："不是约翰尼先动手的，他无缘无故被另一个男孩子打了，我是让你来带他回家，免得放学后被别的男孩子抓到。"琼斯老师改口的行为其实是撒谎。无疑，两种美德起了冲突：实事求是和关心。琼斯老师选择了关心约翰尼（不希望他被他的父亲打），而不是实事求是地对约翰尼的父亲说出真相。

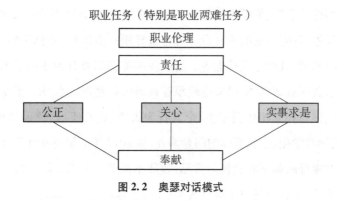

职业任务（特别是职业两难任务）

图2.2　奥瑟对话模式

　　第二，师德的现实与理想存在差异性，社会群体与教师群体的理想师德存在差异性。

　　近年来英国伯明翰大学朱比利美德与品格中心（Jubilee Centre for Character and Virtues）的"好教师项目"，借鉴皮特森（Christopher Peterson）等开发的"行动中的价值观"，列出24种美德（见表2.1），要求参与项目的教师从中选出6种他们认为的理想型教师的美德，以及6种能最准确描述自己个人品格的美德。

表 2.1　行动中的价值观

美德类别	智慧和知识	勇气	仁慈	公正	克制	超越
细目	创意 好奇心 开放心态 热爱学习 权衡能力	勇敢 坚毅 诚实 热情	爱的能力 善良 社交智慧	团队合作 公平 领导力	原谅 谦虚 谨慎 自我管理	追求卓越 完美 希望 幽默 灵性

参与调查项目的教师较多把如下 6 种美德视为理想型教师美德:公平、诚实、热爱学习、创意、坚毅、领导力。教师们在描述自己实际拥有的美德的时候,较多选择公平、诚实、幽默、善良、热爱学习、创意,尽管和理想型教师美德存在一定交叉,但是也存在差异。

我国师德研究有的直接调查教师与师德理想的差距。如 2001 年陈桂生设计了如下题目:"列举教师中 5 种不违法但违背良心应受到谴责的行为,即不道德行为;列举 5 种不一定不道德但属作为教师不宜有的行为。"调查发现,教师常见的不道德行为有收礼索礼、讽刺挖苦学生、偏爱有权有钱家庭的学生、歧视成绩不佳及家庭经济困难的学生、指责家长等,教师常见的不宜行为有奇装异服打扮出格、不修边幅、上课时随意出教室、上课时抽烟、批改作业马虎等。后续我国师德调查有的使用了纵向跟踪的方式,如上海市奉贤区自 2008 年以来连续跟踪调研师德情况,到 2013 年发现的主要问题是有偿家教、体罚和变相体罚学生、个人行为失当、教育不公、道德败坏、违纪违法等。有的开展针对学生、家长群体的问卷调查,如 2017 年刘加宽在江苏北部某县的师德调查发现,学生反映如下问题较为常见:教师不按课表上课,随意调课,随意增减课时;教师上课不认真,作业批改不认真或不批改;教师言行举止和着装等不符合职业形象;教师酒后上课,上课时抽烟;教师上课时使用通信工具。家长反映如下问题较为常见:教师不尊重家长,布置作业超量,利用职务之便向家长推销商品,违规私自向学生收取相关费用。

此外,我国师德研究也曾调查社会大众和教师群体对师德的看法,发现其中存在一定的差异性。如朱晓伟等(2019)发现,社会大众认为最重要的 10 项师德品质为:与时俱进,不断学习新知识;认真工作,对教学负责;尊重学生;认真批改学生作业;教会学生正确的学习方法和学习策略;生活作风端正,为人正派;不断丰富教学资源,努力追求教学创新;能接纳不同特点的学生;认真备课;不用语言或行为伤害学生。教师认为最重要的 10 项师德品质为:以教书育人的工作为重;认真工作,对教学负责;热爱教育事业;建立良好的师生伦理关系;在日常生活中向学生提供良好的道德示范;教会学生正确的学习方法和学习策略;生活作风端正,为人正派;以传授知识、培养人才为己任;不在学生面前发表不当言论;钻研教学方法,注重提升自己的教学能力。

第三,在实践中面对师德的冲突性、差异性,师德的建设性特点相应产生。

一方面,依据奥瑟的语篇分析视角,教师在面对师德的冲突性和差异性时,可以通过对话沟通来处理需求、规则、原则等问题。这种对话不仅仅涉及教师,也涉及学生、家长等,从而使教师与学生等群体更好地应对师德的冲突性和差异性。根据对话的深入程度,奥瑟将其分为如下五种:其一,回避。教师认为不必和卷入事件的其他人一起承担责任,而是倾向于忽视问题的潜在后果。其二,委托代理。教师承认需要作一些回应,但是相信应由其他权威人士来处理问题。其三,"单手"决策。教师意识到自己面临的师德两难问题并愿意亲自采取行动,但是其行动主要依赖自己的直觉,未进行对话便作出决策。其四,不完整对话。教师已经意识到问题所在并寻求解决的办法,尽力让学生理解自己作出某项决定的真正原因。其五,完整的对话。让学生有机会就自己受到的伤害(缺少关怀、不公正、欺骗)表达自己的感受、观点;寻求一个对所有卷入的人来说均为最佳的解决方案;假设问题已经得到充分的理解,积极参与解决问题;通过对话作出决策,平衡参与者的想法。

通过深入对话,教师在应对师德的冲突性和差异性的过程中,更深刻地理解师德,并积极践行公平、公正、关怀等美德,了解学生需求,同时向学生提供学习美德、践行美德、参与决策的机会,由此对教师和学生道德产生建设性影响。

另一方面,实践中师德的冲突性和差异性体现了师德的建设性特点。朱晓伟等(2019)指出,要高度重视社会大众与教师在师德期待方面的差异。因为任何职业道德都是社会力量在约束从业者职业行为的过程中产生的,所以要及时吸收社会大众的师德期待,开展师德建设。泊松(Muriel Poission)等则在梳理多国师德规范的基础上提出,面对实践中师德的冲突性和差异性,还需要周期性地检查和评价师德规范,进行制度建设:一般三到五年就需要调整,确保其保持和社会、时代的相关性,呼应教育系统中的重要议题,与相关法律保持一致,从而得到教师群体的充分接受。

第三节　新时代师德内涵

一、案例及相关评论

高铁扒门

2018 年 1 月 5 日 16 时 44 分，G1747 次列车在合肥站准备开车时，一名女旅客以等待家人为由，用身体强行扒阻车门关闭。这位女旅客坚持：只需 10 秒钟，她的家人就能下楼来上车。工作人员提醒她："这是高铁列车，这么多人等你，你要不下来，要不就上去。"一名乘客在旁提醒该女子："你在干什么啊？你这是违法的！"工作人员也表示："你这样是违法的，你知道后果吗？"但该女子依然振振有词："我老公已经在检票口了，让他先上车！"她不听劝阻，一直用身体阻挡列车车门关闭，造成该次列车延迟发车。

女子扒阻高铁车门的视频在网上引发热传。据了解，这位旅客是一名小学教师，从教近 20 年。这一信息更引发网络热议。人们纷纷指责：这样的品行怎能在学校教育孩子？教师要做孩子的好榜样。

2018 年 1 月 10 日上午，这名女旅客到合肥站派出所主动承认了自己的错误。她的行为涉嫌"非法拦截列车、阻断铁路运输"，扰乱了铁路车站、列车正常秩序，违反了《铁路安全管理条例》第 77 条的规定。公安机关依法对这名女旅客作出罚款 2 000 元的决定，并责令其认错改正。

这名女旅客工作单位所在区教体局成立事件调查处置小组（由教体局主要负责人任组长，分管负责人任副组长，监察室主任等为组员），分头向合肥火车站和当事人了解真实情况，并作出如下处理：责成当事女教师立即停职检查。

提问：你们怎么看待这起事件？如果这个案例的主人公不是教师，而是从事其他职业，比如营业员，社会关注的热度是否会有所不同？这名教师在教学上并没有犯错，而且她已受到警方给予的处罚，为何教体局还要处罚她？

相关讨论认为，这名女旅客的行为涉嫌"非法拦截列车、阻断铁路运输"，扰乱了铁路车站、列车正常秩序,违反了《铁路安全管理条例》等相关规定,得到了应有的惩罚。这名女旅客的职业身份——教师,使得相关视频被传到网上之后受到社会各界的特别关注。这体现了社会对教师职业道德的高期望。讨论者对第三个问题表现出一定程度的疑惑:事件发生在学校之外,当地教体局为何对这位老师作出这样的处理?

这些讨论说明学员认识到我国社会文化对教师道德有高期望、高要求,学员的疑问源自对我国社会主义特色师德体系的了解不全面。政治素养、法治素养,一直是我国师德的重要组成部分,不分校园内外,教师都要坚定政治方向并遵守法律。自 20 世纪 80 年代以来,我国不断探索师德规范的制度保障,形成了一系列教师职业伦理法规,并于 2014 年颁布了《中小学教师违反职业道德行为处理办法》,明确教师不可触犯的师德禁行行为类型,并指出教师失范相应的处罚办法。进入新时代以来,我国师德制度建设进一步完善,如 2018 年颁布的《新时代中小学教师职业行为十项准则》就明确规定教师要"坚定政治方向"、"自觉爱国守法"。案例中的女教师显然没有做到"自觉守法",损害了社会公共利益,违背社会公序良俗。

进入新时代后,我国师德内涵有哪些发展?新时代优秀教师的形象应该如何?以下将介绍新时代师德建设的时代背景、新时代师德内涵、新时代师德政策体系建设和研究。

二、时代背景,战略定位

中国特色社会主义进入了新时代,这是我国发展新的历史方向,也是我们认识教师专业成长和师德修养的时代背景和依据。当前,全党全国人民正朝着实现中华民族伟大复兴的中国梦和"两个一百年"奋斗目标阔步前进。实现这一系列宏伟目标,关键在人才,基础在教育,根本在教师。

2016 年 9 月,习近平总书记在北京市八一学校考察时强调:要从战略高度来认识教师工作的极端重要性,把加强教师队伍建设作为基础工作来抓;广大教师是打造中华民族"梦之队"的筑梦人,要努力成为"有理想信念、有道德情操、有扎实学识、有仁爱之心"的好老师;要在全社会营造尊师重教的良好氛围,让教师成为令人羡慕的职业。这些重要论述回答了为什么要加强教师队伍建设、新时代建设什么样的教师队伍、怎样建设教师队伍等一系列重大的理论和实践问题,为新时代教师队伍建设提供了根本遵循。

2018年1月,中共中央、国务院颁布了《关于全面深化新时代教师队伍建设改革的意见》,这是新中国成立以来第一份以中共中央名义印发的教师队伍建设文件,把"突出师德"作为新时代教师队伍建设的基本原则之一,指出新时代教师队伍建设的时代背景:当今世界正处在大发展大变革大调整之中,新一轮科技和工业革命正在孕育,新的增长动能不断积聚,中国特色社会主义进入了新时代,开启了全面建设社会主义现代化国家的新征程,我国社会主要矛盾已经转化为人民日益增长的美好生活需要和不平衡不充分的发展之间的矛盾,人民对公平而有质量的教育的向往更加迫切。在这样的时代背景下,教师队伍建设也存在亟待解决的问题,如:有的教师素质能力难以适应新时代人才培养需要,思想政治素质和师德水平需要提升。

因此,教师队伍建设有着重要的战略意义:教师承担着传播知识、传播思想、传播真理的历史使命,肩负着塑造灵魂、塑造生命、塑造人的时代重任,是教育发展的第一资源,是国家富强、民族振兴、人民幸福的重要基石。

在2018年9月的全国教育大会上,习近平总书记要求坚持把教师队伍建设作为基础工作,强调要抓住机遇、超前布局,以更高远的历史站位、更宽广的国际视野、更深邃的战略眼光,对加快推进教育现代化、建设教育强国作出总体部署和战略设计;坚持把优先发展教育事业作为推动党和国家各项事业发展的重要先手棋,不断使教育同党和国家事业发展要求相适应、同人民群众期待相契合、同我国综合国力和国际地位相匹配。

三、新时代师德内涵:"四有"好老师

2014年第30个教师节前夕,习近平总书记考察北京师范大学时发表重要讲话,勉励广大教师做有理想信念、有道德情操、有扎实学识、有仁爱之心的"四有"好老师。

"四有"好老师这一理念一经提出,就成为新时代教师的价值追求,同时梳理了新时代师德内涵:以教师应该有理想信念、道德情操、扎实学识、仁爱之心这些个人美德,分别引领教师职业道德中的多组伦理关系——教师和党、国家、社会,教师和职业,教师和自己,教师和学生、家长、同事,从而使得教师内涵中的个人品质、职业美德、育德影响力有机融合,回答新时代师德内涵是什么以及有什么这两个问题。

（一）有理想信念

2014年9月，习近平总书记在北京师范大学师生代表座谈会上指出："正确理想信念是教书育人、播种未来的指路明灯。"好老师的首要标准是有理想信念：做共产主义、中国特色社会主义共同理想的坚定信仰者和忠实实践者，特别需要凸显政治认同和法治意识。

教师和党、国家、社会的关系维度：爱国爱党。坚决拥护中国共产党的领导，理解中国特色社会主义道路与制度内涵，深刻领会习近平新时代中国特色社会主义思想。传承与弘扬中华优秀传统文化，树立文化自信；学习和理解中国特色社会主义核心价值体系，践行社会主义核心价值观。增强国家意识，树立总体国家安全观，自觉维护国家主权、安全、发展利益，坚决反对一切分裂祖国、破坏民族团结和社会和谐稳定的行为；理解和尊重各民族的政治、经济、文化和传统习俗。培养法治精神与法治意识；明确中国方案、中国成就与世界发展的关系。

教师和职业的关系维度：爱岗敬业。习近平总书记指出，有了为事业奋斗的志向，才能在教师这个岗位上干得有滋有味，干出好成绩。好老师要忠实于党和人民的教育事业，热爱教育，富有教育理想，有强烈的教育使命感、责任感和明确的职业发展目标。在教育教学中，遵循教育规律，恪尽职守，坚持立德树人，关爱生命成长，为学生的终身可持续发展奠基。

教师和自己的关系维度：乐于奉献。把教育作为自己的事业追求，不断精进，能够从中体验到自信和快乐；以奉献为人生价值，能够将幸福感传递给学生。懂得教育作为一种需要奉献的职业，需要教师在深入认识自我的基础上，系统地做好职业生涯规划。

（二）有道德情操

习近平总书记强调，教师是品行之师：一个老师如果在是非、曲直、善恶、义利、得失等方面老出问题，怎么能担起立德树人的责任？

教师和自己、职业的关系维度：为人师表。引领道德风尚，彰显职业尊严，发挥示范、榜样作用，坚持以德育德。能在教育教学中注意言行举止，以身作则，潜移默化地影响学生。

教师和学生、家长、同事等群体的关系维度:团结协作。能够以平等的方式、心态和情感去了解和对待学生,以礼相待。能够与家长积极沟通,乐于采纳家长的合理建议,并形成具有建设性的双向关系,帮助家长明确教育责任,改进教育方法,为学生成长共同努力。能够与同事友好相处,同事间形成开放、信赖、互助的工作关系。维护学校和集体荣誉,有集体意识,积极参与学校建设。

教师和党、国家、社会的关系维度:廉洁自律。遵守国家法律法规,自觉普法、学法、守法、用法;遵守教育教学规范,切实做到依法执教。言行一致,信守承诺,积极承担责任、履行义务。严于律己,清廉从教,自觉抵制不良诱惑。

(三) 有扎实学识

"水之积也不厚,则其负大舟也无力。"习近平总书记强调,教师应是学问之师,扎实的知识功底、过硬的教学能力、勤勉的教学态度、科学的教学方法是教师的基本素质,其中知识是根本基础。以下子维度凸显了教师职业特点、教师职业服务对象、教师职业发展对教师扎实学识的要求。

教师和职业的关系维度:严谨治学。遵守学术规范,维护学术尊严,塑造实事求是、严谨治学的品质与精神。坚定理想,刻苦钻研,追求卓越,能够在持续学习中保持积极的情感状态,持之以恒地投身教育教学实践。

教师和学生的关系维度:科学施教。遵循学生身心发展规律与教育内在规律,尊重学生的主体性,关注学生的个性发展。能够根据学生的认知水平、学习能力以及个性特点,选择适合每个学生的教学方法,提升教育教学的效益和质量。

教师和自己的关系维度:与时俱进。树立终身学习的理念,把握教育教学的理论前沿,不断更新专业知识,培养勤于学习、乐于反思和积极探究的态度与精神。能够根据社会和时代对人才培养的新要求、学生发展的新需求积极探索、勇于创新,响应新时代的教育教学改革。

(四) 有仁爱之心

习近平总书记指出:教育是一门"仁而爱人"的事业,爱是教育的灵魂,没有爱就没有教育。

教师和学生的关系维度:以人为本。以宽容、体谅的态度对待学生,能够换位思考;尊重学生的文化、民族等成长背景的差异。能够深入认识和理解学生,采用积极发展的思想引导和培养学生。师生关系的重点是关爱学生、公平公正,爱字当头、严格要求,把严和爱统一起来。走进每一个学生的内心世界,实现个性化、细致化、全方位指导。能够保护和尊重学生的各项基本权利,对学生一视同仁,处事公正。能够支持和帮助有特殊需要的学生,包容和谅解学生的缺点和不足,积极预防和正确处理学生的不当行为。

四、新时代师德政策体系建设

进入新时代以来,教育政策要求教师争做"四有"好老师,并从不同角度为师德建设作出更具体、有效的指引。

(一)凸显新时代师德的育德影响力内涵

2018年《关于全面深化新时代教师队伍建设改革的意见》强调"把提高教师思想政治素质和职业道德水平摆在首要位置",明确凸显新时代师德的育德影响力,要求教师"把社会主义核心价值观贯穿教书育人全过程","成为先进思想文化的传播者、党执政的坚定支持者、学生健康成长的指导者"。这些论述不仅强调教师承载着立德树人、教书育人的育德使命与责任,还指出教师本身的思想政治素养和职业道德水平将影响其立德树人使命的达成情况,更强调对师德师风的具体要求和期待——师德在确保社会主义办学方向、培养社会主义建设者和接班人中有重要价值,将师德修养与教师育德过程紧密联系,"引导广大教师以德立身、以德立学、以德施教、以德育德","坚持教书与育人相统一、言传与身教相统一、潜心问道与关注社会相统一、学术自由与学术规范相统一"。2019年《关于加强和改进新时代师德师风建设的意见》进一步指出:突出课堂育德,在教育教学的实践中锤炼教师高尚道德情操,提升师德素养。

(二)建设新时代教师职业道德规范体系

近年来,教育部研究制定了《新时代高校教师职业行为十项准则》、《新时代中小学教师职业行为十项准则》、《新时代幼儿园教师职业行为十项准则》、《研究生导师指导行为准则》、《中小学教师违反职业道德行为处理办法(2018年修订)》、《幼儿园教师违反职业道德行为处理办法》等,全面建设了新时代教师职业道德的规范体系,不仅进一步细化了对不同学段教师群体职业道德的要求,还对失范行为明确了处罚办法,形成了更系统、成熟、完备的社会主义国家教师职业道德体系来规范和指导师德修养和实践。

(三) 细化"四有"好老师内涵要点

教育部等五部门于 2018 年 2 月专门出台了《教师教育振兴行动计划(2018—2022年)》,着力从源头上加强教师队伍建设,明确指出新时代师德的要点是"四有"好老师标准、"四个引路人"(强调广大教师要做学生锤炼品格的引路人,做学生学习知识的引路人,做学生创新思维的引路人,做学生奉献祖国的引路人)、"四个相统一"和"四个服务",体现了党的十八大以来,习近平总书记对教师的殷切希望。

新时代师德还需要重点凸显社会主义核心价值观培育和践行,引导教师将其全面落实到教育教学实践中,提升教师法治素养和依法执教能力,用中华传统优秀文化涵养师德,传承中华师道,提升教师职业认同和社会责任感。

2020 年出台的《中小学教师培训课程指导标准(师德修养)》明确以培养"四有"好老师为目标导向,建设系统连贯融通的中小学师德教育的内容框架和培训课程体系。以"理想信念"、"道德情操"、"扎实学识"、"仁爱之心"为一级指标,以党和国家对新时代教师队伍建设的要求为指导,以国内外中小学师德建设理论与实践成果为参考,设计了 12 个二级指标,对这些二级指标加以细化,又得出 28 个师德培训主题(见表 2.2)。

表 2.2 师德修养培训课程要点

一级指标	二级指标	主　题
理想信念	爱国爱党	国家认同、中华文化、国际视野
	爱岗敬业	教育理想、守护生命
	乐于奉献	诲人不倦、生涯规划
道德情操	为人师表	榜样示范、人文素养
	团结协作	集体意义、师生平等、同伴合作、家校协同
	廉洁自律	遵纪守法、诚实守信、严于律己

一级指标	二级指标	主　　题
扎实学识	严谨治学	实事求是、精益求精
	科学施教	遵循规律、因材施教
	与时俱进	勤于学习、实践创新
仁爱之心	以人为本	尊重学生、理解学生
	关爱学生	严慈相济、关怀入微
	公平公正	一视同仁、处事公正

（四）构建新时代教师安心教书育人保障体系

相关政策注重提升教师地位,保障教师权利。2018年《关于全面深化新时代教师队伍建设改革的意见》设置目标:经过5年左右努力,待遇提升保障机制更加完善,教师职业吸引力明显增强。到2035年,尊师重教蔚然成风,广大教师在岗位上有幸福感、事业上有成就感、社会上有荣誉感,教师成为让人羡慕的职业。2019年《关于加强和改进新时代师德师风建设的意见》指出要着力营造全社会尊师重教氛围:提升教师地位,激发教师工作热情;强化教师权利保护,维护教师职业尊严;加强尊师教育,厚植校园师道文化;强化各方联动,营造尊师重教氛围。

五、新时代师德研究

近年来的师德研究分析了新时代师德的理论溯源、生成逻辑和价值等。如柏陆等(2021)指出,习近平新时代师德师风的生成逻辑、理论赓续马克思主义经典作家师德思想,注重思想政治方向的价值立场,文化承继中华优秀传统师道精神,战略考量洞察新时代的世界、国家、教育情况。薛峰等(2019)指出,师德是教师愿意为教育事业及教育教学工作作出奉献的根本动力,师德建设有助于解决当前部分教师存在的师德失范问题,有助于落实立德树人根本任务,引导教师在教育教学实践中正确认识和处理"立德"与"树人"的关系。

新时代师德对师德实践有哪些启发呢?师德师风建设方式方法和路径成为新时代师德研究的热点之一。万美容等(2018)指出,应强化新时代师德建设的基本路径:

加强和改进师德教化工作,引导教师自觉涵养高尚师德,推进师德建设常态化长效化。穆惠涛等(2019)指出,新时代我国教师道德内化的突破口是强化责任意识,培养责任感有助于增强师德内化的驱动力量,提高责任修养可强化师德内化的自我监督和评价。王艳玲等(2022)指出,需强化专业意识养成,促进教师的道德内化和自主发展,细化知识与技能标准,推动教师业务素质的持续提升,加强制度保障,完善社会支持体系。

也有不少研究对新时代背景下各学段师德师风的建设开展分析。韩宪洲等(2021)指出,新时代师德对高校师德建设有如下启示:应健全育人机制,贯通学科、教学、教材、管理各系统,统筹课程体系,思政课程、课程思政和日常思政协调发展,坚持师德师风第一标准,加强教师队伍建设。王新清(2021)指出,高校可通过言语教育、奖励惩罚、以身施教、树立榜样等外在方法培养教师道德,可通过主动学习、树立志向、认真实践、时常自省等内在方法建设师德师风。王强(2020)针对师范生师德培育提出建议:强化价值引领,将师德教育贯穿师范生培养全过程;提升养成质量,优化师德教育内容和讲授评价方式;促进知行合一,推动师德教育理论与实践的融合;优化育人环境,引导师范生自觉抵制多元的负面冲击;融入劳动教育,用实际行动提升师德教育的实效性。

基于新时代师德的内涵、政策和相关研究,本书侧重于以案例教学的方式开展新时代师德教育,各章节主要内容如下:第一章,介绍新时代师德修养路径:案例的开发,案例教学的流程、实践与反思。从第二章开始,各章节的编写围绕习近平总书记有关新时代师德的指示要点,以一个或多个相关师德案例导入,介绍教师教育课程学员对案例的讨论、分析,并展开相关师德理论、制度、政策和研究的介绍。第二章"以德育德:师德的内涵探索"、第三章"以德立身:师德传统与规范"梳理国内外师德内涵、传统、规范和相关研究,在对比中厘清我国新时代师德内涵、实践和理论研究的文化背景。第四章到第七章则按照教师职业生涯发展阶段——职前教师、实习教师、新教师、成熟专家型教师,逐一分析师德修养的相关理论、研究情况及新时代师德修养的重点,并结合近年来受新冠疫情影响而大规模开展线上教学的情况,进一步讨论线上教学环境中的教师角色。

相关教学资源

人民网视频:《时代楷模发布厅:张桂梅》(http://v.people.cn/n1/2020/1211/

c61600-31963946. html）

本章案例教学建议

◆ 案例教学定位

本章主题为师德内涵,因此本章案例教学旨在通过真实案例唤起学习者生活经验,促使其提炼出师德内涵的某些特征,在教师引导下构建完整的概念认知,通过两难案例抓住师德内涵概念学习中的要点、难点。

◆ 案例教学提问要点

结合概念教学理论,本章案例教学提问注重帮助学习者通过举例理解概念的关键特征,通过反面例子理解概念的难点等。

◆ 案例教学推荐活动

案例阅读、小组与班级讨论、文件阅读、搜集优秀师德案例等。

主要参考文献

［1］柏路,包崇庆.习近平关于师德师风重要论述的生成逻辑、内容结构及理论品格［J］.思想教育研究,2021(09):10-16.

［2］班建武.教师媒体道德形象的影响及原因、对策分析［J］.教师教育研究,2007(06):28-32.

［3］程亮.教育的道德基础:教育伦理学引论［M］.福州:福建教育出版社,2016.

［4］陈大伟.师德修养与教育法规［M］.北京:北京师范大学出版社,2019.

［5］陈桂生."师德"研究［J］.教育研究与实验,2001(03):8-11+72.

［6］杜时忠.教师道德越高越好吗［J］.中国德育,2010,5(02):74.

［7］甘剑梅.教师应该是道德家吗——关于教师道德的哲学反思［J］.教育研究与实验,2003(03):25-30.

［8］葛大伟.新时代高校师德建设研究［D］.武汉:武汉大学,2020.

［9］韩国海.大学师德建设的内涵价值、现实困境与路径选择［J］.现代教育管理,2021(12):80-86.

［10］韩宪洲,宋志强.习近平关于新时代教书育人论述探析［J］.思想教育研究,2021(11):3-7.

［11］郝德永.以德为本:习近平总书记关于师德论述的理论蕴涵［J］.教育研究,2019,40(08):4－8.

［12］侯晶晶.内尔·诺丁斯关怀教育理论述评与启示［D］.南京:南京师范大学,2004.

［13］胡晓珊.中国师范教育价值取向研究［D］.成都:四川师范大学,2020.

［14］黄向阳.德育原理［M］.上海:华东师范大学出版社,2000.

［15］教育部办公厅.中小学教师培训课程指导标准(师德修养)［EB/OL］.(2020－07－22)［2022－06－07］.http://www.moe.gov.cn/srcsite/A10/s7002/202008/W020200814601324215053.pdf.

［16］教育部等五部门.教师教育振兴行动计划(2018—2022年)［EB/OL］.(2018－03－22)［2022－06－07］.http://www.moe.gov.cn/srcsite/A10/s7034/201803/t20180323_331063.html.

［17］教育部等七部门.关于加强和改进新时代师德师风建设的意见［EB/OL］.(2019－12－06)［2022－06－07］.http://www.moe.gov.cn/srcsite/A10/s7002/201912/t20191213_411946.html.

［18］教育部教师工作司.推进新时代教师教育"建强做优"［N］.中国教师报,2022－03－02(13).

［19］斯特赖克,索尔蒂斯.教学伦理［M］.黄向阳,余秀兰,王丽佳,译.上海:华东师范大学出版社,2018.

［20］李敏."教师道德"与"教师职业道德"辨析［J］.当代教育科学,2009(04):12－13+28.

［21］李清雁.师德建设研究的现状、问题与展望［J］.河北师范大学学报(教育科学版),2009,11(08):91－94.

［22］林崇德.基于中华民族文化的师德观［J］.西南大学学报(社会科学版),2014,40(01):43－51+174.

［23］刘加宽.中小学校师德师风建设情况调查研究［J］.江苏教育研究,2017(28):38－43.

［24］刘建军.论师德师风建设的"四个统一"［J］.中国高校社会科学,2017(02):11－19+156.

[25] 刘捷.专业化:挑战21世纪的教师[M].北京:教育科学出版社,2002.

[26] 陆道坤,张芬芬.论教师专业道德——从概念界定到特征分析[J].教师教育研究,2016,28(03):7-12.

[27] 马健生,冯海波,谷忠玉.新中国师范生教师职业道德教育的经验与教训[J].教育科学,1999(03):49-52.

[28] 马敬.新时代师德师风建设的内涵与反思[J].北京教育(高教),2021(09):66-67.

[29] 糜海波.新时代师德评价与师德建设的应有维度[J].伦理学研究,2018(02):117-123.

[30] 穆惠涛,张富国.新时代我国教师队伍师德内化的突破口与实现路径——基于教师职业责任分析的视角[J].现代教育管理,2019(04):91-95.

[31] 诺丁斯.学会关心:教育的另一种模式[M].于天龙,译.北京:教育科学出版社,2014.

[32] 戚如强.习近平师德观述论[J].社会主义研究,2018(03):27-33.

[33] 丘景尼.教育伦理学[M].上海:世界书局,1932.

[34] 秦苗苗,曲建武.改革开放以来高校师德建设研究发展述评[J].思想教育研究,2018(05):139-143.

[35] 任胜洪,林智慧.改革开放以来我国师德师风的政策演进、特征及展望[J].当代教育论坛,2020(06):1-9.

[36] 人民网.习近平在全国教育大会上强调 坚持中国特色社会主义教育发展道路 培养德智体美劳全面发展的社会主义建设者和接班人[EB/OL].(2018-09-11)[2022-06-07].http://edu.people.com.cn/n1/2018/0911/c1053-30286253.html.

[37] 阮元.十三经注疏:论语注疏[M].何晏,集解.刑昺,疏.北京:中华书局,2009.

[38] 阮元.十三经注疏:孟子注疏[M].赵岐,注.孙奭,疏.北京:中华书局,2009.

[39] 申继亮,赵景欣.中小学教师职业道德的现实思考[J].2006(01):48-55.

[40] 沈璿.我国教师伦理规范的制度属性及其建构[M].北京:中国社会科学出版社,2015.

[41] 卡恩.君子与顽童:大学教师的职业伦理[M].王彦晶,译.北京:北京大学出版

社,2021.

[42] 檀传宝.论教师"职业道德"向"专业道德"的观念转移[J].教育研究,2005
  (01):48-51.

[43] 檀传宝,张宁娟,吕卫华,等.教师专业伦理基础与实践[M].上海:华东师范大
  学出版社,2016.

[44] 吴全华.指向师德师风建设的教师评价改革[J].当代教育科学,2022(04):
  35-41.

[45] 吴秋芬.教师专业性向与教师专业发展[J].教育研究,2008(05):68-72+78.

[46] 万美容,李芳.师德建设:新时代振兴教师教育的基础工程[J].思想理论教育,
  2018(07):20-25.

[47] 王婧馨,康秀云.新时代师范生师德教育:价值意蕴、目标指向及实践路径[J].
  现代教育管理,2021(10):71-76.

[48] 王凯.近年来我国师德观念发展的三大趋向[J].中国教育学刊,2013(01):
  49-52.

[49] 王凯,坎普贝尔.当代西方教师伦理研究新进展[M].福州:福建教育出版
  社,2019.

[50] 王强.从缺失到超越:新时代师范生师德养成的实践路径[J].黑龙江高教研究,
  2020,38(07):20-23.

[51] 王文静,杜霞,张翠平.传承师道,立德树人:中华文化涵养师德的理论与实践
  [M].北京:北京师范大学出版社,2021.

[52] 王新清.从"好老师"到"大先生":高校师德师风建设的基本路径[J].中国高教
  研究,2021(09):31-37.

[53] 王艳玲,陈向明.从"又红又专"到全面素养:新中国"好教师"标准的政策变迁
  [J].教育学报,2022,18(02):113-123.

[54] 习近平总书记教育重要论述讲义编写组.习近平总书记教育重要论述讲义
  [M].北京:高等教育出版社,2020.

[55] 萧承慎.师道征故[M].台北:师大书苑,2000.

[56] 徐丹.人性德育——诺丁斯关怀理论浅析[J].科教导刊(上旬刊):2016(07):
  138-139.

[57] 薛峰,李雁杰.从失范到示范:新时代教师师德建设审思[J].黑龙江高教研究, 2019,37(12):89-92.

[58] 荀况.荀子[M].杨倞,注.耿芸,标校.上海:上海古籍出版社,2014.

[59] 杨睿娟,申敬红,李敏,等.我国中小学教师职业规范政策研究[J].北京师范大学学报(社会科学版),2019(01):40-46.

[60] 杨连俊,姜建成.牢固确立新时代师德建设的信仰之基[J].江苏高教,2021 (03):105-108.

[61] 杨胜才.高校师德师风建设应着眼于"四个统一"[J].学校党建与思想教育, 2018(02):47-48.

[62] 叶王蓓.德育互动教学法[M].上海:华东师范大学出版社,2019.

[63] 易凌云.幼儿园教师专业理念与师德的定义、内容与生成[J].学前教育研究, 2012(09):3-11.

[64] 于泽元,王开升.立德树人:师德的养成之道[J].教育研究,2021,42(03): 149-159.

[65] 张竹林.对中小学师德失范现象的调查及对策思考[J].思想理论教育,2013 (24):24-26.

[66] 赵秀文.困境与重塑:当代中国教师道德问题审思[M].南昌:江西人民出版社,2013.

[67] 郑爱平,张栋梁.立德树人根本任务指引下研究生导师师德建设研究——基于 12 所高校 1 496 名师生的调查分析[J].研究生教育研究,2017(04):30-35.

[68] 郑家福,蒋亚星.中华传统师德溯源研究[J].西南大学学报(社会科学版), 2022,48(02):223-232.

[69] 中共中央国务院.关于全面深化新时代教师队伍建设改革的意见[EB/OL]. (2018-01-31)[2022-06-07].http://www.gov.cn/zhengce/2018-01/31/content_5262659.htm.

[70] 《中小学师德修养培训课程指导标准》研制课题组,林崇德.《中小学师德修养培训课程指导标准》的政策研制与落实[J].课程·教材·教法,2022,42(01): 123-130.

[71] 朱光潜.给青年的十二封信[M].桂林:广西师范大学出版社,2004.

[72] 朱水萍.教师伦理:现实样态与未来重构[D].南京:南京师范大学,2014.

[73] 朱晓伟,周宗奎,谢和平,等.中小学教师师德的社会期望与评价——基于公众与教师师德视角的实证调查[J].北京师范大学学报(社会科学版),2019(01): 53-58.

[74] ARTHUR J, KRISTJANSSON K, COOKE S, et al. The Good Teacher: Understanding Virtues in Practice [EB/OL]. (2015-05-27) [2022-06-07]. http://epapers. bham. ac. uk/1970/1/The_Good_Teacher_Understanding_Virtues_ in_Practice. pdf.

[75] BARON J. Thinking about Consequences [J]. Journal of Moral Education, 1990, 19:77-87.

[76] BØRHAUG F, WEYRINGER S. Developing Critical and Empathic Capabilities in Intercultural Education through the VaKE Approach [J]. Intercultural Education, 2019,30(01):1-14.

[77] BROOKFIELD S D. The Skillful Teacher [M]. San Francisco: Jossey-Bass, 1990.

[78] BULLOUGH JR R V. Digging at the Roots: Discipline, Management, and Metaphor [J]. Action in Teacher Education, 1994,16(1):1-10.

[79] COCHRAN-SMITH M, VILLEGAS A M. Framing Teacher Preparation Research: An Overview of the Field, Part I [J]. Journal of Teacher Education, 2015,66(01):7-20.

[80] DIETRICH R, ELBING E, PEAGITSCH I, et al. Psychologie der Lehrerpersònlichkeit [M]. Munich: Reinhardt, 1983.

[81] CAMPBELL E. The Ethics of Teaching as a Moral Profession [J]. Curriculum Inquiry, 2008,38(04):357-385.

[82] FALLONA C. Manner in Teaching: A Study in Observing and Interpreting Teachers' Moral Virtues [J]. Teaching and Teacher Education, 2000,16(07):681-695.

[83] FENSTERMACHER G D, OSGUTHORPE R D, DANGER M N. Teaching Morally and Teaching Morality [J]. Teacher Education Quarterly, 2009,36(03):7-19.

[84] FULLER F F. Concerns of Teachers: A Developmental Conceptualization [J]. American Educational Research Journal, 1969(06):207-22.

[85] FENSTERMACHER G D. On the Concept of Manner and Its Visibility in Teaching Practice [J]. Journal of Curriculum Studies, 2001,33(06):639-653.

[86] HANSEN D T. Teaching as a Moral Activity [C]//RICHARDSON V. Handbook of Research on Teaching. Washington, DC: American Educational Research Association, 2001.

[87] HARGREAVES A. Four Ages of Professionalism and Professional Learning [J]. Teachers and Teaching, 2000,6(02):151-182.

[88] LICKONA T. Educating for Character: How Our Schools Can Teach Respect and Responsibility [M]. New York: Bantam Books, 1991.

[89] OSER F, ALTHOF W. Trust in Advance: On the Professional Morality of Teachers [J]. Journal of Moral Education, 1993,22(03):253-275.

[90] RULON B. The Just Community: A Method for Staff Development [J]. Journal of Moral Education, 1992,21(03):217-224.

[91] RICHARDSON V, FALLONA C. Classroom Management as Method and Manner [J]. Journal of Curriculum Studies, 2001,33(06):705-728.

[92] SHAPIRA-LISHCHINSKY O. A Multinational Study of Teachers' Codes of Ethics: Attitudes of Educational Leaders [J]. ASSP Bulletin, 2020,104(01):5-19.

[93] SOCKETT H. The Moral Base for Teacher Professionalism [M]. New York: Teachers College Press, 1993.

[94] TOM A E. Teaching as a Moral Craft [M]. White Plains, NY: Longman, 1984.

[95] WEIL M, JOYCE B. Social Models of Teaching [M]. Englewood Cliffs, NJ: Prentice-Hall, 1978.

[96] WEYRINGER S, PATRY J. WEINBERGER A. Values and Knowledge Education: Experiences with Teacher Trainings [C]//ALT D, REINGOLD R. Changes in Teachers' Moral Role: From Passive Observers to Moral and Democratic Leaders. Rotterdam: Sense Publishers, 2012.

附录2.1 西方师德研究代表性作品

年代	作者	作品	特点
1906	杜威(Dewey, J.)	*Moral Principles in Education*《教育的道德原则》	强调教学和教育的道德特质,大部分围绕青年人的德育课程展开讨论,较少涉及教师的伦理道德角色、责任和实践。从整体上描述社会对教师群体道德的期望,并没有进入一个具体的环境进行讨论。
1932	沃勒(Waller, W.)	*The Sociology of Teaching*《教学社会学》	
1966	彼得斯(Peters, R.)	*Ethics and Education*《伦理学与教育》	
1984	汤姆(Tom, A.)	*Teaching as a Moral Craft*《教学作为一种道德工艺》	聚焦教师教学的道德本质和职业伦理。认识到教师工作的道德复杂性、教师行为的好坏所带来的影响,强调教师职业化的伦理责任。以下四个领域的讨论增多:教学的伦理道德;教学的道德本质和教师职业的伦理角色;教师伦理道德的正式和非正式规定;教师面临的道德挑战。
1985	斯特赖克(Strike, K.)等	*The Ethics of Teaching*《教学伦理》	
1993	杰克森(Jackson, P.)等	*The Moral Life of Schools*《学校的道德生活》	
1993	索科特(Sockett, H.)	*The Moral Base for Teacher Professionalism*《教师职业的道德基础》	
2001	汉森(Hansen, D.)	*Exploring the Moral Heart of Teaching: Towards a Teacher's Creed*《探索教学的道德内心:教师的信念》	
1993	奥瑟(Oser, F.)等	"Professional Morality: Ethical Dimensions of Teaching"《职业道德:教学的道德层面》	开始出现实证研究,进入学校进行观察、录像、访谈等。关注教师言行举止、学校班级环境对学生的影响。
2001	理查德森(Richardson, V.)等	"教学仪态项目"*Journal of Curriculum Studies*(《课程研究期刊》)2001年第33卷第6期中"教学仪态项目"课题组的5篇研究报告	
1993	斯特赖克(Strike, K.)等	*Ethics for Professionals in Education: Perspectives for Preparation and Practice*《教育职业道德:教师准备和实践的视角》	探讨职业道德,研究范围逐渐从欧洲、美洲拓展到澳大利亚。认识到教师所承担的道德责任远远不是法律、法规等所作的职业道德规范所能涵盖的。

年代	作者	作品	特点
1996	纳什(Nash, R.)	*"Real World" Ethics: Frameworks for Educators and Human Service Professionals* 《"真实世界"的伦理学：教育者和人类服务者的框架》	
1998	海恩斯(Haynes, F.)	*The Ethical School* 《有道德的学校》	
2003	坎普贝尔(Campbell, E.)	*The Ethical Teacher* 《有道德的教师》	
1999	斯特赖克(Strike, K.)	*Justice, Caring, and Universality: In Defence of Moral Pluralism* 《公正、关怀和普遍性：捍卫道德的多元性》	亚里士多德的美德传统，突出原则、权利、责任定位。
2002	诺丁斯(Noddings, N.)	*Educating Moral People: A Caring Alternative to Character Education* 《教育道德的人：品格教育的关怀路径》	杜威主义、女性主义等，提供另一个哲学视角，不同于公正的追求。
1994	奥瑟(Oser, F.)	*"Moral Perspectives on Teaching"* 《教学的道德层次》	追随柯尔伯格的道德心理学，论证职业道德：公平、公正、诚实、正直、热情、耐心、责任、实践智慧等。

第三章 以德立身：师德传统与规范

师德规范,常常被认为是用来管理和约束教师的,是一种外在的约束力量。遵守交通规则,难道仅仅是对我们的约束? 师德规范也是如此,它不止是约束,也是一种保护。

受不同师德传统的影响,不同国家和地区的师德规范呈现了明显的风格差异,有的师德规范强调教师禁行行为底线,有的凸显崇高师德,有的则两者兼顾。什么样的规范更能得到有效执行,更能有效地指导教师的日常教育教学活动? 如何才能做到"从心所欲不逾矩"?

本章介绍不同的师德传统、国内外师德规范、我国新时代师德规范,以及师德规范实施有效性的探索。

第一节 师德传统

一、案例及相关评论

菁菁着装的疑惑

菁菁是小学语文老师。一天早上,在学校食堂吃饭的时候,她遇到了校长。校长亲切地把菁菁拉过去,告诉她,她的衣着不太好,裤子上有太多亮片,是奇装异服,老师穿不是太合适,请她立即换下。菁菁这天穿着红色短款呢大衣和黑色的长裤,不过裤腿上装饰了几十个硬币大小的圆形亮片和很多粉色的毛。菁菁有些疑惑:老师是否要放弃自己穿着打扮方面的个性? 自己有时候还会穿旗袍来学校上课,这是否也属于奇装异服呢?

提问:你对菁菁老师的建议是什么? 你觉得老师的仪表形象应该是怎样的? 如何看待教师的着装爱好和仪表仪态要求?

对于上述案例,学员常强调教师职业着装应有严格要求,应该将工作和日常生活区分开来。小学生还处在成长期,非常容易受老师的影响。另外,教师的奇装异服会对学生的课堂学习产生干扰。作为一名小学教师,穿着要得体,要干净整洁。工作时穿着太随意或者过于前卫,都会对教师的公众形象造成一定的负面影响。

也有学员强调突出教师个人喜好,认为应允许教师穿着体现自己品位、性格、爱好的服装,那样能让学生更好地了解老师,易于拉近老师和学生的距离,但要注意服装不能过于暴露。也有学员结合菁菁所教学科指出,语文学科常常需要教授诗歌、古文等,教师身着旗袍等传统服装有利于学生沉浸于传统文化之中。

二、两个师德传统

一滴小小的水花,能折射出江湖的景色。我们用一个教师着装的案例开头,来讨论我们身处的社会对教师的期望。从上述案例及相关讨论中,我们能看到两个似乎相互矛盾的师德传统的影子。

一是父权主义传统,认为教育的主要目的就是德育,因此对教师作出全面的严格要求,他们需要成为智慧、得体等美德的权威化身。这样的传统常出现在文化同质性较强的社会。二是自由主义传统,认为教育的目的是帮助学生获得知识,道德是个人的选择。只要教师在教学中不违背职业伦理,他们就可以自由地持有自己的观点。教师的主要任务是帮助学生提升学习成绩,道德教育是家庭和宗教等的任务。需要指出的是,不可机械地把某些国家、某些时代的观念归入某个传统。个人对上述两个师德传统可能各有同意和不同意的部分。当然,整体上来说,东、西方社会在师德期望上有不同的倾向。

我国有些学者认为,西方社会从古希腊时期开始就有"吾爱吾师,吾更爱真理"的观点,反映了西方偏重自由主义师德传统。西方人对未知世界的探究充满热情,以真作为标准。因此,西方文化孕育的教师更加偏重对学生的知识传授及对其获取知识的能力的培养,认为老师主要的使命应该是帮助学生实现自我。当然,西方的学者也道出西方社会对教师其实也存在父权主义的期待,但却备受自由主义的挑战。哲学家阿拉斯代尔·麦金太尔（Alasdair MacIntyre）认为，教师是"西方现代文化的孤独的希望……他们所承担的任务是那么重要，却又那么难以完成"。西方社会的激进自由主义所带来的怀疑态度，将长久以来的教师角色降级，教师不再扮演传播知识和美德的角色，因为社会要保证学生个人基本权利、思考和行动自由不得受外界强力影响。

三、我国师德传统

早在西周时期，我国就出现了专门的教育机构和专职的教育管理官员，教师由官吏兼任，不是独立的职业，也没有设定专门的师德。学校教育主要为奴隶主服务，分为国学和乡学。国学分为小学与大学两级，小学收贵族学生，大学则不仅是贵族子弟学习之处，也是贵族成员集体行礼、集会、聚餐、练武、奏乐之处。国学和乡学的教师都由官吏担任，如国学教官"大司乐"的教职是治建国之学政，以乐德、乐语、乐舞教国子，官职则是国之礼官，掌邦礼、典礼，以事神为上，爵位等级为中大夫。乡学教官"大司徒"的教职是掌师十二教，以乡三物教万民而宾兴之，他的教职是民政官员之首，爵位为卿。此外，各级官员都有着一定的教育职能，不断向民众宣教自然常识、农耕和百工技艺、道德和法制等。

到春秋战国时期，私学兴起，教师职业随之产生，师德开始发展、传承。儒家的师道尊严，是中国师德传统中浓墨重彩的一笔。儒家的"道"是最高的普遍伦理范畴，不管是个人还是国家，都应该时时刻刻加以体会、恪守和践行。师道，是道在教育领域的具体化。自孔子开始，儒家学者逐渐构建出师德的实践维度。

孔子主张用"仁"的方法对待一切人，建立起普遍的伦理关系。孔子的"仁"，就是爱人。《论语·颜渊》曰："樊迟问仁。子曰：'爱人。'"孔子认为"仁"本身就是人独有的品质，是一切美德的价值根源。孔子基于"仁"学探索师德内涵，主张"有教无类"（《论语·卫灵公》）——如《论语·先进》介绍：他招收学生不受贵贱、贫富、老幼、国籍的限制。"因材施教"脾气急的子路和性子慢的冉有询问"闻斯行诸"时，孔子给前者的回答是"有父兄在，如之何其闻斯行之"，给后者的回答则是"闻斯行之"。孔子毕生从教都强调"诲人不倦"、"学而不厌"。

继孔子之后，孟子提出"性善论"，认为人性本善："人性之善也，犹水之就下也。人无有不善，水无有不下。"孟子认为人天生就有"仁、义、礼、智"等美德："恻隐之心，仁也；羞恶之心，义也；恭敬之心，礼也；是非之心，智也。仁义礼智，非由外铄我也，我固有之也。"（《孟子·告子上》）孟子认为，人们要保存和扩充这些善性，就需要警惕物欲的引诱和不利环境的影响，要接受道德教育。作为传递道德的关键人物，孟子强调教师要以身作则，"教者必以正"（《孟子·离娄上》）。

战国末年的荀子非常注重提高教师的地位。他认为教师是否受到重视关系着国家的兴亡："国将兴，必贵师而重傅。国将衰，必贱师而轻傅。"因此，荀子对教师提出了很高的道德、素养要求，要求教师"尊严而惮"、"耆艾而信"、"诵说而不陵不犯"、"知微而论"，即老师要有尊严而且庄重，年长且有威信，解说和论谈有条理且不违犯礼义，能理解精微的道理又能清楚地讲出来。

总之，孔子以降的儒家学者开展师德实践与探索，主要是从教师和社会、教师和职业、教师和学生等维度展开，形成了完整而立体的师德实践结构，各个维度相互支撑。

在教师和社会维度上，《礼记·学记》最早凸显了"尊师重道"："凡学之道，严师为难。师严然后道尊，道尊然后民知敬学。是故君之所以不臣于其臣者二：当其为尸，则弗臣也；当其为师，则弗臣也。大学之礼，虽诏于天子，无北面，所以尊师。"古代封建社会尽管等级森严，国家以君为尊，但天子请教老师的时候，不再像上朝时那样天子面南臣子面北，而是两人东西相对，以示尊师重道。荀子的"天地者，生之本也；先祖者，类之本也；君师者，治之本也"清楚地把社会对教师的尊敬进行了比较，把教师的地位与天地、先祖相提并论。

在教师和职业维度上，我国的师德传统对教师的道德和知识水平提出很高要求。韩愈在《师说》中对教师的职业责任作出说明——"师者，所以传道授业解惑也"，同时对教师和道（师德）的关系作出了严格的规定，师道一体，道是择师的前提。需要特别补充的是，我国传统师德观对教师的知识、专业能力提出很高的要求，并将其视为教师道德的组成部分。如柳宗元认为，教师要"专而通"，不仅要知识广博，而且要有自己的专长。

在教师和学生维度上，我国的师德传统折射出古代中国的家长制影响。首先，师生有地位差别：师为上，学为下；师为主，学为从；师为尊，学为卑。其次，教师有着绝对的权威。荀子在《修身》中提到"师云亦云"："礼者，所以正身也；师者，所以正礼也。无礼何以正身？无师，吾安知礼之为是也？礼然而然，则是情安礼也；师云而云，则是知若师也。情安礼，知若师，则是圣人也。"在地位尊贵、绝对权威的背后，是教师的以身作则。孔子强调："其身正，不令而行；其身不正，虽令不从。"教师通过给学生树立典范来教化学生，要"爱生如子"、"诲人不倦"。

我国的师德传统，在历史上也经历了制度化、规范化的初步摸索。早期不少帝王规定了教师选拔标准，师德开始制度化、规范化。比如秦汉时期，不少皇帝对教师选拔提出明确的要求。《汉书》记载了汉武帝的诏书："古之立太学，将以传先王之业，流化于天下也。儒林之官，四海渊原，宜皆明于古今，温故知新，通达国体，故谓之博士。否则学者无述焉，为下所轻，非所以尊道德也。"

唐宋时期，师德的规范化探索从帝王诏书的要求等，发展到制度化的教师选拔标准。唐朝选拔教师须有京官担保，选拔标准有四：一曰"身"，体貌丰伟；二曰"言"，言辞辩正；三曰"书"，楷法遒美；四曰"判"，文理优长。(《新唐书·选举志下》)录取以德为先，其次量才。

之后，随着民间书院的兴起，我国师德以书院"教条"、"规训"、"轨范"、"学则"等形式出现。如朱熹为自己创办的白鹿洞书院制定了《白鹿洞教条》，对师德作出清晰论述。该教条是自朱熹时代起至整个19世纪最有名、使用最普遍的一套学规，对后世书院师德规范影响极大。该教条针对五种主要的社会人际关系——父子、君臣、夫妇、兄弟、朋友，采用孟子的父子有亲、君臣有义、夫妇有别、长幼有序、朋友有信分别加以规定，并提出学之序、修身之要、处事之道、接物之要。

白鹿洞教条

五教之目：

父子有亲，君臣有义，夫妇有别，长幼有序，朋友有信。

为学之序：

博学之，审问之，慎思之，明辨之，笃行之。

修身之要：

言忠信，行笃敬，惩忿窒欲，迁善改过。

处事之道：

正其谊不谋其利，明其道不计其功。

接物之要：

己所不欲,勿施于人。行有不得,反求诸己。

宋淳熙七年　朱熹

淳祐元年(1241),宋理宗视察太学,手书朱熹的《白鹿洞教条》赐给太学生,并颁行天下学校。其后,《白鹿洞教条》进入全国书院及地方官学,岳麓书院、嵩阳书院、石鼓书院等的学规制定都沿用或者借鉴了《白鹿洞教条》。

嵩阳书院学规

书院同人,皆有志于圣贤之学,须从德性涵养中来,致知力行,而后可渐渍,以几于道。今有逾一年,或二年三年,而气质犹未变化,德性未见涵养,殊非设立书院之意。兹仿白鹿书院立堂长一人,斋长二人,相与鼓舞董率之,庶几有所成就。所有条约列后:

(一)孝为德之本,故平日谆谆以仁孝为劝勉。诸生中有在家庭不能尽孝道者,录过。

(二)威仪为定命之符,诸生中有衣冠不肃,手容不恭,步履急遽者,录过。

(三)言者心之声也,心存则言语必谨。诸生中有不及义,或好议论人过失者,录过。

(四)君子自强不息,古人所以惜寸阴也。诸生中有好为嬉游,或当昼而寝,妨废学业者,录过。

(五)义利之辨,君子小人之分,须是看得利字轻,方有长连。诸生中有较锱铢,损人利己者,录过。

(六)满招损,谦受益。若能抑抑虚怀,乐取为善,其造诣自不可量。诸生中有骄矜自满者,录过。

(七)书院以礼让为先,即一饭之顷,必循循有序。诸生中有少长参差紊乱坐次者,录过。

(八)朋友有劝善规过之义,必能自改悔,然后可复于无过。诸生中有刚愎自用,不受规正者,录过。

(九)《理学要旨》、《孝经》、《辅仁会约》皆有切于身心性命,日用伦常之事,自当时加温习玩味,身体而力行之。诸生中有漫不加省者,录过。

以上诸条,置一簿籍,堂长、斋长随时观察,有犯此者录记,月送敬恕堂。有过多者,发回家肄业。

朱熹的门人程端蒙及其朋友董铢根据《白鹿洞教条》制定《程董二先生学则》,为明清两代书院和官学普遍采用。《程董二先生学则》具体设定了师生日常起居的行为规范,要求"居处必恭"、"步立必正"、"视听必端"、"言语必谨"、"容貌必庄"、"衣冠必整"、"饮食必节"、"出入必省"、"读书必专一"等。

清朝末年,我国开始设立师范学堂。1904 年,清政府颁发《奏定学堂章程》,规定设立师范学堂,并对师范生品德作出要求和规定。其中《奏定初级师范学堂章程》指出:"膺师范之任者,必当敦品养德,循礼奉法,言动威仪足为模楷;故教师范者宜勉各生以谨言慎行,贵庄重而戒轻佻,尚和平而忌暴戾;且须听受长上之命令训诲,以身作则,方能使学生服从。"清政府还于 1909 年专门颁布了《检定小学教员章程》,对小学教员的品德等进行了一定的说明,如第十六条指出:"教员最重品行,如有后开各事项,不得与检:一、曾犯刑律者;二、现有刑事诉讼者;三、沾染嗜好者;四、举贡生监学生曾经斥革者;五、曾经斥革教员尚未开复者。"

1916 年,民国政府对清末的标准进行了修改,重新颁布《检定小学教员规程》,提出有下列情况者不得受检定:被处徒刑以上之刑尚未复权者;失财产上之信用,被人控实尚未结清者;受剥夺许可状之处分尚未满三年者。该规程于 1936 年、1944 年再次进行了修订。

阅读儒家学者的师道文章、古代师德规范的时候,那些文字和理想深深打动了我们。现在让我们离开这些古老的文字,回到现代社会。师德的各个维度在这个时代已经或者应该发生哪些变化呢?

第二节　教师职业道德规范

一、案例及相关评论

巧克力事件

叶老师的学校不允许学生带零食进校。

这一天,学生子轩带巧克力来学校,被他的同学浩林举报了。叶老师把子轩带来的巧克力没收了。

中午的时候,浩林又来找叶老师,说子轩因为巧克力被没收骂他,还想打他。于是,叶老师把两个学生都叫到办公室,问子轩为什么骂同学。子轩委屈地说:"浩林威胁我。他让我把巧克力送给他吃,不然他就告诉老师!我没按他的话做,浩林就把我告了。巧克力被没收了,他还来笑话我。"

叶老师听到这里,觉得浩林不仅威胁勒索同学,再次来告状还只挑对自己有利的部分讲,扭曲事实,被子轩揭露真相后还想抵赖,便训斥了浩林。

接着,叶老师对子轩说:"你带零食来学校,是不对的。"又严厉地对浩林说:"你以告老师来威胁同学,问人家要好处,更加可耻!"叶老师让子轩当着浩林的面吃掉了那块巧克力。

提问:你觉得叶老师的做法合适吗?如果你是叶老师,你会如何处理?为什么?

就这一案例,有学员认为叶老师的做法很解气:我小的时候非常讨厌这样的告密者,叶老师惩罚了告密者,遏制了告密的坏风气。更多的评论聚焦于老师的处理方式是否妥当。不少学员强调"没有规矩不成方圆",老师忽视了对带零食的同学违反校规行为的处理,可能导致更多的学生违规带零食。也有学员认为老师没有公平公正地处理学生的问题:"我觉得这位老师处理不妥,因为两位同学都犯错了。一位违反校规,一位威胁同学。老师最后仅仅处理了告密的同学,带零食的同学并没有得到应有的处罚。这并不公平。"也有学员关注叶老师的育德能力,认为老师对学生"勒索"、"告密"等不良行为的处理过于简单粗暴,担心这会对学生未来的成长和发展造成负面影响。教学经验丰富的学员点评道:"如果我是这位老师,我不会这样处理。我觉得两个学生都有错,很可能我会选择当着这两个学生的面,自己把巧克力吃掉!"

老师的日常行为及对某些事件的处理,是否有规范可以依循?

进入现代社会,教师和其他专业职业如律师、医生一样,逐渐形成了职业道德规范。18世纪,医生开始开发职业伦理规范,来缓和职业人士之间的关系,确保本职业群体的社会地位。英国人皮西弗(Thomas Percival)于1803年提交了首部正式的医学伦理规范。美国在1846年成立了医生协会,次年制定了首部医学职业伦理规范。1908年,美国律师协会(American Bar Association)开始采用职业伦理规范,该规范以法官沙乌尔德(George Sharswood)的相关著作为基础,旨在提升年轻律师的道德水平。教育行业伦理规范的出现比律师行业要晚上二十年。1924年,全美国教育协会(National Education Association)任命专门委员会开发教师道德规范,该委员会于1929年提交了《教学职业伦理》(*Ethics in the Teaching Profession*)。

从社会学角度分析,职业道德规范凸显了各职业服务于社会的责任。由于专业人员与其服务对象的关系不对等,后者难以评判前者的服务水平,需要借助社会力量管理和控制专业人员,因此形成了各种正式、非正式的伦理规范。

这些职业道德规范将从业者的伦理道德要求以法律、规范的形式落实下来,形成较稳定的条款。教师职业道德规范,指的是教育专业人员在一般的道德法则之外还应遵守的教育专业行为规范,其内涵包括教师职业责任、职业义务、职业行为的道德准则。教师职业道德规范可用于规范教师行为,并让其在工作中遇到两难问题时可以有所依循,它可以增进整个社会对教师职业的认可,提升这个行业的专业性。

二、其他国家教师职业道德规范现况

我国学者对相关国家和地区的师德规范现况进行了梳理。檀传宝等在《教师专业伦理基础与实践》一书中对世界部分国家和地区的师德规范政策文本进行了整理,涉及全美教育协会的《教育专业伦理规范》、美国教师联合会的《学习的权利和义务法案:行为标准和成就标准》、英格兰的《注册教师行为和实践守则》、德国的《联邦职业教育法》、日本的《教育基本法》、新西兰的《注册教师职业道德规范》、教育国际的《专业伦理宣言》等。沈璿在《我国教师伦理规范的制度属性及其建构》一书中,将部分国际组织及国家、地区教师职业道德规范用表格的形式加以梳理(见表3.1)。

表3.1 部分国际组织及国家、地区教师职业道德规范

国际组织/国家/地区	规范名称	颁布时间
联合国教科文组织、国际劳工组织	《关于教师地位的建议书》	1966年
教育组织世界大会	《教育国际专业伦理宣言(修订版)》	2004年
国际教师团体协商委员会	《教师宪章》	1954年
美国	《教育专业伦理规范》	1975年

国际组织/国家/地区	规范名称	颁布时间
日本	《教员的伦理纲领》	1952 年
加拿大	《教师职业道德标准》	2006 年修订
澳大利亚	《教师专业伦理规范》	2006 年
韩国	《师道纲领》	1982 年
英国	《詹姆士报告》	1972 年
马耳他	《教师伦理规范》	1988 年
新西兰	《注册教师职业道德规范》	2005 年

值得注意的是,目前世界上许多国家和地区的教师职业道德规范以法律、规范两者并存的形式,指导着各国教育实践。如美国既有《教师任期法》、《2000 年美国的教育战略》、《克林顿总统的教育计划》等法律,也有《教育专业伦理规范》、《美国优秀教师行为守则》等教师团体自制规范。据联合国统计,超过 70 个国家和地区已经制定了师德规范。然而,各国师德规范的细致程度、完善情况千差万别。以《欧洲文化公约》(European Culture Convention)缔约国为例,有的由政府或者教师协会制定国家层面的师德规范,有的拥有区域性师德规范,有的则几乎没有师德规范。

表 3.2 《欧洲文化公约》缔约国教师职业道德规范

规范	国家、地区
国家级规范(政府制定)	阿尔巴尼亚,阿塞拜疆,爱沙尼亚,法国,格鲁吉亚,希腊,匈牙利,马耳他,摩尔多瓦,葡萄牙,俄罗斯,西班牙
国家级规范(教师协会制定)	丹麦,芬兰,冰岛,意大利,挪威,瑞典
国家级规范(国内各地区有差异)	英国(英格兰,苏格兰,威尔士,北爱尔兰),爱尔兰
学校制定	克罗地亚,塞尔维亚
无国家级规范	亚美尼亚,比利时,捷克,德国,拉脱维亚,立陶宛,荷兰,波兰,瑞士,乌克兰
区域规范	波斯尼亚和黑塞哥维那,西班牙
无数据	安道尔,奥地利,保加利亚,塞浦路斯,梵蒂冈,列支敦士登,卢森堡,摩纳哥,黑山,罗马尼亚,圣马力诺,斯洛伐克,斯洛文尼亚

各地区受不同师德传统的影响,其教师职业道德规范有着不小的差别。目前,师德规范主要分为教师职业道德规范(code of ethics)、职业行为准则(code of conduct)、实践标准(standards of practice)。教师职业道德规范主要由教师职业协会、职业管理团体等撰写,旨在引导成员实践、保护服务对象、保护专业人士名誉。职业道德可以被简化为一系列道德信仰,指导教师日常工作,涉及学生、同事、雇佣者和家长(或监护人)的关系处理。教师职业行为准则常由司法机构制定,设置教师的行为准则,对可行、不可行行为作清楚界定,同时也对职业失范行为的处理作出说明。实践标准一般由司法机构制定,常用于指导教师教学。

通过对来自美国、澳大利亚、意大利、中国、新西兰、英格兰、马来西亚、匈牙利、加拿大、德国、新加坡、南非、迪拜、俄罗斯等国家和地区的多部师德规范加以分析,沙普刺-里斯沁斯基总结目前国际师德规范的主要内容如下:第一,各国师德规范都辨别出学校教育伦理实践的主题,涉及教师、学生、家长、社区、教育领导者等主体。第二,关怀学生是各国师德规范关注的重点。教育工作者需关心学生的身心健康,开发学生的潜能,提升其批判性思考能力、学习动机和同情心。第三,教师的专业发展也是师德规范的关注点。一般师德规范会考虑教师的终身学习、教学标准和质量,强调教师地位、教师名誉等。第四,师德规范涉及对教师与同事关系的描述。教师需关心、尊重同事,与同事合作学习等。第五,教育工作者需尊重规则和规范。第六,师德规范注重家长参与教育过程。教育工作者需告知家长学生的学习及其他情况,并尊敬家长的隐私等。第七,不少国家的师德规范提到社区参与,注重学校服务社区。

以下简要分析美国的《教育专业伦理规范》。我们能从中看到两个主要特点:一是该规范仅作用于较狭窄的人际范围:仅涉及师生关系和教师与职业的关系,对教师和社会、教师和家长等教师日常工作中非常常见的人际关系未作规定,也没给出具体的伦理规范要求。二是该规范各条款表述大都是以否定句式展开,即禁止某些活动。换句话说,该规范大多数条款对教师行为作出了底线规定。

事实上,教师职业涉及复杂的人际关系和活动,任一环节处理得不妥当,都会对教师的工作产生影响。作出底线规定是必要的,但是仅有底线规定是不够的。教师承载着价值教育的职能,这些条款对教师日常教学工作的指导力不足,日益为西方教师教育研究所诟病。有的研究认为,对教师职业伦理规范指导的不足,是引发许多新教师入职后难以处理教育教学中的人际关系进而辞职的主要原因。

教育专业伦理规范(节选)

1975年全美教育协会代表大会通过

原则一:对学生的承诺

教育工作者努力帮助每个学生实现其潜能,成为有价值又有效能的社会成员。所以,教育工作者为激发探究之精神、知识和理解力之获得及有价值的目标之精心构想而工作。

在履行对学生的义务中,教育工作者——

1. 不得无故压制学生求学中的独立行动;

2. 不得无故阻止学生接触不同的观点;

3. 不得故意隐瞒或歪曲与学生进步有关的材料;

4. 必须做出合理的努力,以保护学生免受对于学习或者其健康、安全有害之环境的影响;

5. 不得有意为难或者贬低学生;

6. 不得根据种族、肤色、信条、性别、出生国、婚姻状况、政治或宗教信仰、家庭、社会、文化背景或者性取向,不公平地——

(1) 排斥任何学生参与任何课程;

(2) 剥夺任何学生的任何利益;

(3) 给予任何学生以任何便利;

7. 不得利用与学生的专业关系谋取私利;

8. 如非出于令人信服的专业目的或者出于法律的要求,不得泄露专业服务过程中获得的关于学生的信息。

原则二:对本专业的承诺

公众赋予教育专业以信赖和责任,以冀其怀专业服务的最高理想。

教育专业的服务质量直接影响国家和国民,基于这种信念,教育工作者必须竭尽全力提高专业标准,促进鼓励运用专业判断力的风气,争取条件以吸引值得信赖者步入教育生涯,并且帮助阻止不合格者从事教育专业。

在履行对本专业的义务时,教育工作者——

1. 不得在申请某一专业职位时故意作虚假的陈述或隐瞒与能力和资格有关的重要事实;

2. 不得出具不符合事实的专业资格;

3. 不得帮助明知在品格、教育或者其他有关品质上不合格者进入本专业;

4. 不得在有关某一专业职位候选人资格的陈述上故意弄虚作假;

5. 不得在未经准许的教学实践中帮助非教育工作者;

6. 如非出于令人信服的专业目的或者出于法律的要求,不得泄露专业服务过程中获得的关于同事的信息;

7. 不得故意作有关同事的虚假或恶意的陈述;

8. 不得接受任何可能损害或影响专业决定或行动的馈赠、礼品或恩惠。

三、我国教师职业道德规范

我国传统社会,师德传统的维系依赖文化、习俗,师德规范的探索也仅仅处于初级阶段,主要通过帝王的诏书、规定及教师选拔标准等控制力有限的形式。当代社会,法规成为师德实践的重要依据,依法治教是教育发展的重要趋势。

新中国成立以来,多个文件、工作条例强调新中国教师道德的政治标准。如 1951 年中共中央颁发《关于在学校进行思想改造和组织清理工作的指示》,要求在所有大、中、小学教职员中普遍开展学习运动,进行初步的思想改造工作。1954 年,高等教育部颁发《中等专业学校章程》,要求教师系统地学习马克思列宁主义、毛泽东思想,提高自己的政治水平和业务水平。1955 年,教育部颁发《关于推选优秀教师的几点意见的通知》,规定优秀教师应历史清楚,无重大劣迹,思想进步,能认真改造思想。1957 年 3 月,毛泽东要求教师做到"又红又专","一方面要反对不问业务的空头政治家,另一方面要反对迷失方向的实际家"。

1962 至 1963 年,教育部先后颁布《教育部直属高等学校暂行工作条例》、《全日制中学暂行工作条例》、《全日制小学暂行工作条例》,强调关心教师的思想改造,对教师的主要要求如下:一是教好功课,钻研教材,改进教学方法,提高教学质量,爱护学生;二是对学生热情关怀,耐心教育,严格要求,指导和帮助他们发展智力和体力,提高思想觉悟;三是以身作则,在思想、行为方面力求成为学生的表率;四是努力学习,关心政治,学习马克思列宁主义、毛泽东思想,刻苦钻研业务,学习时事政策,学习科学文化知识,力求精通所任课程的专业知识,不断提高政治、文化、业务水平。

改革开放以后,我国开始完善各级各类教师职业道德规范,于 1984 年、1991 年、1997 年、2008 年先后四次修订颁发中小学教师相关职业道德规范。与此同时,各级教师职业道德建设不断发展和完善,如 1981 年颁发《幼儿园教育纲要(试行草案)》。20 世纪 90 年代至今,我国教师职业伦理法规建设硕果累累。教师依法执教是依法治教的重要组成部分,它是当今社会对教师的普遍要求:教师要依据法律、法规履行教书育人的职责,依法行使教书育人的权利。

1993 年通过的《中华人民共和国教师法》第三条规定了教师职业的性质是"履行教育教学职责的专业人员",从而改变了教师这一群体长期以来所具有的国家干部的法律性质,同时也使教师群体的职业行为发生了变化。从此,我国对教师职业的专业化、教师职业道德规范的制度建设提出了新要求。

早在 20 世纪 80 年代初,我国就开始探索师德建设的制度保障。1984 年 10 月,教育部、全国教育工会颁发《中小学教师职业道德要求(试行草案)》,内容如下:

一、热爱祖国,热爱中国共产党,热爱社会主义,热爱人民教育事业。

二、执行教育方针,遵循教育规律,面向全体学生,教书育人,培养学生德、智、体全面发展。

三、认真学习马列主义、毛泽东思想,学习科学文化知识和教育理论,钻研业务,精益求精,勇于创新。

四、热爱学生,了解学生,循循善诱,诲人不倦,不歧视、讽刺、体罚学生,建立民主、平等、亲密的师生关系。

五、奉公守法,遵守纪律;热爱学校,关心集体;谦虚谨慎,团结协作;与家长、社会密切配合,共同教育学生。

六、衣着整洁,举止端庄,语言文明,礼貌待人,以身作则,为人师表。

1991 年,国家教委和全国教育工会对此试行草案进行修订,颁布《中小学教师职业道德规范》,内容如下:

一、热爱社会主义祖国,拥护中国共产党的领导,学习和宣传马列主义、毛泽东思想,热爱教育事业,发扬奉献精神。

二、执行教育方针,遵循教育规律,尽职尽责,教书育人。

三、不断提高科学文化水平和教育理论水平,钻研业务,精益求精,实事求是,勇于探索。

四、面向全体学生,热爱、尊重、了解和严格要求学生,循循善诱,诲人不倦,保护学生身心健康。

五、热爱学校,关心集体,谦虚谨慎,团结协作,遵纪守法,作风正派。

六、衣着整洁、大方,举止端庄,语言文明,礼貌待人,以身作则,为人师表。

1997年的第三次修订将主要内容修改为依法执教、爱岗敬业、热爱学生、严谨治学、团结协作、尊重家长、廉洁从教和为人师表等八条。2008年第四次修订,主要内容确定为爱国守法、爱岗敬业、关爱学生、教书育人、为人师表、终身学习等六方面。

中小学教师职业道德规范(2008年修订)

一、爱国守法。热爱祖国,热爱人民,拥护中国共产党领导,拥护社会主义。全面贯彻国家教育方针,自觉遵守教育法律法规,依法履行教师职责权利。不得有违背党和国家方针政策的言行。

二、爱岗敬业。忠诚于人民教育事业,志存高远,勤恳敬业,甘为人梯,乐于奉献。对工作高度负责,认真备课上课,认真批改作业,认真辅导学生。不得敷衍塞责。

三、关爱学生。关心爱护全体学生,尊重学生人格,平等公正对待学生。对学生严慈相济,做学生良师益友。保护学生安全,关心学生健康,维护学生权益。不讽刺、挖苦、歧视学生,不体罚或变相体罚学生。

四、教书育人。遵循教育规律,实施素质教育。循循善诱,诲人不倦,因材施教。培养学生良好品行,激发学生创新精神,促进学生全面发展。不以分数作为评价学生的唯一标准。

五、为人师表。坚守高尚情操,知荣明耻,严于律己,以身作则。衣着得体,语言规范,举止文明。关心集体,团结协作,尊重同事,尊重家长。作风正派,廉洁奉公。自觉抵制有偿家教,不利用职务之便谋取私利。

六、终身学习。崇尚科学精神,树立终身学习理念,拓宽知识视野,更新知识结构。潜心钻研业务,勇于探索创新,不断提高专业素养和教育教学水平。

我们可以看到,历经四次修订的中小学教师相关职业道德规范从教师和国家、党、社会的关系,教师和学生的关系、教师和职业的关系等多个角度展开,分别对教师提出了较高的期望,既吸收了我国优秀的师德传统,如要求教师以身作则、关爱学生,又突出了社会主义国家对教师的公民政治素养要求。

在颁布《中小学教师职业道德规范》的基础上，我国于 2014 年颁布了《中小学教师违反职业道德行为处理办法》，列举了十类教师不可触犯的师德禁行行为及相应处罚办法。

第三节　新时代教师职业道德规范

一、案例及相关评论

开办微信公众号

导师开办了微信公众号，要求其指导的研究生完成公众号撰写。公众号所需的文章从撰写、修改到排版，所有任务都由研究生负责完成。由于导师要求的发文频率比较高，有的文章与学生研究方向并不紧密相关，学生的完成情况不算好。在导师开办微信公众号以来，不少学生被批评、被罚重做，一些学生产生了抵触心理。

提问：你觉得这个案例说明哪些潜在的问题？这个案例中的教师可能违反了哪些师德规范，会造成哪些负面影响？案例中的教师、学校可以如何改进？

就这一案例，学员常见的观点是：导师和学生期望有差异，师生沟通方式需改进，否则导师易违反"关心爱护学生"、"潜心教书育人"、"正确履行指导职责"等新时代师德规范的要求。从导师的角度看，让学生开展本专业相关文献阅读并加以梳理、总结，既能拓展学生的学术视野，又能训练学生的学术思考、写作能力，而且研究生完全有时间和能力完成这样的任务。然而从学生的角度看，自己的研究能力还不理想，阅读与自己研究方向不同的文献并进行述评，一方面要花费比导师预料的多得多的时间，另一方面也不能直接助力自己的学位论文写作，因而缺乏动力。

此外，就师生沟通方式方法，学员提出的常见建议是尊重对方、换位思考、寻找合适的时机沟通。不少学员在讨论中结合自身的经历，提到有的权威型导师批评学生的时候用语不妥，如："什么东西？""什么玩意？"或者贬低、打击学生，如："你这样怎么可能毕业……"有的学生会在情急之下和导师发生冲突，甚至辱骂导师。学员认为：导师不妨从学生角度思考，结合学生未来的职业发展，提出不同的科研要求、能力要求，这样对学生发展会更有帮助;学生应理解导师的初衷是为自己好,可寻找合适的时机和导师沟通,并尽量根据研究方向调整微信公众号文章的写作。

二、新时代教师职业道德规范——坚持正确的政治方向

进入新时代以后,教育部颁布了一系列教师职业道德规范,如《新时代高校教师职业行为十项准则》《新时代中小学教师职业行为十项准则》《新时代幼儿园教师职业行为十项准则》《研究生导师指导行为准则》《教育部关于高校教师师德失范行为处理的指导意见》《中小学教师违反职业道德行为处理办法(2018 年修订)》《幼儿园教师违反职业道德行为处理办法》,形成了更系统、成熟、完备的社会主义国家教师职业道德体系,从而更好地规范和指导教师师德修养和实践。

新时代教师职业道德规范,凸显坚持正确政治方向的特性。加强党对教育工作的全面领导,坚持社会主义办学方向,确保教师在落实立德树人根本任务中的主体作用得到全面发挥。推动教师成为先进思想文化的传播者、党执政的坚定支持者。

2018 年,在以往师德规范的基础上,我国颁布《新时代中小学教师职业行为十项准则》,明确指出"坚定政治方向":坚持以习近平新时代中国特色社会主义思想为指导,拥护中国共产党的领导,贯彻党的教育方针;不得在教育教学活动中及其他场合有损害党中央权威、违背党的路线方针政策的言行。此外,还要求"传播优秀文化",要求教师"带头践行社会主义核心价值观,弘扬真善美,传递正能量;不得通过课堂、论坛、讲座、信息网络及其他渠道发表、转发错误观点,或编造散布虚假信息,不良信息"。

三、新时代教师职业道德规范——层次性

新时代教师职业道德规范有鲜明的层次性:凸显了师德的阶段性,结合教师工作学段的特点,分别制定了幼儿园、中小学与高校教师的师德规范和失范行为处理办法。其中,中小学阶段的师德规范在 20 世纪就已制定并经历了多次修订,而幼儿园、高校阶段师德规范的制度建设相对要晚一些。

上世纪末本世纪初,高等教育大众化顺利推进,我国高等教育阶段在校生规模迅猛扩大,高校师资队伍也不断壮大。高校教师应具备哪些素养?潘懋元指出三个维

度:一是学术水平,基础理论、学科理论、跨学科的知识面;二是职业知识、技能,教育学知识和教学能力;三是师德,学术道德、职业道德。

有研究指出,我国部分高校教师存在如下师德问题:其一,爱岗敬业精神不强,缺乏事业心,缺乏进取精神,工作马马虎虎,得过且过。校内教学工作敷衍了事,热心校外兼职。不学习新知识,知识结构老化,不认真备课,不注重改革教学内容和教学方法,教学水平低。其二,教书育人意识淡薄,对学生缺乏责任心,缺乏了解,缺乏关心,缺乏尊重,态度生硬,对学生乱加指责,损害学生的自尊心,对学生中的错误苗头不批评不教育,没有尽到教师的责任。其三,为人师表没做到。迟到早退,上课时打手机、抽烟,仪表不整,举止粗俗。学术道德失范,心浮气躁,不潜心搞科研。为了评职称弄虚作假,剽窃他人的成果,不讲诚信,不讲信誉。极个别教师道德败坏,丧失人格。

针对高校教师队伍存在的职业道德问题,2011 年教育部、中国教科文卫体工会全国委员会印发《高等学校教师职业道德规范》,首次制定了有关高等学校教师的职业道德规范,主要在爱国守法、敬业爱生、教书育人、严谨治学、服务社会、为人师表等方面提出了要求。2014 年,《教育部关于建立健全高校师德建设长效机制的意见》列出高校教师禁行行为:损害国家利益,损害学生和学校合法权益的行为;在教育教学活动中有违背党的路线方针政策的言行;在科研工作中弄虚作假、抄袭剽窃、篡改侵吞他人学术成果、违规使用科研经费以及滥用学术资源和学术影响;影响正常教育教学工作的兼职兼薪行为;在招生、考试、学生推优、保研等工作中徇私舞弊;索要或收受学生及家长的礼品、礼金、有价证券、支付凭证等财物;对学生实施性骚扰或与学生发生不正当关系;其他违反高校教师职业道德的行为。

针对高校教师职业特点,《新时代高校教师职业行为十项准则》向高等学校教师提出如下几个方面的要求:坚定政治方向,自觉爱国守法,传播优秀文化,潜心教书育人,关心爱护学生,坚持言行雅正,遵守学术规范,秉持公平诚信,坚守廉洁自律,积极奉献社会。此外,针对高等学校教师中与学生交往较为密切的研究生导师群体,2020年的《研究生导师指导行为准则》提出要求:坚持正确思想引领,科学公正参与招生,精心尽力投入指导,正确履行指导职责,严格遵守学术规范,把关学位论文质量,严格经费使用管理,构建和谐师生关系。

新时代同样注重幼儿园教师的师德规范建设。2010 年,国务院印发《关于当前发展学前教育的若干意见》,明确指出学前教育的重要性:学前教育是国民教育体系的重要组成部分,是重要的社会公益事业,更是终身学习的开端。2012年教育部印发的《幼儿园教师专业标准(试行)》提出"师德为先":"热爱学前教育事业,具有职业理想,践行社会主义核心价值体系,履行教师职业道德规范,依法执教。关爱幼儿,尊重幼儿人格,富有爱心、责任心、耐心和细心;为人师表,教书育人,自尊自律,做幼儿健康成长的启蒙者和引路人。"2017年教育部印发《幼儿园办园行为督导评估办法》,明确提出"注重师德师风建设"。2018年的《新时代幼儿园教师职业行为十项准则》,向幼儿园教师提出如下几个方面的要求:坚定政治方向,自觉爱国守法,传播优秀文化,潜心培幼育人,加强安全防范,关心爱护幼儿,遵循幼教规律,秉持公平诚信,坚守廉洁自律,规范保教行为。

四、新时代教师职业道德规范——约束性

新时代教师职业道德规范与之前的师德规范相比,不仅对教师设定了很高的职业道德标杆,而且还对教师职业道德作出了底线规定,从而具有更强的约束力。

《新时代高校教师职业行为十项准则》、《新时代中小学教师职业行为十项准则》、《新时代幼儿园教师职业行为十项准则》、《研究生导师指导行为准则》等都采用了"肯定+否定"、"可行+不可行"的表述形式。如《新时代中小学教师职业行为十项准则》对"自觉爱国守法"方面的规定如下:"忠于祖国,忠于人民,恪守宪法原则,遵守法律法规,依法履行教师职责;不得损害国家利益、社会公共利益,或违背社会公序良俗。"《研究生导师指导行为准则》对"构建和谐师生关系"方面的规定如下:"落实立德树人根本任务,加强人文关怀,关注研究生学业、就业压力和心理健康,建立良好的师生互动机制。不得侮辱研究生人格,不得与研究生发生不正当关系。"

2018年,《幼儿园教师违反职业道德行为处理办法》和《教育部关于高校教师师德失范行为处理的指导意见》出台,《中小学教师违反职业道德行为处理办法》得到修订。修订后的《中小学教师违反职业道德行为处理办法》对应予处理的教师违反职业道德行为列举如下:

(一)在教育教学活动中及其他场合有损害党中央权威、违背党的路线方针政策的言行。

(二)损害国家利益、社会公共利益,或违背社会公序良俗。

（三）通过课堂、论坛、讲座、信息网络及其他渠道发表、转发错误观点，或编造散布虚假信息、不良信息。

（四）违反教学纪律，敷衍教学，或擅自从事影响教育教学本职工作的兼职兼薪行为。

（五）歧视、侮辱学生，虐待、伤害学生。

（六）在教育教学活动中遇突发事件、面临危险时，不顾学生安危，擅离职守，自行逃离。

（七）与学生发生不正当关系，有任何形式的猥亵、性骚扰行为。

（八）在招生、考试、推优、保送及绩效考核、岗位聘用、职称评聘、评优评奖等工作中徇私舞弊、弄虚作假。

（九）索要、收受学生及家长财物或参加由学生及家长付费的宴请、旅游、娱乐休闲等活动，向学生推销图书报刊、教辅材料、社会保险或利用家长资源谋取私利。

（十）组织、参与有偿补课，或为校外培训机构和他人介绍生源、提供相关信息。

（十一）其他违反职业道德的行为。

该办法还对相应的处理方式进行了介绍：警告和记过处分；降低岗位等级或撤职处分；开除处分；给予批评教育、诫勉谈话、责令检查、通报批评，以及取消在评奖评优、职务晋升、职称评定、岗位聘用、工资晋级、申报人才计划等方面资格的其他处理。

相关办法的颁布，是对教师职业道德规范的完善。此前的职业道德规范虽然明确规定了教师职业活动的道德要求和行为标准，但没有对违反教师职业道德规范的行为及其应承担的后果加以说明，影响了教师职业道德规范的执行力。

2018年以来，我国教育部陆续发布了教师违反师德规范的典型警示案例及处理情况。目前师德失范警示案例中，幼儿园阶段主要涉及如下行为：体罚幼儿、猥亵幼儿、伤害幼儿。中小学阶段主要涉及如下行为：课堂歧视侮辱学生、体罚学生、应援娱乐明星、学术不端、收受家长礼品礼金、长期有偿补课、寒暑假有偿补课、诱导学生参加有偿补课、猥亵学生、网上化名性骚扰学生、性侵学生。高校阶段主要涉及如下行为：课堂教学发表错误言论、长期网络发布错误言论、违反教学纪律、使用低俗不雅的方式授课、让学生参与和教学科研社会服务无关的工作、学术不端、与学生发生不正当关系、性骚扰学生、性侵学生、侵占学生费用。

上述师德失范案例的处理，主要依据《中华人民共和国教师法》、《中国共产党纪律处分条例》、《教师资格条例》、《事业单位工作人员处分暂行规定》、《中小学教师违反职业道德行为处理办法(2018年修订)》、《教育部关于高校教师师德失范行为处理的指导意见》、《幼儿园教师违反职业道德行为处理办法》,不仅对涉事教师作出了警告,降低岗位,调离岗位,停职,撤销教师资格证,解聘,暂停评奖评优、职称评定、岗位聘用、教学工作和研究生招生资格等处分和处理,还视情节轻重,对涉事教师所在单位的主要负责人、分管负责人和直接负责人进行约谈、诫勉谈话、通报批评、纪律处分和组织处理。

值得指出的是,和其他国家师德失范行为处理情况不同,我国不仅对失范个体作出处理,还对其所在组织机构作出处理,避免了绝对个人主义的师德失范处理方式,兼顾了对个体和组织机构的约束。

我国学者劳凯生等指出,师德建设长效机制必须靠不同层次的法规、规章以及相关制度加以保障。要使教师职业道德规范真正成为教师履职必须遵守的行为标准,应进一步明确教师必须严守的职业道德底线以及严重违规行为应承担的后果,必须建立相关制度,使违反教师职业道德规范的行为有具体的衡量标准和处理依据。

第四节　师德规范实施有效性

一、案例及相关评论

来自家长的微信

这一天晚上,年轻的张老师收到了学生家长的微信。微信信息如下:

张老师好!肖星昨天确实是因为生日带手机去了学校,实属不该。我的孩子我还是很了解他的,他从小到大在学校从来没有被学校老师这样处罚过,这样会让孩子很受伤。如果因为孩子屡教不改,我同意学校处分,但如果见风就是雨的话,孩子跳楼等悲剧还会重演!昨晚回到家,我就跟他谈了这个问题,他也知道不对。他把心里话跟我说了,我能理解他。孩子被处分,而且连他最看重的奖学金都被取消,这样的打击对孩子实在太大。我作为最了解他的妈妈,不知道他会不会就此退学或者产生更极端的想法。您愿意看到您的学生就这样沉沦下去吗?可否换一下处分方法?

张老师陷入沉思。她该怎么办呢? 这不是她第一次收到家长强硬的微信信息了。

提问:如果你是张老师,你会怎么处理这件事情呢? 近年来,对于学生的手机使用问题,社交媒体上的讨论越来越多,我国有哪些师德规范可指导教师对上述情况作出回应?

"来自家长的微信"这一案例让不同阅历的学员产生两种不同的评论声音。职前教师或年轻教师对这一案例颇为苦恼,既不想撤销处罚,也不知如何面对来势强硬的家长,部分表示会把这个难题上报给校长。有一些阅历的教师面对这一案例时,一方面会回忆和反思自己工作中的一些经历,一方面会给出应对方法,如避开家长,重点给孩子做思想工作,然后通过孩子说服家长。

教师职业道德规范对教师日常行为可起指导和协助作用,但需要指出的是,师德规范是实用型的工具,常常需要结合新情况、新问题进行调整。此外,教师置身于复杂的人际关系之中,要解决日常工作中遇到的问题,仅仅依靠成文规范是不行的。教师需要在具体实践中反思相关规范,需要考虑社会变迁,使师德规范与时俱进。

二、有效实施师德规范六步骤

联合国教科文组织于 2009 年组织出版的《教师行为规范的设计和有效实施指南》对师德规范的有效实施提出了具体的建议:采取六个步骤,对师德规范实施有效性加以提升。

(一) 开发师德规范

师德规范的开发是一个立体的过程,实施有效性需要师德规范开发过程各个阶段的投入来加以保证。主要开发流程如表 3.3 所示。

表 3.3　师德规范的开发和实施步骤

主要步骤	主要参与者	具体活动	建议时间
分析现有法律法规	核心团队		1 个月
咨询	核心团队、教师工会、教师、学校、社区	调查、访谈、小组访谈、学校会议、网络论坛	2—3 个月

主要步骤	主要参与者	具体活动	建议时间
起草规范	核心团队		1 个月
搜集评论,试用	核心团队、教师工会、教师、学校、社区	实地试用、工作坊、线上反馈	1—2 个月
规范定稿	核心团队		1 个月
采纳规范	政府、教师工会、教师资格注册服务委员会		1 个月
宣传规范	核心团队、媒体	准备和实施沟通计划	1—3 个月
实施规范	监督委员会、联合委员会	准备和实施	持续
评价规范影响	监督委员会	数据搜集(在学校层面的调查),了解成功案例,发表报告	每 1—2 年
修改规范			每 3—5 年

应成立开发规范和评审现有文件的核心团队。这个团队应该吸收多样的成员来确保多元视角。

核心团队制订工作计划:阅读已有法律法规;分析已有规范;实施调查、个案研究(包含一定的伦理问题);搜集利益相关者的观点;起草规范;初步试用规范(草案);基于搜集的意见和试用结果定稿。注意,本阶段需要尽可能多地卷入相关利益者,如教师和教师协会,学校相关群体如家长、学生等。

教师参与至关重要,理由如下:教师能反馈教师真实生活情况(真实的议题、校本问题和困难,以及他们在这个情境中扮演的角色);设计道德标准和规范需结合教师的经验;教学具有不断变化的特性;教师可思考和回顾自己的判断。

核心团队设计的草案应该广泛发放给教师群体,并邀请他们进行反馈:如何评价规范草案?你喜欢这些条款吗?这些条款是否抓住了教师工作的重要方面?有哪些遗漏的地方?这些条款是否包括一些不合适的项目?在定稿之前,需要开展试用,并依据试用情况进行修改。

(二)采用师德规范

新起草的规范被整个职业群体正式接受,确定其法律地位。

1. 确定本规范的法律地位。本规范的地位需要由已有的法律法规等清楚界定。本规范需要和教师资格认证等捆绑。需要相关法律规定由哪些机构判断失范行为。

2. 正式接受规范。教育部等国家机构正式采纳本规范,并鼓励教师协会正式采纳本规范。

3. 规范与资格认证挂钩。将教师注册、资格认证和教师是否遵守本规范相联系。所有的教师在入职的时候应该签署本规范。

(三) 宣传和提倡师德规范

1. 注意规范的使用者友好度。规范需要简单、清楚,便于大众(包括教师和教师服务的对象)阅读和理解。核心文件应该简单明了,不超过 2 页纸。辅助说明文件如规范开发的相关说明、惩罚的机制等,也不应该超过 10 页。

规范使用的描述性说明为"应该做什么",使用的禁止说明为"什么不应该做"。

规范需要做到综合且细致,避免模糊,具体且实际,避免官僚或立法式语言。规范还需翻译成本国各民族使用的语言,说明不同种类的教师如何加以运用。

2. 制订有效的沟通计划。如:发放文件;组织倡导活动;明确目标群体、传递的信息、沟通的途径、活动的详细日程安排。

3. 发布和宣传规范。向学校员工、教师协会、社区、市民、社会组织等尽可能地作广泛宣传。可以借助论坛、工作坊、讲座、电邮、网络、新闻、电视、广播等作直接沟通,还可在全国各地学校内展示海报,也可借助各级政府和教师教育学院等开展宣传。

(四) 有效实施师德规范

设立监督委员会来确保规范实施,对教师开展教育,鼓励开展支持性教育活动来帮助不同的利益相关者提升能力。

1. 监督委员会可以由教育行政部门、教师协会代表、家委会、学生会等构成,在各级行政区域都设置相应的组织。委员会成员需要接受专业训练。

2. 运用规范。

3. 教育教师。教师教育学院清楚说明如何在教育项目里强化师德规范运用能力。可以在职前、在职教师教育课程中设置必修课程。规范必须被视为教师资格和教师专业化的核心要素。

(五) 报告和惩罚失范行为

1. 机制。师德规范附件需要对处理失范行为的机制作出说明。可提供信箱地址、热线电话号码来回应咨询。行政部门必须汇报严重的师德失范行为(考试不公正、性骚扰等)。鼓励学校社群(家长、学生)汇报师德失范行为。定期监督和指导规范使用。

2. 处理投诉。通过信件、电话或电邮受理投诉。保证投诉者信息安全,并向他们提供心理咨询。针对投诉开展相关人员访谈、到校调查,准备调研报告。

3. 运用不同的处罚。规范只有在有适当惩罚的时候才有效。依据失范行为的严重程度,可以采取如下惩罚:纪律处罚,如警告、罚款等;取消教师资格。惩罚应该公之于众,并形成失范行为数据库。

(六) 总结和评价

1. 周期性评价规范的内容。一般每三到五年调整和修改一次,确保师德规范与时俱进:呼应教育系统的主要议题,与相关法律保持一致,以便充分被教师接受。周期性检查和评价规范时可以考虑如下问题:规范在何种程度上反映了当下教师职业的伦理问题? 概念和信息是否很清楚? 语言是否准确? 基于上述问题的回答,你对规范的修改有哪些建议?

2. 评价规范的使用情况。需要搜集如下信息:规范发放了多少份? 有多少教师签署了规范? 有多少教师教育项目包含对规范的介绍? 主要收到哪些投诉? 在一线学校开展了哪些调查? 执行了多少相应的惩罚? 可结合调查发布年度报告,宣传规范带来的积极影响。

3. 参与者评价机制:可以开展调查,了解规范的实施情况。应该聚焦学校和地方层面是否向教师提供信息咨询、教育利益相关者对规范的了解程度、规范是否有助于解决伦理问题、规范的宣传教育工作、对提出异议程序的了解情况、对规范带来的影响的看法等。附录3.1为联合国教科文组织制定的师德规范实施情况调查问卷。

三、师德规范实施有效性与教师培训

师德规范的教育关系到教师对师德规范的理解、运用。联合国教科文组织就师德规范的学习提出如下建议：

知识方面。教师和学校校长需要结合职业行为规范，建立核心价值观，分析和讨论自身的权利和责任，了解投诉系统，了解可能受到的约束和针对失范行为的制裁（例如提醒、斥责、罚款）。推荐的教学方式是口头教授。

技能方面。教师和校长需要加强以下技能：如何面对伦理两难问题；如何辨别利益冲突，如从班上学生或其家长处接受礼物；如何汇报失范/失职行为，清楚哪些情况需要上报失范行为。推荐的教学方式是模拟练习、角色扮演、情境/案例讨论。

态度方面。强调教师的社会责任，特别是角色的示范作用。推荐的教学方式是小组讨论。

下面介绍一种在具体情境中反思和运用师德规范的方法，该方法由澳大利亚维多利亚教师学院开发。

师德规范对我意味着什么？

本活动针对教师（个体）进行设计，协助他们理解师德规范对具体职位、角色的意义，并探索如何在日常生活中使用。

第一步，选择自己感兴趣的视频观看（2—3分钟的长度）：教师教育者片段、小学校长片段、新手教师片段、中学校长片段、资深教师片段。

第二步，反思自己听到的内容：哪些地方你同意？为什么？哪些地方你不同意？为什么？哪些对你来说很新奇？你将如何运用师德规范？如果想作出改变，你想先从哪个方面着手？

第三步，解决伦理两难。

以下是为教师（群体）设计的简短活动，帮助教师理解具体情境中的行为规范，如学科教学、班级管理等。

开展活动时，教师小组需要讨论师德规范中的某一个原则。接着，可以从师德规范附属材料中找到相应的两难案例加以讨论，也可以讨论小组成员亲历的真实案例。

第四步，决策。

1. 分析、界定难题。

很多难题不可以简单地用"对"、"错"来直接判断。比如：到底是坚持做对个体最好的事情，还是坚持做对群体最好的事情？

2. 辨别并思考其他人的立场。

任何一个决定的作出,都会影响其他人,如同事、学校、家长和学生等。因此,要考虑谁将是因这个决定而受到影响的人。

3. 辨别与你遇到的难题相关的潜在原则、法律、政策等。

法律上自己是否有义务做什么? 自己的学校、地区是否有相关的政策和自己遇到的难题有关?

4. 辨别、评价多种解决方案。

一般来说,一个难题常有多个解决方案。思考多个方案的执行及其结果。

5. 获得不同的观点。

这是非常重要的一个步骤,用于在现实中检验自己的想法,可以和自己部门的领导交流。

6. 作出你的决定并行动。

第五节 国际师德失范案例库建设经验及启示

一、案例及相关评论

体罚学生案例两则

2020 年 9 月,徐某某在管教学生过程中,采取不当方式,造成学生身体损伤。徐某某的行为违反了《新时代中小学教师职业行为十项准则》第五条的规定。根据《中小学教师违反职业道德行为处理办法(2018 年修订)》等相关规定,给予徐某某警告处分,认定其当年师德考核不合格,扣除其一年绩效工资,三年内不得评优评先,对学校时任校长、分管副校长和年级主任进行约谈提醒。

2020 年 11 月,贵州省余庆县龙溪中学田某等 5 名教师在教育言行不当及早恋的多名学生的过程中简单粗暴、惩戒过当。田某等 5 名教师的行为违反了《新时代中小学教师职业行为十项准则》第五条的规定。根据《事业单位工作人员处分暂行规定》、《中小学教师违反职业道德行为处理办法(2018 年修订)》等相关规定,分别给予田某等 5 名教师记过、警告处分,对学校相关领导和教育局负责人分别给予免职、诫勉谈话、通报批评处理。

提问：上述两个体罚学生的案例中有什么样的处理决定？两个案例的处理决定有哪些一样和不一样的地方？为什么有这些差别？

学员们认为处理决策相似的地方如下：首先，处理的对象包括教师、教师所在学校和地方教育行政管理部门相关负责人。其次，处理的措施包括对教师的记过、警告处分，以及师德考核不合格、扣绩效工资、不得评优评先等，对学校和教育局负责人的约谈、免职、诫勉谈话、通报批评等。两个案例的处理程度有所不同，第一个案例对教师个体的处理较第二个案例重，第二个案例对学校、教育局负责人的处理比第一个案例重。

为什么有这些区别？从师德失范案例中，我们可以学会什么？失范案例的处理决定对一线教师有哪些教育意义？随着我国师德规范、教师行为准则以及相关法律法规的完善，师德失范行为的处理及警示案例库建设成为当下师德教育的关键一环：它既关系到师德规范的有效落实，也关系到以失范案例对教师群体开展警示教育。

师德规范建设的历史其实不算太长，因此，教师失范行为处理及案例库建设是全球师德规范建设研究中较新的课题。在过去的近百年时间里，全球有70多个国家和地区制定了师德规范，但是各国师德规范的细致程度、完善情况千差万别。尽管各国师德规范建设情况不一，但是绝大部分国家或地区的师德规范都对师德失范行为及其处理作出了规定。不少国家还利用师德失范行为及其处理所形成的案例，作出了师德失范案例库建设的探索：如何将惩罚公之于众？如何操作？其教育意义该如何发挥？

为此，本节拟结合国际师德失范案例库建设的比较视野，厘清师德失范案例库建设的要点，旨在推进我国师德失范案例库建设，助力新时代师德发展。

二、国际师德失范案例库建设基本情况

（一）师德失范案例库信息储存方式与要点

目前，国际上师德失范案例库信息储存方式主要分为三种：师德监督部门如教育行政系统的线上师德失范案例库，司法系统的师德失范案例库，教师行业内部的师德

失范案例库。

教育行政系统的线上师德失范案例库,一般由教育行政机构或者相关的师德监督机构建设,将师德失范案例公示于政府网站上,供大众浏览。如英国将师德失范案例发布在 www.gov.uk 上。美国部分州,如佛罗里达、艾奥瓦、新泽西、俄勒冈、宾夕法尼亚、南卡罗来纳、佛蒙特、华盛顿州等,建立了师德失范案例数据库,都在线上公开,供公众阅读。加拿大不列颠哥伦比亚省在政府官网上线师德失范数据库,供民众检索阅读。基于这些案例库,部分国家和地区还会提供师德失范名单查询服务。如英国教育部为英格兰地区提供免费查询教师失范记录的服务,便于用人单位、家长等了解教师情况。

司法系统的师德失范案件以司法判例的形式储存。如美国的全国判例汇编系统汇总了联邦和各州法院受理的案件,其中有专门的系列整理了师德失范案例。一些国家的公众可通过公共信息查询的方式获得司法判例。

教师行业内部的师德失范案例库,旨在及时更新教师失范信息,以便告知用人单位。这类数据库的信息通常不向公众开放,仅供行业内部使用。如美国的国家教师教育和资格认证州指导者协会(National Association of State Directors of Teacher Education and Certification)有一个信息库,收集各州教师的师德失范行为及处理信息,供协会成员了解教师情况。地方教育行政部门及教师教育机构可以申请获取案例库数据,但是信息库数据不向公众开放。

师德失范案例库信息要点一般包含师德失范者的个人信息如姓名、出生年月,教师资格证信息如证件号码(部分情况下会作匿名处理)、学科领域、学段、教龄,具体师德失范行如指控、证据、指控日期和处理日期、处理决定及其依据。不少师德失范案例长达几十页。

(二) 师德失范案例入库标准

目前,国际师德失范案例库有一定的入库标准。以美国为例,一般来说,师德失范行为触及如下四类惩罚,会收录到线上师德失范案例库或者行业内部的师德失范案例库:申斥,在教师档案中留下申斥记录;留任察看,允许继续从事教师职业,但须接受定期监督;停职,停止雇佣一段时间,一般须完成一定任务后才可以返回岗位;撤销资格证,不再允许教学。英国的线上师德失范案例入库与否取决于失范行为的严重情况,若失范教师的行为威胁到教师职业的群体荣誉,并在听证和决定环节被判定为失范,其案例便会被公布到网上。司法系统的师德失范案例库略有不同,一般只录入涉及停职、撤销资格证的案例,即只收录师德失范程度较严重的案例。

(三)师德失范案例库时间跨度

师德失范案例库时间跨度差异较大。司法系统的师德失范案例库时间跨度较大,可能长达数个世纪。如最近有学者研究了美国司法系统提供的1853至2017年的师德失范案例。教育行政系统的线上师德失范案例库的时间跨度相对较小,如美国部分州收录了20世纪中期至今的案例。爱尔兰等国的教学委员会依据失范行为的严重程度,将案例细节的线上公示时间安排为6—24个月不等。

三、国际师德失范案例库建设经验

(一)构建标准化师德失范案例处理程序,提升案例库数据质量

国际上注重通过构建标准化的师德失范案例处理程序,来控制案例数据采集过程和案例的质量:不仅每个案例的来源、发展线索清晰,且确保案例及处理的标准性、准确性、客观性和可信度。

主要从两个方面着手。一方面,建设多元化的师德监督委员会,有的国家将师德监督委员会设于各级教育行政机构,有的则独立于教育行政机构,但是成员情况较为相似,都是由教育行政部门、教师职业协会代表、家委会、学生会等构成。在各级行政区也都形成相应的师德监督委员会或组织机构。

另一方面,设置标准化的师德失范行为处理程序:公开教师失范行为投诉途径,投诉处理流程标准化——调查被投诉对象、开展听证、作出决定,录入师德失范案例库。

以英国为例,教育部的教学管理机构负责调查英格兰教师和校长的严重失范行为,其网站提供电话、电邮供公众报告失范行为。

一旦收到投诉,教学管理机构将检查被投诉教师是否和英格兰地区教学有关,以及被投诉的行为是否为无法接受的职业行为。上述两点得到证实后,教学管理机构将进一步判断是否涉及违法行为。若被投诉的行为并不是严重错误,教学管理机构将不再开展调查。

如果失范情况比较严重,教学管理机构将通知失范教师及其工作单位,并开展调查。主要步骤如下:

第一步,下发临时禁止命令。被投诉的教师暂时停职,直到调查得出结论。

第二步,调查。教师有 28 天的时间来提交证据。教学管理机构不仅会考虑这些证据,还会结合教学、医学、法律等各行业专家的意见,决定是否开展专业行为小组听证。如果不开展听证,教学管理机构就不会对被投诉教师采取任何其他的行动。

第三步,听证和决定。被投诉的教师在这个阶段还可以继续提供证据。一个听证小组(至少三名成员,其中至少一人是教师,一人不是教师)负责听取来自教师及其他目击者的证据,并作出决定:投诉是否真实;是否构成了严重的师德失范,是否使教师职业面临声名狼藉的危险;是否向国务大臣建议下发禁止令,将被投诉教师列入教学管理机构的教师黑名单。一般情况下,失范行为的处理决定会发布在政府官网上。

第四步,回顾与反思。发出禁止令两年后,受罚教师可以向国务大臣申请取消禁止令。

(二)挖掘、使用师德失范案例库数据,形成师德培育链

各国师德失范案例库数据,不仅供用人单位使用,来发现、制止严重失范的教师踏上教学岗位,而且将失范教师所受惩罚公之于众,起到警示作用,还进一步助力一线教师的师德培训,满足更多群体的案例使用需求。目前,各级政府和学校开展合作,使用师德失范案例库数据,合作形成师德培育链,提升师德水平。常见的做法有:地方政府招募资深教师、教师教育工作者,结合本国师德规范、师德失范案例及其处理情况,制作本地师德规范解读材料;制作指南,举例说明违反哪些师德规范将得到什么处理,并把这些材料整合进当地职前教师教育和在职教师培训,便于一线教师落实师德规范。

以美国康涅狄格州教育局为例,其于 2015 年发布《教育者的伦理职业两难(教学者指南)》(下简称《指南》)。《指南》基于师德失范案例,编写了 12 个典型师德两难案例,每个案例对应一条康涅狄格州教师职业伦理规范条款。对每个案例都给出伦理分析和伦理决策的指导步骤,旨在帮助职前教师、在职教师掌握针对具体情境的分析思路、应对措施,提升教师伦理决策和行动能力,避免师德失范行为的发生。如《指南》在呈现案例"教师在个人社交媒体上发表过火言论"之后,向学习者提出伦理决策思考题:这个案例说明哪些潜在的问题? 这个案例中的教师违反了哪些教师伦理规

范？这个教师还有可能造成哪些负面影响（对自己、对学生、对社区等）？案例中的教师、学校可以如何作出改进？题目的参考答案结合相关师德规范条款进行深入分析，并提供当地经验丰富的教师给出的具体建议。

（三）结合师德失范案例库数据时间轴特征，及时更新师德规范

师德失范案例库有一定的时间跨度。因此，随着社会、时代背景的变化，师德失范案例的类型会呈现一定的变化。关注案例类型时间轴上的变化，有助于各国及时检查、更新师德规范，来确保其体现当下教育系统的主要问题及与相关法律保持一致，从而使得规范能更充分地被教师接受。

师德失范案例库向公众开放，便于学者利用师德失范案例库数据进行学术研究。以美国为例，公开师德失范案例库促进了最近关于美国师德失范常见行为类型、原因的分析和总结：排名前五的失范行为分别是与学校或学生无关的犯罪活动、与学生相关的不当性行为、隐瞒犯罪或处分前科、对学生进行身体侵犯、危害学生健康或安全。

阿普加（Karen Pearse Apgar）对美国佛罗里达、艾奥瓦、新泽西、俄勒冈、宾夕法尼亚、南卡罗来纳、佛蒙特、华盛顿等州线上数据库的4 155个师德失范案例进行了分析，发现近50年来主要的师德失范行为如下：

1. 没有汇报在本州之外的逮捕、处分情况。

2. 没有汇报学生受到的虐待或者忽视。

3. 在校时受酒精、毒品、心理健康等问题带来的影响。

4. 犯罪行为（不涉及学生或未成年人）。

5. 申请岗位或者资格证的时候造假。

6. 拒绝服从以往的资格证相关处理，或者干扰师德调查。

7. 违反本州考试管理程序，或者重复失败，没有达到表现评价标准。

8. 学生记录造假，如成绩、成绩单、特别的教育档案或者数据。

9. 使用不恰当的课堂管理、纪律约束、指导策略。

10. 和学生一起参与校外社会活动，或者开车载学生。

11. 对学生使用贬义的评论，包括诅咒、种族主义诽谤、人格贬低。

12. 对学生实施暴力或者攻击，包括体罚或疏于照顾。

13. 与学生发生非职业、非性相关的紧密关系。

14. 与学生或者未成年人发生任何性关系,包括触摸、儿童色情、性剥削未成年等。

15. 与刚毕业的学生建立恋爱关系或者发生性关系。

16. 在校内或者社区威胁学生健康或安全,包括威胁、不良的指导、向未成年人提供酒精和毒品。

17. 使未成年人堕落,或者引发青少年犯罪。

18. 向非教育工作者泄露学生隐私信息、记录。

19. 与家长互动不友好。

20. 教师资格证停用或者过期,或者在资格证允许的区域之外教学。

21. 对同事进行不受人欢迎的身体接触、评论,或者对同事进行任何骚扰。

22. 出于个人利益使用学校设备、资金等。

23. 辞职前没有提前给出通知,违反雇佣合同。

24. 在学校场所内与其他成年人发生性关系。

25. 出于非学校事务的理由,与学生通过社交媒体或者其他电子设备进行沟通。

针对师德失范案例库收录的新型问题,应对师德规范进行周期性的调整。如近十多年来,教师广泛使用个人社交媒体。美国教师因社交媒体产生了不少失范案例,主要类型有:社交媒体上的发言折射出教师的不良品行,如发表"不用看作业我就打分了"这样不负责任的言论;涉及非法行为;社交媒体互动引起学生不适;发布虽然不违法但是易成为学生负面榜样的内容,如饮酒等。不少国家和地区针对这类新型问题作出新的师德规定。如美国俄亥俄教育协会要求教师移除社交媒体上争议性的个人信息。马耳他针对近期引起失范事件的行为如教师使用社交媒体、教师向学生提供有偿补习等,调整并补充了师德规范条款。

(四) 关注师德失范案例库数据上报困难,以立法确保案例库建设

不少国家遇到师德失范事件不按要求上报的情况。如美国国家审计总署指出,不少失范教师是在多次犯错之后才被正式举报的。如性相关失范行为,不少学校以此为辱,担心一旦上报会影响学校的形象,便选择"静悄悄"地辞掉失范教师而不上报。这不仅会影响师德失范数据库数据的准确性,也会导致失范教师游离在惩罚与失范数据库之外,后续可能继续从事教师职业,从而对学生、教师职业造成负面影响。针对失范

事件不上报的情况,可用立法的形式强制学校等汇报教师失范行为,并对教育行业从业人员进行广泛宣传和大力培训,确保其清楚失范行为的特征,树立失范行为必须汇报的意识,并了解正确的汇报途径。

加拿大的安大略规定:用人单位一旦发现教师的职业失范行为并作出相应惩罚,就必须上报;一旦发现雇佣的教师或者以前雇佣的教师的违法犯罪行为涉及与未成年人相关的性行为或可能危及学生安全,用人单位必须立即进行书面汇报。

(五)国际组织推动跨区域师德规范制度化建设

国际上失范教师的流动给教师管理带来挑战。有研究指出,美国和加拿大之间教师的跨国流动,使得查询教师失范行为变得更加困难。近年来,不少国际组织如联合国教科文组织、欧洲理事会都致力于推动跨区域师德规范的制度化建设,如梳理现有师德规范、提炼师德失范行为处理要点、提供相关研究工具等。如联合国教科文组织的国际教育规划研究所于 2001 年开始"教育中的道德与腐败"项目,提倡教育行业的伦理。该机构整理了 55 个国家和地区的师德规范,形成《教师行为规范的设计和有效实施指南》,供尚未制定师德规范的国家和地区参考,同时总结分享各国师德规范使用经验、师德失范处理经验,协助已开发师德规范的国家优化本国师德规范。

四、我国师德失范案例库建设的基本走向

对国际师德失范案例库建设情况的梳理,既让我们对当下我国师德失范案例及处理体系进行深刻的思考,也为未来师德失范案例库的建设路径提供了基本走向。

(一)我国师德失范案例库现况与问题

近年来,我国加大师德警示教育力度,持续通报典型失范案例,强化警示震慑效果。2018 年以来,教育部公布了一系列教师违反职业行为准则的典型案例,截至 2021 年 11 月 30 日,已发布了 8 批典型案例,并针对高校、中小学、幼儿园等不同学段,汇编了警示教育案例共计 70 余个。此外,不少地区还开展了建设师德失范信息库的探索,如四川成都建立了师德失范信息库,已积累了一定的师德失范案例数据。

表 3.4　教育部公布的教师违反职业行为准则典型案例(部分)

发布时间	案例数量	失范行为类型
2019.04.03	4	学术不端、与学生发生不正当关系、有偿补课、违规收受家长礼品礼金
2019.07.31	6	侵占学生费用、学术不端、性骚扰学生、有偿补课、体罚学生、歧视学生
2019.12.05	8	体罚学生、性骚扰学生、收受礼品礼金、猥亵学生、性侵学生、猥亵幼童、违反教学纪律
2020.07.27	8	体罚幼儿、学术不端、虐待学生、猥亵学生、性侵学生、与学生发生不正当关系、性骚扰学生、受贿
2021.08.25	8	收受家长礼品礼金、有偿补课、虐待幼儿、发表错误言论、性骚扰、学术不端、与他人发生不正当关系
2021.11.30	8	有偿补课、参加家长宴请及违规收受礼品、体罚学生、谋取不正当利益、性骚扰学生、学术不端、与学生发生不正当关系、网上发表不正当言论

目前我国师德失范案例数据库建设主要存在以下问题。

其一,地方师德失范案例库初建,信息公开程度较低。

教师失范行为及其处理结果一般存入教师档案,不向社会公众公布。只有失范情节严重的,才会被录入地方师德失范案例库。成都市、镇江市等近年来都开始建设市级师德失范案例库,并尝试对接社会征信体系,但是不少地区尚未建立师德失范案例库,影响了警示震慑效果。

其二,国家师德失范案例库信息较为简略。

教育部公布的典型失范案例中,除少数公布失范教师姓名,大部分采取了匿名的形式,案例多为 100 到 300 字,主要陈述失范行为及最终处理决定,读者需额外搜索更多资料,才能了解案例涉及哪些具体的失范行为。这不利于教师建立起何种失范程度对应何种处罚的警示性理解。

其三,典型案例居多,缺乏大数据库。

我国对师德失范行为处理很严。教育部强调,各级教育行政管理部门和学校要对各类违规违纪问题发现一起,查处一起,查实一起,在当地警示教育一次。但是,目前我国公开的师德失范案例多为典型案例,缺少大数据库。

（二）我国师德失范案例库的建设走向

1. 梳理已有师德失范案例数据，构建师德失范行为处理标准化流程。

近年来，我国已积累了一定的师德失范案例数据。失范行为处理过程标准化，关系到案例库数据的一致性、准确性，关系到未来大数据库建设的稳定性。因此，全国性的师德失范案例库的建设，需对已有师德失范案例及其处理情况进行梳理、总结，统一失范行为的处理标准，避免同样的失范行为得到差距甚大的处理结果。另外还需建立标准化的失范行为处理流程，从而确保案例库数据的一致性、准确性。

2. 协同发挥师德失范案例库数据的育人价值。

近四十年来，关注解释现实生活经验、以问题为导向的师德案例教学法，促进教师相关师德知识和专业技能的发展，受到国内外师德培育领域的认可。正如美国学者舒尔曼指出的，案例教学的意义在于提供两类知识：案例知识和策略性知识。师德警示案例既包含案例知识——师德规范执行的难点和易错点、具体教育教学环境信息等，也包括策略性知识——解决冲突的智慧、处理教育教学中遇到的道德两难问题的方法，还包括有关失范行为会得到怎样处理的信息。

师德失范案例具备警示、震慑作用，各级地方政府还可以进一步协同一线教师、教师教育研究者等，结合我国师德规范、教师行为准则等，分主题、分学段、分类型地制作具体的师德规范实施指南，针对师德规范中的难点、易错点，结合失范案例展开警示教育。吸收一线教师就难点、易错点提出职业行为建议；邀请教师教育者展开师德失范案例伦理理论分析，并于教师教育学院、高校对职前教师、在职教师开展师德失范案例教学。由此形成基于师德失范案例数据的师德培育链。

3. 探索富有中国特色的师德失范处理问责制度。

尽管其他国家开展了较为深入的失范案例库建设、失范案例库数据使用等方面的探索，但是盎格鲁-撒克逊文化背景国家对师德失范行为的处理偏重个人主义，即主要针对教师个体，不对失范教师所在的组织进行处理。不少国家尽管已有立法要求上报失范行为，但是各级政策之间存在漏洞，仍然有不少学校不上报失范行为。

从组织学视角看，师德失范行为其实不仅仅是教师个体的行为，还涉及其工作单位。一方面，由于师德规范常常是由教师所在组织之外的机构制定的，组织内成员对外来规范的执行往往难以到位；另一方面，不同地区、类型、学段的学校有着完全不同的工作环境，师德规范的执行需要地区和学校加以指导和监督。

我国有关教师违反职业道德行为的处理办法,如《幼儿园教师违反职业道德行为处理办法》、《中小学教师违反职业道德行为处理办法(2018年修订)》等,不仅对失范教师本人进行处理,也视情节轻重对不履行或不正确履行师德师风建设管理职责的学校及教育主管部门进行处理。这种制度可压实地方教育行政部门、学校负责人的直接责任,为师德失范案例库数据建设提供保证,同时也能丰富师德失范案例库的失范处理层次。这些做法来自我国对师德失范行为处理的深入思考,对如何促使用人单位有效监督以落实师德规范等问题作出了回答,值得国际同行借鉴和持续探索。

本章案例教学建议

◆ 案例教学定位

本章主题为师德传统与规范,因此本章案例教学旨在帮助学习者了解师德传统、掌握教师职业伦理规定。

◆ 案例教学提问要点

可借鉴程序性知识教学,注重帮助学习者辨别正确的流程、步骤。为指导学习者作出伦理决策,本章案例教学提问主要形式如下:

案例中出现了哪些类型的问题?

这些问题违反了哪些教师职业伦理规范?

违反这些规范的行为会给教师、学校、学生等造成哪些负面影响?

案例中的教师、学校可以如何改进?

◆ 案例教学推荐活动

案例阅读,小组与班级讨论,搜集其他师德失范案例判例加以学习。

思考题

1. 试论两种师德传统的区别。

2. 阅读本章附件,比较它们与我国师德规范的差别。

3. 模仿"师德规范对我意味着什么?"的流程,开展一次师德规范学习和讨论。

相关教学资源

教育部教师工作司:《新时代师德规范》

教育部教师工作司:《"四史"学习教育资料汇编》

教育部教师工作司:《师德警示教育(一):违反高校教师职业行为十项准则典型案例》

教育部教师工作司:《师德警示教育(二):违反中小学教师职业行为十项准则典型案例》

教育部教师工作司:《师德警示教育(三):违反幼儿园教师职业行为十项准则典型案例》

教育部教师工作司:《师德优秀典型先进事迹》

主要参考文献

[1] 白雪.论我国师德规范的演进[J].教育与教学研究,2018,32(04):58-63.

[2] 曹嘉芮,郭晓林.师道重建何以可能？——从中西两种师道传统说起[J].枣庄学院学报,2020,37(01):139-144.

[3] 丁炜.从对教师的隐喻性陈述看教师形象之变迁[J].教育评论,2001(03):4-6.

[4] 杜钢.中国传统师德探原[J].教师发展研究,2020,4(04):118-124.

[5] 樊浩.中国伦理精神的历史建构[M].南京:江苏人民出版社.1992.

[6] 何东昌.中华人民共和国重要教育文献[M].海口:海南出版社,1998.

[7] 何宏勇.建国以来教师隐喻的历史考察(1949—2013)[D].上海:华东师范大学,2014.

[8] 贺春兰.家校关系:舆论诉求与回应建议——从舆论视野看我国家校关系的演进和趋势[J].教育科学研究,2019(07):26-28+47.

[9] 贾志扬,潘海桃.朱熹与白鹿洞书院的复兴(1179—1181)[J].湖南大学学报(社会科学版),2005,19(06):15-22.

[10] 荀况.荀子全译[M].蒋南华,罗书勤,杨寒清,注译.贵阳:贵州人民出版社,1995.

[11] 李霞.荀子教育思想及其现实意义新探[J].管子学刊,2004(04):36-38.

[12] 毛礼锐,沈灌群.中国教育通史(第一卷)[M].济南:山东教育出版社,1985.

[13] 毛泽东.毛泽东著作选读[M].北京:人民出版社,1986.

[14] 闵红.西周教育制度研究[D].上海:上海师范大学,2002.

[15] 潘懋元.大学教师发展与教育质量提升——在第四届高等教育质量国际学术研讨会上的发言[J].深圳大学学报(人文社会科学版),2007(01):23-26.

[16] 秦苗苗,曲建武.新中国成立70年师德建设回顾总结和展望[J].现代教育管理,2019(10):21-26.

[17] 沈璿.我国教师伦理规范的制度属性及其建构[M].北京:中国社会科学出版社,2015.

[18] 施克灿.新中国70年教师行为规范流变——基于政策文本的分析[J].教师发展研究,2019,3(02):9-13.

[19] 王建锋.孔子"仁爱"思想的伦理生境及其当代价值[J].中南民族大学学报(人文社会科学版),2012,32(03):88-91.

[20] 卫荣凡.高校教师师德自律研究[D].厦门:厦门大学,2007.

[21] 文正东.儒学变迁中的师生关系演变研究[D].上海:华东师范大学,2011.

[22] 赵俊杰,刘卫彬,韩凤英.先秦儒家师道观研究[J].河北师范大学学报(教育科学版),2006(04):35-39.

[23] 张婧,邢维全.中国传统师德理论的发展脉络[J].辽宁行政学院学报,2012,14(11):111-113.

[24] 朱水萍,尹建军.师德违规行为惩处的国际经验及启示[J].河北师范大学学报(教育科学版),2019,21(06):64-70.

[25] 舒尔曼.教师教育中的案例教学法[M].郅庭瑾,译.上海:华东师范大学出版社,2007.

[26] ABBOTT A. Professional Ethics [J]. American Journal of Sociology, 1983,88(05):855-885.

[27] APGAR K P. Teacher Ethics Code Violations that Result in Licensure or Certification Sanctions [D]. Portland:University of Portland, 2018.

[28] BACKOF J, MARTIN JR C L. Historical Perspectives:Development of the Codes of Ethics in the Legal, Medical and Accounting Professions [J]. Journal of Business Ethics, 1991,10(02):99-110.

[29] CARR D. Moral Values and the Teacher:Beyond the Paternal and the Permissive

[J]. Journal of Philosophy of Education, 1993,27(02):193-207.

[30] ROBERT C E, THOMPSON D P. Educator Sexual Misconduct and Texas Educator Discipline Database Construction [J]. Journal of Child Sexual Abuse, 2019, 28 (01):7-25.

[31] Connecticut State Department of Education. Connecticut's Teacher Education and Mentoring Program: Ethical and Professional Dilemmas for Educators [EB/OL]. (2015 - 01) [2022 - 02 - 10]. https://portal. ct. gov/-/media/SDE/TEAM/ Module_5_Facilitator_Guide_January_2015. pdf? la=en.

[32] MACINTYRE A, DUNNE J. Alasdair MacIntyre on Education: In Dialogue with Joseph Dunne [J]. Journal of Philosophy of Education, 2002,36(01):1-19.

[33] GRANT B-J, HEINECKE W. K - 12 School Employee Sexual Abuse and Misconduct: An Examination of Policy Effectiveness [J]. Journal of Child Sexual Abuse, 2019,28(02):200-221.

[34] Government Accountability Office. K-12 Education: Selected Cases of Public and Private Schools that Hired or Retained Individuals with Histories of Sexual Misconduct [EB/OL]. (2010 - 12 - 08) [2022 - 02 - 10]. http://www. gao. gov/products/ GAO-11-200.

[35] HARRINGTON H L, GARRISON J W. Cases as Shared Inquiry: A Dialogical Model of Teacher Preparation [J]. American Educational Research Journal, 1992,29(04): 715-735.

[36] KLIEBARD H M. Curriculum Theory as Metaphor [J]. Theory into Practice, 1983, 21(01):11-17.

[37] MACCORMAC E R. A Cognitive Theory of Metaphor [M]. Cambridge, MA: MIT Press, 1990.

[38] MOORE M. Revocation or Suspension of Teaching Certificates [D]. Tuscaloosa: The University of Alabama, 2016.

[39] Ontario College of Teachers. Ontario College of Teachers Act [EB/OL]. (2022 - 01 - 01) [2022 - 03 - 10]. https://www. ontario. ca/laws/statute/96o12.

[40] POISSON M. Guidelines for the Design and Effective Use of Teacher Codes of

Conduct [R]. Paris: International Institute for Educational Planning 7 - 9 rue Eugène Delacroix, 2009.

[41] SHAPIRA-LISHCHINSKY O. A Multinational Study of Teachers' Codes of Ethics: Attitudes of Educational Leaders [J]. NASSP Bulletin 2020,104(01):5 - 19.

[42] VAN NULAND S. Teacher Codes: Learning from Experience [M]. Paris: International Institute for Educational Planning, 2009.

[43] Teaching Regulation Agency. Teacher Misconduct: Disciplinary Procedures for the Teaching Profession [EB/OL]. (2020 - 05 - 20)[2022 - 02 - 26]. https://assets. publishing. service. gov. uk/government/uploads/system/uploads/attachment_data/ file/886210/Teacher_misconduct_Disciplinary_Procedures_for_the_teaching_ profession. pdf.

附录3.1 联合国教科文组织师德规范实施情况调查问卷

第一部分 一般信息

1. 校名:_____

2. 学段:_____

3. 任教时间:

( )少于1年 ( )1—5年 ( )6—10年 ( )多于10年

4. 目前岗位职责:

( )教学 ( )学校管理 ( )教学和管理

5. 是否为校长:_____

6. 性别:_____

7. 年龄:_____

8. 最高学历:_____

9. 职称:_____

10. 是否为农村学校:_____

第二部分　规范感知

1. 教育伦理问题涉及很多领域,且严重程度不同。在你看来,以下行为失范程度如何? 请勾选。

事件	非常严重失范	严重失范	轻微失范	没有失范
滥用人力资源管理权利				
使用假学历文凭				
教职员工无故缺席				
教师歧视学生(入学、升学、考试等场合)				
教师特别优待一些学生(入学、升学、考试等场合)				
非法收取学校费用				
教师私自收取费用				
身体或语言暴力				
性骚扰				
使用毒品/酒精				
滥用督学权利				
泄露机密信息				
与同事、学生人际关系差				
与学校其他职员人际关系差				
与家长和社区人际关系差				
其他(请具体说明):				

2. 上表行为中,你认为哪些会给教育质量带来严重的负面后果:

　　_____

3. 在师德规范设计过程中,你或你的同事是否有被咨询:_____

4. 如果曾被咨询,咨询方式是:

(　　)信件　　　(　　)新媒体(网络、电子问卷、博客等)　(　　)工作坊

(　　)教师工会　(　　)其他方法,请说明:_____

第三部分　规范实施

1. 你是否容易获得师德规范的文本：_____

2. 对从事教师职业的人来说,规范对处理工作伦理两难的情况帮助如何：

（　　）非常有帮助

（　　）有帮助

（　　）没有帮助

（　　）根本没有帮助

其他评价：_____

3. 你或你的同事是否接受过师德规范相关培训：_____

4. 你觉得规范容易理解吗：_____

5. 如果你觉得规范不容易理解,请加以说明：_____

6. 你对投诉失范行为机制的熟悉情况如何：

（　　）非常熟悉　　　　（　　）不熟悉　　　　（　　）根本不熟悉

7. 你觉得失范行为投诉被认真对待了吗：

（　　）非常认真　　　　（　　）不认真　　　　（　　）根本不认真

8. 你觉得规范执行的情况如何：

（　　）非常认真执行　　（　　）不认真执行　　（　　）根本不认真执行

9. 请简要介绍你认为规范没有得到认真执行的主要原因：

_____

第四部分　规范的影响

1. 师德规范推出前后,是否给教师职业行为带来了影响：

显著积极影响　　　（　　）是　　　（　　）否

有限的积极影响　　（　　）是　　　（　　）否

几乎没有影响　　　（　　）是　　　（　　）否

负面影响　　　　　（　　）是　　　（　　）否

请补充评论：

_____

2. 勾选你对如下陈述的看法：

规范实施以来	非常同意	同意	不同意	非常不同意
增进了人力资源管理部门的透明度和公平度				
使用假文凭、证书现象减少				
教职员工无故缺席现象减少				
歧视学生（入学、升学、考试等场合）现象减少				
教师特别优待一些学生（入学、升学、考试等场合）现象减少				
非法收取学校费用现象减少或消失				
教师私自收取费用现象减少				
身体或语言暴力减少				
性骚扰问题消失				
使用毒品/酒精现象减少				
滥用督学权利现象减少				
管理不当、挪用公款现象减少				
学校物资滥用、滥买现象减少				
泄露机密信息现象减少				
教师与同事、学生人际关系得到改进				
教师与学校其他职员人际关系得到改进				
教师与家长和社区人际关系得到改进				
其他（请具体说明）：				

3. 其他评论：

第四章 师德动机:师德涵养的内生动力

受教师专业化浪潮影响,中小学教师道德日益成为全球教师教育、教育政策中备受关注的议题。就师德内涵、师德培育途径、师德现况、师德规范建设等方面,国内外理论界展开了深入的分析、研究。然而,在师德培育、规范建设的背后,教师的师德动机发挥着不小的作用,是师德涵养的内生动力。因此,动机是师德研究绕不过去的一个重要议题。国外相关研究对师德素养的调研,往往是通过教师动机、情感的调研展开的。在我国,从人们对教师的期望,到成文的师德规范,都对教师的动机作出要求,并视之为师德的重要成分。本章就教师的动机、师德及两者的关系,分入职前、入职后两个阶段展开讨论。

第一节 职前教师从教动机与师德

一、案例及相关评论

公费师范生陈俊

陈俊是一所师范院校的本科生,如果学业顺利,明年夏天他就能毕业,回西部的故乡做一名教师,履行其公费师范生的协议。但是想到已经毕业留在东部工作的女友,还有东部地区较高的收入,陈俊常常摇摆:是回故乡还是不回呢?

提问:针对陈俊的苦恼,你有哪些建议呢?结合你的人生体验,谈谈哪些因素影响了职前教师的从教动机。

对于上述案例,学员常见的评论有两类。第一类,关注点在公费师范生协议上,认为陈俊既然已经签署了协议,就应该履行相应义务,不可为个人利益而破坏规则。即使希望留在东部地区工作,也可以先完成协议规定的服务期,再离开西部的故乡。第二类,关注个体的发展与变化,表示或许陈俊当初选择报考公费师范生的确是想回故乡做老师,但是经过大学四年,他的想法、生活都发生了很大的变化,想重新作选择也是可以理解的。

在谈及职前教师的从教动机时,职业收入、社会地位、职业稳定性、家庭支持、求学经历等都被不少学员列为影响职前教师从教动机的因素。这诸多因素是如何互动,使我们作出"成为一名教师"的决定,并不断激励我们成为好老师的呢?

本节先介绍师德涵养的动机维度、国内外职前教师免费教育的传统与背景,再介绍国际职前教师从教动机与师德的相关研究。

二、师德涵养的动机维度:职业认同、进入动机和工作动机

从道德教育的角度看,师德可以是一系列教师职业伦理规范,可以是道德两难冲突中教师的道德敏锐性、行动力和反思力,也可以是逐层发展至最后内化为性格的一套价值观念。在日常生活中,我们看到细微处春风化雨的教师,看到重要关头勇于担当、可歌可泣的教师,但是我们的眼睛可曾看到教师的学习与成长?没有人不需要学习就能成为教师,也没有人不需要学习就自动内化了社会对教师的道德期望。

既然师德的成长是一个学习的过程,那么我们就来谈谈师德的动机维度。动机在学习过程中,发挥着重要的作用,它是吸引个体开始学习并持之以恒的动力来源。动机常见的含义是让人们行动、做些什么的力量。弗洛伊德(Sigmund Freud)说,动机是人类行为的内在力量,由体现心理能力的力量构成。就教师的师德学习而言,动机可以粗略地分为两类:第一类,进入动机,即从教动机;第二类,工作动机。这两类动机常常与教师职业认同相提并论,它们三者是什么样的关系呢?

首先,教师职业认同是一个哲学、心理学、社会学、教育学等多学科都在探索的概念,它让教师知道"我是谁"、"我应该做什么",从而指导自己的职业生涯。汉纳(Fadie Hanna)等在分析了2000—2018年间14个不同国家的教师职业认同研究之后,发现教师职业认同主要包括六个方面:第一,自我形象(self-image);第二,动机(motivation);第三,承诺(commitment);第四,自我效能感(self-efficacy);第五,任务知

觉(task perception);第六,职业满意度(job satisfaction)。可以说,动机本身就是职业认同的一个重要要素。

苏亚雷斯(Valentina Suarez)和麦格拉斯(Jason McGrath)梳理了教师职业认同的发展模型,见图4.1。他们指出,教师职业认同动态发展,既会和教育系统环境、学校环境互动,也受教师职业发展项目的结构和所提供的支持等影响。教师职业认同会影响教师的行为和态度,影响学生的学习成就。教师职业认同对教师行为和态度的影响主要体现在以下几个方面:教师职业奉献、教师留任、终身学习、教学质量。

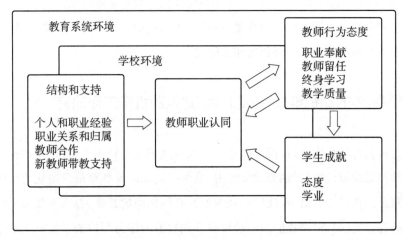

图 4.1　教师职业认同发展模型

大家可还记得,当年为何选择教师这一职业?时光倒流,一幕幕浮现在我们的眼前:自己从小的志向,父母老师的极力推荐,升学考试的成绩,师范专业的学费减免……"吸引"二字呼之欲出,但是它和师德、师德成长又有什么关系?其实,师德的学习、成长,并不只发生在一个人正式成为(准)教师之时。或许,早在尚未入学的年纪,孩子们就从父母邻居对教师尊敬、友好的语气中体会一二;或许,在学生时代,大家就在与自己的老师朝夕相处中,从正面或反面体会了师德的含义。这一切,构成了教师从教动机中的社会化影响。

教师的工作动机,也叫维持动机,即教师坚守岗位的动机,对它的研究借鉴了学生学习动机研究,侧重于分析教师在工作中看重什么及其原因。我们谈教师,较多从奉献角度展开,但在奉献的背后,还有很多职业的快乐和收获。师德的动机维度,不仅解释了师德和选择这一职业的关系,更能长久地帮我们辨别工作中的快乐和收获,从而使我们不断重复相关动作,探索、促成自己的师德成长。回忆工作中的快乐和收获,我们可能会想起学生考试取得的进步、比赛获得的优异成绩、家长真挚的感谢、同事认可的目光,甚至毕业临别的伤感,这些给了我们不断前进、努力的动力。就像2019年春天上映的电影《老师·好》中,面对一群调皮的学生,老师在管理和教学中,何尝没有体会到快乐和收获。

师德像花园中的鲜花,而动机之于师德,就像土壤之于鲜花。尊师重道的土壤,会吸引人们投身教育,而土壤中的甘美与快乐,吸引鲜花扎根、不断探索,开出更多更美的花。

三、我国免费师范教育传统

在我国,爱岗敬业一直以来都是教师职业道德规范的重要内容。应如何培养职前教师,以使其乐于从教并具备爱岗敬业这一师德素养呢? 在制度建设上,我国一直有师范教育学费减免的政策,以吸引并鼓励职前教师从教。

1897年上海南洋公学师范院创立,标志着现代师范教育制度被引入我国。南洋公学实行"廪膳、膏火"制度,"不取修缮",对所有学生免收学杂费并发放津贴。1902年,京师大学堂开办师范馆,这是我国近代最早提供高等师范教育的学校,该校也为所有学生免除学费、住宿费、伙食费和杂费。

1904年,清朝实行癸卯学制,制定了《奏定初级师范学堂章程》和《奏定优级师范学堂章程》,规定"师范学生无庸纳费",但师范生毕业后需要服务教育事业一定的年限:"由官费毕业者,本科生六年,简易科生三年;由私费毕业者,本科生三年,简易科生二年。此年限内,不准私自应聘他往并营谋他事。"在服务期满之后,对那些愿意继续担任教师的毕业生,政府还会给予一定奖励。初级师范毕业生在履行完义务后,可以凭其意愿进入更高一级的师范学堂或高等学堂继续深造。对不愿履行应尽义务者,政府勒令其缴纳学习期间所有学费以示惩戒。可以说,在我国师范教育制度确立之初,就形成了师范生享受免费教育并于毕业之后至少从教数年的做法。

民国时期,初级师范学堂被改为师范学校,继承了师范生免收学费的传统。师范生毕业后,在学校的服务期限为三年到五年之间。1922—1931年间,曾经中断过师范生免费教育，导致合格师资锐减。因此，1933 年 3 月颁布的《师范学校规程》规定：师范学校学生一律免收学费。师范毕业生按照修业年限加倍计算义务服务年限，违者追缴学膳费。

1949 年中华人民共和国成立，师范教育免费的传统也被保留下来。《师范学校暂行规程》规定：师范学校学生一律享受人民助学金；师范学校毕业生，至少服务教育工作三年。"人民助学金制"创立于 1952 年 9 月，师范生除免缴学杂、住宿等费用外，高师本科生每人每月可享受 14 元助学金，中师生每人每月可享受 10 元助学金。

改革开放以来，随着师范教育由封闭走向开放，人民助学金被调整为奖学金，以资助师范生，其金额并不足以覆盖学生在校期间的全部生活费用。1997 年开始，大多数师范院校开始征收部分学费。

2007 年，我国在六所部属师范院校——北京师范大学、华东师范大学、东北师范大学、华中师范大学、陕西师范大学和西南大学——实施"免费师范生政策"。免费师范生在校学习期间免除学费，免缴住宿费，并获生活费补助。所需经费由中央财政安排。免费师范生入学前与学校和生源所在地省级教育行政部门签订协议，承诺毕业后从事中小学教育 10 年以上。到城镇学校工作的免费师范毕业生，应先到农村义务教育阶段学校任教 2 年。国家鼓励免费师范毕业生长期从教、终身从教。

2018 年"免费师范生"改为"公费师范生"。国家在六所教育部直属师范院校面向师范专业本科生实行由中央财政承担其在校期间学费、住宿费并给予生活费补助的培养管理制度。接受师范生公费教育的学生（以下简称"公费师范生"）由部属师范院校按照《师范生公费教育协议书》进行教育培养，在校学习期间和毕业后须按照有关协议约定，履行相应的责任和义务。公费师范生毕业后一般回生源所在省份中小学任教，并承诺从事中小学教育工作 6 年以上。到城镇学校工作的公费师范生，应到农村义务教育阶段学校任教服务至少 1 年。国家鼓励公费师范生长期从教、终身从教。

我国师范教育的免费政策，在一定程度上吸引了优秀青年加入职前教师群体，并在制度上保证了师范毕业生的从教年限。

四、国际教师教育资助措施

其他国家和地区也有不少资助教师教育的措施，来增强教师从教动机、留任动机。

受儒家文化影响的亚洲国家和地区普遍重视教育,并把教育看成个人发展、社会阶层流动的基础,因而教师有相对较高的社会地位。如新加坡,71%的教师认为教师职业是自己的首选。再如韩国,65%的教师认为教师职业是自己的首选。其他参与"教师教学国际调查"(TALIS)的国家的平均水平是26%。

新加坡给职前教师和在职教师提供优厚的报酬,以提升教师素质、增强从教动机。新加坡使用"优中选优"的方式选择师范生。例如南洋理工大学的国立教育学院,其筛选步骤如下:基于国立教育学院的考试分数选择候选人。新加坡教育部面试每个候选人,评估他们的沟通技能、对教师职业的兴趣、从教目标和动力,以及终身学习的潜力。通过面试的候选人需要到一线学校做一段时间教师工作,之后才能正式就读国立教育学院的职前教师教育项目,以此确保候选人具备教师的潜在素质和从教意愿。在一线学校工作不合格的候选人,将不能进入师范教育项目。进入国立教育学院职前教师教育项目的人,会得到学费减免的优惠,每年能收到大约3万到5万美元的工资及其他资助,如书费、笔记本电脑费等。职前教师毕业后,需要依据所学科目从事教师职业3—5年不等。新教师的起始工资非常具有吸引力,可同会计、工程师等职业相比。教师还有额外的福利,如享受医疗、牙科服务等。此外,新加坡政府很关心在职教师的职业发展和职业满意度,鼓励教师走上这三种职业发展道路——教学人才、学校领导、高级专家。

欧美国家从20世纪80年代开始探索师范教育资助政策,以增强教师从教动机,减少教师流失。20世纪八九十年代,美国各州预算削减,教育学院资源减少,问责要求日渐增加,因而出现了大学之外的替代性教师资格项目,不少项目向学习者提供一定的奖学金或者工资,要求学习者毕业后留在当地任教三年,较为典型的替代性教师资格项目有"为美国而教"(Teach for America)、"接力棒"(Relay)等。美国多州允许此类项目培养初任教师,服务于缺少教师的学科(如科学、数学)和薄弱学校。如城市教师驻留项目提倡在贫困地区、学业成绩差的学校开展驻留项目。该项目结合各区域学校的科目、教师个人背景需求,招募有色人种教师、科学或数学学科教师等。

这些驻留项目的参与者在指导教师的带领下,一边在学校开展教学,一边在晚上和假期修读教师教育类课程,一般需三年左右完成学业并获得教师资格证书。替代性教师资格项目已经成为美国教师教育的重要力量,美国国家教育统计中心估计,自20世纪80年代到2010年,25万余人通过此类替代性项目获取教师资格证,占初任教师的三分之一左右。替代性教师资格项目帮助了很多难以参加传统收费教师教育项目的人成为教师,因此吸引了许多与传统高校教师教育生源不同的学生,使更多男性、有色人种、有其他工作经历的人成为基础教育教师。

其他欧美国家不仅开发了替代性教师资格项目,让职前教师以边工作边获得收入的方式完成学业,也直接给予职前教师资助,比如芬兰职前教师的费用全部由政府资助,职前教师还会收到工资或者奖金,澳大利亚的大学每年也会免收部分职前教师的学费。

五、国际职前教师从教动机研究

不少国家在近三十多年遇到了新教师离职率高的问题,由此开始了职前教师从教动机研究,向我们提供了分析职前教师从教动机的一些角度。

研究发现职前教师主要从教动机受以下因素影响:

内在因素(intrinsic factors):对职业的兴趣、对学科的兴趣等对职前教师从教选择的影响最大。小学阶段职前教师较其他学段教师更儿童中心,中学阶段职前教师则更学科中心。

利他原因(altruistic reasons):服务社会、贡献社会、服务下一代等,也是影响职前教师从教的重要原因。少数民族教师更可能出于扭转社会不公这样的动机而从教。

外在原因(extrinsic reasons):如工作稳定、工作时间、地位等,这些因素较内在因素和利他原因对个体从教的影响为小,但是对改行再从教的人来说,这些外在原因较有吸引力。

次选职业(fallback career):不少职前教师选择其他职业失败,最后做了教师。

教学能力(teaching ability):个人对自己的教学等能力有自信也是职前教师从教的原因。

先前教学经验(prior teaching and learning experience):个人学生生涯的学习体验,也会对职前教师的从教动机产生影响。

先前从教经历(prior experience as teachers):比如家教、志愿教学服务等工作对从教动机有积极影响。

家庭成员影响(influence of family members):家庭成员的态度会影响从教动机。

社会文化影响（socio-cultural influences）:社会文化观念对从教动机也有影响。

上述影响因素中的内在因素、利他原因等,和我国师德规范的内容有部分交叉,如爱岗敬业、热爱学生、服务社会等。上述因素是如何影响职前教师从教决定的呢? 不同社会文化中职前教师的从教动机是否可以进行比较? 海兹(Manuela Heinz)2015年对有关职前教师从教动机的英文文献进行了梳理,发现尽管现有研究辨别了动机类别,但是不同国家和地区的研究对这些动机的重视程度不同,由于研究方法、研究工具存在差异,对此无法进行跨国比较,仅能提供概览(见表4.1)。

表4.1　英文文献中的职前教师从教动机类别

从教动机类别	较多报道该类别的国家和地区
内在因素最影响职前教师从教动机	美国、澳大利亚、爱尔兰、加勒比地区、斯洛文尼亚、中国、英国、马来西亚、土耳其、德国、挪威、加拿大、阿曼、中国香港
对学科的兴趣最影响职前教师从教动机	英国、爱尔兰、澳大利亚、葡萄牙、瑞典
利他原因被认为是影响从教决定的重要因素	澳大利亚、加勒比地区、美国、英国、爱尔兰、斯洛文尼亚、马来西亚、土耳其、德国、挪威、加拿大、葡萄牙、瑞典、中国香港、土耳其
小学教师更儿童中心,并视其为从业重要考虑因素	美国、英国
少数民族职前教师更关注社会不平等,并视其为从业重要考虑因素	美国
外在原因常被认为是从教决定的影响因素,但程度不及内在因素和利他原因	澳大利亚、加勒比地区、美国、英国、爱尔兰、斯洛文尼亚、土耳其、德国、挪威、加拿大
对改行从事教师行业者来说,教学职业的时间弹性有助于其承担家庭责任是重要考虑因素	澳大利亚、英国
外在原因被认为是从教决定的重要影响因素	文莱、中国、津巴布韦、马来西亚、牙买加、土耳其、马拉维
教师职业被视为次选职业	文莱、中国、阿曼、土耳其、马拉维
教师职业被作为一种跳板	马拉维
自信于教学能力	美国、英国、澳大利亚、斯洛文尼亚、马来西亚、爱尔兰、加拿大、阿曼
先前教学经验有助于作出从教决定	美国、澳大利亚、英国、爱尔兰

从教动机类别	较多报道该类别的国家和地区
教学经验如家教、二外教师等经历有助于作出从教决定	英国、爱尔兰
家庭成员的影响	文莱、中国、美国、爱尔兰、英国、阿曼、瑞典、葡萄牙、土耳其
社会文化影响,如宗教、性别等促成从教动机	阿曼
其他人的影响对从教动机影响不显著	澳大利亚、爱尔兰、斯洛文尼亚、马来西亚、英国、挪威、德国

各项研究的调查对象及使用的研究工具存在较大的差距,如附录4.1所示。我们可以发现,国外职前教师的从教动机研究,对动机类型的辨别已经较为成熟,也在研究中对较有影响的因素如内在因素、利他原因、外在原因等达成了相应的共识。澳大利亚的学者沃特(Helen M. G. Watt)和理查德森(Paul W. Richardson)自2001年开始探索适用于职前教师从教动机的量化分析框架"职前教师从教动机影响因素模型"(FIT-Choice Scale,简称FIT-Choice),并于2006年开发成功,此模型被陆续用于国际比较研究,成为目前国际上职前教师从教动机研究较为常见的工具。

FIT-Choice模型借鉴了心理学等领域的相关理论,如自我决定理论(Self-Determination Theory,简称SDT)。后者辨别了三种工作动机类型,其自我决定程度由高到低分别为内在动机、外在动机和无动机。FIT-Choice模型认为,影响职前教师从教动机的因素存在如下两类:其一为动机类因素,如社会化影响、个体的自我感知、价值判断(内在价值、个人实用价值、社会实用价值)和备选职业考虑;其二为职业感知,如教师职业的任务要求和回报、选择成为教师的满意度。该模型对相关职前教师从教动机影响因素研究成果加以吸收,如外在动机在FIT-Choice中被称为个人实用价值,利他原因在FIT-Choice中被称为社会实用价值等。这个模型在中国等东方国家和欧美国家进行了实证研究,其适用性已得到广泛认可。

FIT-Choice调查问卷的问题可分为两类。其一是动机类题目,覆盖了社会化影响、自我感知、内在价值等方面。沃特和理查德森开发了如下题目,要求答题者赋分1到7分,1分代表根本不重要,7代表非常重要:

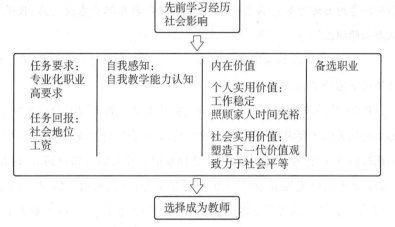

图 4.2　职前教师从教动机影响因素模型

自我感知:我有成为好教师的素质;我的教学技能很好;教学职业适合我的能力。

内在价值:我对教学有兴趣;我喜欢教学。

个人实用价值:职业安全(教书能提供稳定的职业发展途径;教书能提供可靠的收入;教师是一个安全的职业);照顾家人(教师职业让我有更多的时间照顾家人;教师的工作时长能让我更好地承担家庭责任;学校有假期,能让我更好地照顾家人)。

社会实用价值:培养下一代的价值观(教书给我培养下一代价值观的机会;教书给我影响下一代的机会);促进社会公平(教师职业让我有机会帮助社会弱势群体向上流动;教师对社会作出了重大的贡献;教师职业让我有机会回报社会)。

儿童中心:我喜欢和孩子一起工作;我喜欢以孩子为中心的工作环境。

先前教学经验:我有很积极的先前学习体验。

社会影响:我的朋友觉得我能成为好老师;我的父母觉得我能成为好老师;和我共事过的人觉得我能成为好老师。

其二是教师职业认知题,要求答题者对题目符合实际情况的程度作出回应:

任务要求:职业期望(教书要求很高的专业水平;教书要求很多的专业知识);高要求(教师工作任务重;教学对情感投入的要求高;教师工作累)。

任务回报:社会地位(教师被认为是职业人士;教师社会地位高;教师受人尊重;教

师受到社会的尊重;教师自己觉得受到尊重);工资(教师收入还可以;教师收入高);社会劝阻(有人曾经劝我放弃教职而从事其他行业;有人对我说过教书不是好职业;有其他人影响我考虑其他行业);满意度(我对自己选择教师职业感到满意;我很高兴自己即将从事教师职业)。

备选职业:我不清楚我想从事哪个职业;我想从事的职业没有选择我;我在没有其他选择的情况下选择了教师职业。

总之,目前国外的职前教师从教动机研究将从教动机影响因素分成多种类型,其中和师德紧密相关的主要因素如下:社会化影响,如社会的尊师重教氛围、以往学习经历留下的积极影响等;任务要求和回报,如教师职业的社会地位和待遇等;内在价值,如个体对教师职业的热爱程度、对学生的喜爱情况等;社会实用价值,如追求公平公正、乐于培养下一代的价值观等。可以说,师德和动机紧密融合,从面上涵盖了社会对教师职业的态度和重视情况,涉及个体成长过程中受到的教师影响,体现个体对服务社会、培育价值观的热忱程度,以及个体对教师职业、工作内容和对象的感情深浅。

第二节　我国职前教师从教动机与师德

一、案例及相关评论

网红乡村留守教师

9月开学的第一天,22岁的家辰因为"为了照顾爷爷奶奶回村小做教师"的话题,登上了抖音视频热榜的第一名。

家辰来自农村,在爷爷奶奶的照顾下长大,后来考上大学,成为公费师范生。家辰因给爷爷奶奶拍婚纱照、放弃高薪工作回乡做教师而在网络上走红,拥有百万粉丝。在村小任教的他,悉心照顾学生、帮助学生,并在业余时间为乡村小学争取各类捐赠。

家辰说:作为公费师范生,接受了国家的培养和教育,现在到了反哺家乡的时候了。使用短视频记录乡村教育的真实状态,可以让更多人关注乡村教育。接受高等教育不是为了摆脱贫困的家乡,而是为了帮助家乡摆脱贫困。

提问:请各小组表演对家辰老师的访谈,访谈问题如下:接受了高等教育,为何还要回到贫困的家乡?为何放弃高薪工作,做一名乡村教师?你对教师拍短视频当"网红"这一现象怎么看?

本案例采取了"案例+角色扮演"的方法。在课堂教学中,各组学员在搜索乡村教师的资料之后,模拟记者访谈、家人对话,向"家辰"老师提问,扮演"家辰"老师的学员则尽量思考应答。这借鉴了教育戏剧中的热门座位教学法,即一名学生扮演某个角色,其他学生向他提问。

采取"案例+角色扮演"的方法,是考虑到了本案例的功能和教学目标。本案例主人公是一个接近职前教师年龄的正面榜样,可用于培育职前教师的职业认同,特别是对职业的奉献。单纯地展示正面榜样,虽能达到吸引职前教师、鼓励他们欣赏榜样人物美德的目的,却难以让他们将美德内化。因此采用体验式角色扮演方式,职前教师搜集资料、撰写台词并加以表演,有助于加深榜样人物的影响。

从职业社会化的角度来看,职前教师的职业认同、从教动机呈现动态发展的特点,需要加以培养。"职业社会化"可以理解为职前教师获得教师必备知识、技能、态度,从而成为教师职业群体成员的过程。斯台腾-斯派塞(Ann Q. Staton-Spicer)和戴林-哈蒙德(Linda Darling-Hammond)辨别了教师职业社会化的两要素:第一,职业学习,职前教师学习教师这个职业需要的技术和知识,并形成从教意愿,愿意成为教师群体的一部分。第二,组织社会化,在这个过程中,个体达到了职业相关的价值观、规范和行为要求,从而成为组织的一员。富勒(Frances Fuller)和博文(Oliver Bown)指出,一般来说职前教师需要经历如下阶段才能完成教师职业社会化:仍然认为自己是学生而不是老师的阶段;开始考虑如何在一线教学中生存并放弃原先不切实际的幻想的阶段;关注自己的教学表现但很少想到学生及其学习过程的阶段;更关注学生和学生需求的阶段。

教师教育可以从这几个方面培养职前教师的职业认同:在学科类和通识类课程、教育心理学及教学法课程中,使师范生掌握教师职业必备的知识和技能,进行职业学习;通过教师教育者言传身教、开展课外活动和教育实践,培养师范生相关职业态度、情感,完成组织社会化。

二、我国职前教师职业认同与从教动机相关研究

自 2005 年开始,我国师范生的职业认同、从教动机渐渐受到关注。2010 年以来,相关研究进一步增加。这和 2007 年初温家宝总理在政府工作报告中提出"在教育部直属师范大学实行师范生免费教育,建立相应的制度"有关。师范生,特别是免费师范生,其职业价值观、职业认同情况如何?

梳理近十多年来职前教师从教动机、职业认同研究发现:一方面,学者进行调查工具的开发,如 2010 年王鑫强等进行了师范生职业认同感量表的初步编制;另一方面,学术界使用各种测量工具,开展了一系列实证研究,如 2010 年封子奇等的《免费师范生教师职业认同及其影响因素研究》、2011 年张燕等的《免费师范生的教师职业认同与学习动机及学业成就的关系研究》、2016 年张晓辉等的《教师支持对免费师范生教学效能感和教师职业认同的影响》、2021 年王家锋等的《全科免费师范生从教信念调查——以重庆师范大学为例》等。

这些探索逐渐厘清了我国师范生教师职业认同的内涵,一般涉及职业价值认同、职业发展意愿、职业准备行为三个方面。职业价值认同是最核心的内容,是后二者的重要驱动力。相关研究认为,教师职业认同是个体对与教学有关的活动、知识、信念和态度的表达,是个体对教师职业相关经验和价值进行持续的解释、再解释并获得意义的过程。教师职业认同是教师职业生活的核心组织要素,在很大程度上影响或决定了教师的离职、留任、职业承诺、生涯决策及职业化发展过程。职业认同是社会认同的一个层面,个体对职业的认同源于职业群体成员对职业群体的积极认同,而这种积极认同是通过与其他社会群体作比较获得的。国家重视教师,教师社会地位和薪酬待遇提高,会吸引更多年轻人从事教师职业。

近十年来的师范生职业认同、师范生从教动机研究注重实证研究,较多采用调查问卷等工具开展数据搜集,不少研究使用自编问卷。调查的规模受研究资源的影响,较多为区域性的个别高校师范生调查,样本大多在 100 到 1 000 人之间。不少研究聚焦免费师范生群体展开职业认同、从教动机的研究。已有研究指出师范生职业认同基础较薄弱,并辨别出如下影响师范生职业认同和从教动机的因素:在职教师的社会地位、师范院校的教育理念、师范院校教师队伍的职业素养,师范生的个人背景如先前学

习经验、重要他人、年级、性别、生源地、户籍、家庭收入、主修科目、是否有教育实践经历等。

2012年左右，FIT-Choice开始被陆续用于中国职前教师从教动机分析。如宋萑等（2018）使用该模型，对12省（市、自治区）3万多名师范生进行问卷调查，分析数据后得出结论：多数师范生愿意从教，但其中部分师范生未把从教作为第一职业选择；女生、师范院校学生和高年级师范生从教意愿相对较强烈；师范生普遍认可教师教育对其专业素养的增进作用，且师范院校学生对此的认可度高于综合院校学生；专业理念增进对师范生从教意愿有显著正向影响；教学满意度对师范生从教意愿存在显著正向影响，但师范生对课程和教学的满意度不高。

郭方涛等（2018）使用FIT-Choice模型，选择五年制专科院校、三年制专科院校、本科院校各1所共548名学前教育师范生为研究对象，调查其从教动机、职业认识和职业选择满意度，发现：其职业认识与职业选择满意度的平均值高于师范生整体平均水平，但从教动机的平均值最低，且低于整体平均水平；在从教动机各因素中，社会效用价值因素的动机作用最强，备选职业因素的动机作用最弱，内在价值、个人效用价值、自我效能感的动机作用偏弱；学前教育师范生普遍认为教师职业是一种专业要求高、职业压力大、社会地位及工资水平较低的职业；从教动机、职业认识与职业选择满意度显著相关。

相关研究提出如下建议：教师教育要由知识本位、能力本位，转变为关注教师的职业生命，加速教师职业社会化和专业化发展，提供教育培训和外部环境支持。加强教师情感、意志、性格等方面的教育训练，培养善于反思的自律精神，培养积极享受的健康心理和良好的个性品质。可向师范生提供优秀的师德榜样，增进师范生对教师职业的认同、对教师职业积极的态度和情感体验，还应该鼓励师范生从低年级开始就积极参加各种教学实践类活动，培养教学技能，以便更加全面地了解教师这一职业。

三、我国职前教师职业认同与从教动机相关政策

2021年，教育部印发了《学前教育专业师范生教师职业能力标准（试行）》《小学教育专业师范生教师职业能力标准（试行）》《中学教育专业师范生教师职业能力标准（试行）》《特殊教育专业师范生教师职业能力标准（试行）》《中等职业教育专业

师范生教师职业能力标准（试行）》，对职前教师的师德践行能力提出如下要求：遵守师德规范，包括理想信念、立德树人、师德准则等方面的要求；涵养教育情怀，包括职业认同、关爱学生、用心从教、自身修养方面的要求。

相关标准中涉及师范生动机的主要是职业认同和用心从教这两方面。职业认同主要包括两点：第一，具有家国情怀，乐于从教，热爱教育事业。认同教师工作的价值在于传播知识、传播思想、传播真理，塑造灵魂、塑造生命、塑造新人。了解本学段教师的职业特征。在中小学阶段，理解教师是学生学习的促进者与学生成长的引路人，创造条件帮助学生自主发展。在学前阶段，理解教师是幼儿学习与发展的支持者、合作者、引导者，创造条件激发幼儿好奇心、求知欲，积极引领幼儿行为，帮助幼儿自主发展。第二，领会本学段教育对学生发展的价值和意义，认同促进学生全面而有个性地发展等理念。用心从教指树立爱岗敬业精神，在教育实践中能够认真履行教育教学职责与班主任工作职责，积极钻研，富有爱心、责任心，工作细心、耐心。

此外，国家对师范生职业认同、从教动机的培养也提出了具体的建议。如《教师教育振兴行动计划（2018—2022年）》中提出，可"将教书育人楷模、一线优秀教师校长请进课堂，采取组织公益支教、志愿服务等方式，着力培育师范生的教师职业认同和社会责任感"，"每年利用教师节后一周时间开展'师德活动周'活动"。

2018年《教育部关于实施卓越教师培养计划2.0的意见》指出，可"通过实施导师制、书院制等形式，建立师生学习、生活和成长共同体，充分发挥导师在学生品德提升、学业进步和人生规划方面的作用"，"通过开展实习支教、邀请名师名校长与师范生对话交流等形式，切实培养师范生的职业认同和社会责任感"。

四、职前教师从教动机培育和提升方法

（一）系统反思从教动机谈话法

本方法适用于两种类型的职前教师。第一类，刚刚高中毕业进入大学的低年级师范生。部分学生年龄较小，在高中阶段忙于准备高考，在家长等的引导下未经独立思考而选择师范专业，对教师职业的了解和认识不深，有的甚至是在高考出分后，在家长、亲友等的建议下，匆忙完成师范志愿填报，职业认识相当薄弱。第二类，本科不是师范专业，考研进入了教育硕士专业，对教师职业了解不多，甚至面临跨学科适应的困

难。对这两类职前教师,可以开展系统反思从教动机谈话法,并根据谈话的结果,有针对性地给予帮助和辅导,以提升职前教师的从教动机。

可依照 FIT-Choice 模型,设计如下问题,与职前教师就从教动机组织谈话、小组讨论,促进学生梳理自己的从教动机并进行深入思考。

表4.2 职前教师从教动机反思提问表

因　素	题　目
社会影响/社会、个人实用价值	你当时为何想读师范/教育硕士?
	以往教过你的老师,对你产生了哪些影响?
	你如何看待社会上关于教师的一些负面报道,包括一些师德失范现象? 对你做老师有哪些启示?
职业认识(任务与回报)	结合你的学习成长经历,你是怎么看待教师职业的? 有哪些变化?
	你以前的同学选了哪些职业? 和这些职业相比,你觉得教师职业怎么样?
教学能力	你如何评价自己的教学能力? 大学期间计划如何提高?
	你觉得师范大学的课程、活动,对你成为一名好教师有帮助吗? 具体是哪些帮助? 如果没有,为什么?
备选职业	毕业后,你考虑换职业吗?
	新高考背景下,你对自己未来就业的预期是什么?

首先,从社会影响及个人、社会实用价值方面,帮助学生系统回忆自己选择教师职业的初心,回忆自己十多年来接触过的老师,甚至对照社会上一些教师的负面表现,梳理自己的从教动机。

其次,通过纵向和横向对比,如回顾自己从小到大对教师职业认识的变化,对比自己以前同学的职业选择等,促进学生全面思考,从而客观认识教师职业及自己的职业认识一定会发生变化这一现实。

再次,不少职前教师在接受教师教育过程中,对自己的教学能力了解不多,或者尚需挖掘自己的教学能力,因此,对从事教师职业有一定的疑虑。直接引导职前教师反思自己的教学能力、思考增强教学能力的办法,也有助于职前教师形成更坚定的从教动机。

最后,尽管部分学生对从事教师职业产生过动摇,但往往是浅层的动摇,通过师生谈话、小组讨论,学生有机会听到建议、鼓励和同龄人的心声,有利于提升从教动机。

(二)师德两难情境讨论法

本方法适用于即将开展或已经开展教育见习、教育实习的师范生、教育硕士。任何职业都会有其具有挑战性的地方,教师职业也不例外。可在职前教师即将奔赴见习、实习职位前,开展一段时间的师德两难情境讨论教学,结合一线教学中常见的师德两难情境展开讨论,帮助学生熟悉教学环境中的突发情况,了解现实教学工作的复杂性、多样性,并学会运用分析框架进行思考和分析,为后续进入实习阶段、走上工作岗位打下基础。

可使用下述师德两难情境题(也可结合学生需求继续开发新的情境),答题者在代入情境之后,可就如何应对展开观点分享和讨论。针对不同的两难情境,拥有不同学习经验的职前教师会分享自己以往观察到的不同的处理方式。如:第一题,给学生打分 59、59+1 或者 60 及以上;第二题,停下讲课来解决开小差的问题,眼神示意并于课后询问;第三题,了解情况以协调师生关系,直接与科任老师交涉。通过分享,职前教师将了解更多元的处理方法。此外,在分析处理原因时,答题者常常会说出处理复杂问题的时候内心最坚持的师德,如关心学生、坚持真相、强调公平等,从而反思自己内心最看重的价值观,对情境、师德、教师职业形成更立体的看法,在进入真实教育情境时,不会因为遇到两难情境不知如何处理而影响从教动机。

表 4.3 师德两难情境题目及测试要点

考察角度	题目		
	场景	如何应对	为什么
师生关系(一对一)	1. 一名常不及格的学生,这次期末考试卷面成绩 59 分。		
师生关系(一对多)	2. 课上开小差的同学影响教学。		
师生关系(多对多)	3. 科任老师无故批评、伤害你班上的学生。		
家校关系	4. 家长批评你的教学方法。		
师师关系(涉及学生)	5. 你是实习教师,监考时发现有学生作弊,巡考老师暗示你不要作声,因为该生是其亲戚。		

此外,针对已经开展教育见习、教育实习的职前教师群体,可以安排师德两难工作

日志记录,请进入中小学实习的职前教师记录自己看到的、遇到的师德两难情境,反馈给高校教师教育工作者。师生围绕这些案例展开讨论,帮助职前教师正确认识、应对困难,提升职业认同和工作动机。

(三)教育戏剧法

该方法既可用于师范院校开展教育戏剧活动,也适用于"师德修养"等教师教育相关课程的课堂教学。教育戏剧法能利用感性教学,提供沉浸式体验、榜样教育、两难决策模拟等,提升教师的职业认同、从教动机。

随着我国美育工作的推进,教育戏剧进一步发展。英美的教育戏剧于上个世纪80年代被介绍到我国,对我国产生了不少影响。近年来,高等院校开始了校园剧实践探索,并在教师培养中使用戏剧教学等。

教育戏剧法,如李维(Jonathan Levy)总结的,具备如下特点:对话的力量;重复的力量;记忆的力量——通过记忆,用表演唤起情感;表演道德教学就是"长脚的道德课",道德两难情境得到凸显,其余无关的部分被压缩、略过;训练面对两难情境的道德推理和道德决策能力;模仿美德人物——演员表演、观众观看,沉浸在美德故事中;内在/外在原则,即如果一个人能掌握外在的一些美德要求,那么内在的美德很快就随之而来——若能够热情地演出,那么就会收获热情这个美德。

华东师范大学近年来在职前教师师德培养方面进行创新性探索。不少院系形成剧社,剧社成员以教育戏剧为载体,开展教育戏剧活动,进行戏剧工坊的师训实践,编演系列原创戏剧,提升职业认同、从教动机。

例如华东师范大学教师教育学院历年编演《大国良师》,一般包括如下步骤:

第一步,采风。剧社成员前往学校采风,对教师、教师亲友开展访谈,听课,参观学校博物馆等,深入了解不同年龄层次优秀教师的经历、生活和教育理念。

第二步,剧本创作。在剧本创作的过程中,职前教师会通过设计道德冲突性场景,呈现戏剧主角师德的魅力和教育教学中的魄力、勇气,致敬师德榜样。此外,职前教师还会创作另一类师德两难场景,来反思师德理想和年轻一代教师师德实践之间的差异。一方面,年轻一代教师(包括职前教师)在其成长过程中,耳闻目睹了伟大的奉献型师德榜样的故事;另一方面,年轻教师成长于富裕的年代,备受家庭的呵护,在新入职场的时候,又经历着社会和时代变化所带来的冲击,如更具有挑战性的家校关系、经济发达地区和落后地区教师收入差异等。年轻教师会在创作中融入他们的思考。一位曾经参与教育戏剧活动的职前教师表示：

……（《大国良师之灿若繁星》中）三兄弟在讨论自己未来教育的出路。写的时候是很有困惑的，因为我们不是上海本地人，所以当时也创作了一些外地老师的角色。这里的困惑就是，到底是留在上海，还是去外地。我们也确实把自己的困惑写在了剧本中：是在上海教书，还是去深圳教书？

第三步，排练演出。师德榜样引领教师职业生涯。在教育戏剧中扮演美德人物的职前教师在表演过程中，反复练习台词、记忆故事，体会美德人物给他们带来的巨大震撼。比如2019年华东师范大学《大国良师之陶行知》一剧中陶行知的扮演者回忆说，自己在戏剧表演中受到极大的震撼，坚定了自己的从教决心。

教育戏剧社会形成师德学习共同体。在排练、表演的整个过程中，教育戏剧剧社成员分工合作，为共同的理想而努力，展现戏剧主人公的师德之美。戏剧指导教师的言行、付出都看在职前教师的眼里，能给职前教师树立良好的榜样。

除了依托高校各院系的戏剧社，教育戏剧也可以作为一种教学法运用于教师教育课程中，以提升职前教师对职业的认识。

可以通过展现师德案例片段，采用教育戏剧法，组织职前教师体验，从而提升职业认同。例如，本节开头的案例就使用了教育戏剧法的热门座位法，促使职前教师追问榜样教师的从教动机，从而开展榜样教育，提升职前教师的职业认同。以下是教育戏剧法的几种常见策略：

热门座位（Hot Seating）：一人扮演某个角色（历史人物、虚拟人物），坐在"热门座位"（比如在讲台上摆放一张椅子）上，其余学生可以向他/她提问。

冰冻画框（Freeze Frame）：用静态画面分析独特的事件片段。由学生重现人物某一刻的状态。演员的身体姿势需要学生仔细考虑，要能重现人物想法和情绪。

良心小巷（Conscience Alley）：分析危机状况、道德两难情境中的人物内心，来探索决策的复杂性。学生们面对面站成两排，构成"小巷"。一个学生扮演戏剧中的人物，走过"小巷"，旁边的同学说出角色的内心想法，可以支持也可以反对他/她即将作出的决定。扮演戏剧人物的学生走完"小巷"后再作出决定。

论坛剧场（Forum Theatre）：一小群学生演出某一个片段，其余学生扮演导演，向演出的学生提出不同的意见，比如做出不同的动作、说不同的台词等，从而对片段作出不同的解读。

（四）书院制第二课堂

书院制教育创新了人才培养模式,可为师范生职业认同、从教动机培育提供丰富的第二课堂教学活动。如华东师范大学 2007 年创建孟宪承书院,以培养"适教、乐教、善教"的优秀教师和未来教育家为目标,提升师范生培养质量。孟宪承书院与专业院系分工、协作。第一课堂的专业学习由专业院系负责(如思想政治教育由马克思主义学院负责),第二课堂活动主要由书院负责,为学生创造与院系互补的社区化学习生活环境。

孟宪承书院推行导师制,导师团队由人生发展导师、学生导师、辅导员、校外导师、兼职班主任等组成。人生发展导师一般为专业院系的老师,每周与学生展开面对面交流,进行辅导;学生导师一般是高年级优秀学子,对低年级学生进行朋辈指导;辅导员向学生提供指导和服务;校外导师一般为一线中小学优秀教师,不定期为学生开设专题讲座等。导师与学生在书院亲密互动,形成学习共同体,充分发挥导师在学生品德提升、学业进步和人生规划等方面的作用。

孟宪承书院举办丰富的第二课堂活动,丰富师范生的社会、教学实践,培养师范生的职业认同和社会责任感,如教师户外暴走授课、教师技能大赛、职业生涯规划大赛、学导风采大赛、师生午餐会、社区文化节、科创通识研修班、微公益、孟院讲堂、卓培计划、青马工程等特色活动。以下为孟宪承书院第二课堂师德涵养部分精品项目:

4月、9月　致敬孟宪承老校长

通过清明节、教师节的致敬孟宪承老校长活动,使学生感悟教育的传承和责任。

5月　书院榜样

通过孟宪承书院表彰系列等活动,加强书院学子的榜样引领作用。

6月　毕业生座谈会

通过毕业生座谈会,帮助学生梳理从教信念,为成为卓越教师而努力前行。

全年　大师与师道

通过观影研讨、实地寻访等,打造贴近学生的"大师与师道"教育活动。

第三节 国际教师素养调查中的在职教师工作动机与师德

在职教师的爱岗敬业程度,教师的职业动机、情感、态度等,是国外在职教师调查研究的重要对象。本节以近年来在国际上影响比较大的 4 个教师素养调查(NTPS、PISA、TALIS、TKS)为对象,分析目前国际教师素养调查涉及的在职教师工作动机与师德状况。

一、国际教师素养调查:NTPS、PISA、TALIS、TKS

"全国教师和校长调查"(National Teacher and Principal Survey, NTPS)诞生的时间比较早,1987 年由美国国家教育统计中心实行。当时的名称为"学校与师资调查"(Schools and Staffing Survey, SASS)。由于美国教师流动、短缺等问题,SASS 一方面设置纵向跟踪的项目,追踪上一年参加 SASS 的教师第二年的工作情况,另一方面调查教师的任教班级情况、教育背景、教学技能证书和训练、专业发展、工作条件、学校氛围与同事态度、就业信息等。2011 年后,美国国家教育统计中心把 SASS 改名为 NTPS,以突出对教师和校长这两类对象素养的调查。

经济合作与发展组织(OECD)在其始于 2000 年的"国际学生评估项目"(Programme for International Student Assessment, PISA)中设置教师问卷,针对学校的外部因素、教师专业知识、教师专业发展能力、教师动机、教学实践能力、专业协作能力、家长合作等维度对教师进行调查。

2013—2014 年,OECD 专门开发了针对教师素养的调查,对全球 36 个国家和地区开展"教师教学国际调查"(Teaching and Learning International Survey, TALIS),分为教师版与校长版。教师版问卷主要涉及教师的职业发展、教师反馈、教学情况、班级教学、学校氛围和职业满意度、流动性等维度。

2016 年,OECD 进一步推出"教师知识调查"(Teacher Knowledge Survey, TKS)。试点调查涉及 5 个国家,爱沙尼亚、希腊、匈牙利、以色列和斯洛伐克。2018 年起,OECD 扩大了 TKS 的调查范围,并在调查在职、职前教师的基础上,增加了对教师教育者的调查。其测评框架凸显以下 3 个测评维度:教师一般教学知识,即独立于学科之外的、有助于促进有效教学和为所有学生营造学习氛围的专门知识;教师学习机会;教师动机和情感素养。

这 4 个国际教师素养调查,在设计思路上主要围绕教师职业发展的 3 个关键阶段,即入职前、任教之初、在职发展,开展相关信息的搜集,涵盖了职前资格准备情况,任教之初遇到的困难(适应学校、任务、角色)和得到的专业发展支持(如是否分配带教老师),在教学中与学校、任教班级、家长的互动,以及这 3 个主要阶段教师的教学动机和满意度等。

二、国际教师素养调查中的师德动机调查

NTPS、PISA、TALIS 这三个调查中,一部分题目关注师生关系中的师德情况:教师的班级管理、学生评估、特殊学生的教学和管理能力、师生冲突和应对能力等。这些师德调查题目,零散分布于教师职业认同、教师专业发展项目的结构和支持、教师行为和态度等调查教师职业认同的几个维度中,涉及教师专业发展(职前学习、任教过程、在职学习)、教学动机、工作学校环境等情况的调查。

表4.4 国际教师素养调查涉及的师德动机调查

	TALIS 2018	PISA 2018
教师职业认同		
自我效能感	涉及	涉及
工作满意度	涉及	涉及
价值观和信仰		涉及
动机	涉及	
教师专业发展项目的结构和支持		
职前教师培训	涉及	涉及
职业发展	涉及	涉及
新教师培训	涉及	涉及
带教指导反馈	涉及	
教师合作	涉及	

	TALIS 2018	PISA 2018
学校氛围	涉及	
教师行为态度		
教学实践	涉及	
平等与多元	涉及	涉及
全球挑战的应对		涉及
阅读鼓励		涉及
教学工具使用	涉及	涉及
评价学生学习	涉及	涉及
反馈学生	涉及	涉及

例如,TALIS 在教师职业发展维度设置了一些师德调查项目,了解教师评估学生、管理班级、教育特殊学生等能力。这些题目在其他维度,如工作学校环境等,也重复出现。

在过去的 12 个月里,你参加过如下职业发展活动吗? 它们给你的教学带来哪些正面影响?

- 学生评估
- 学生行为和班级管理
- 针对特殊学生提供相适当的教学方法
- 向学生提供指导和咨询

关于评估学生是否只看考试表现,PISA 教师问卷中设置了较多问题跟进教师对学生成绩的看法。比如:

你会使用哪些方法在期末考试中给学生打分?

- 我会考虑学生开学以来的学习表现。
- 如果学生进步不大,我也会考虑学生付出的努力。
- 我会比较学生上个学期和这个学期的表现决定。
- 我会结合标准化考试的成绩打分。

当然,也有一些题目会涉及师生冲突,比如 NTPS 调查问卷中设置如下题目:

7-7a 你任教学校的学生是否曾经威胁要伤害你?

7-7b　过去的 12 个月里,你任教学校的学生是否曾经威胁要伤害你?

7-7c　过去的 12 个月里,你任教学校里有多少学生曾威胁要伤害你?

NTPS、PISA、TALIS 这三个调查中,还有一部分题目关注学校师德氛围、教师爱岗敬业情况,较多出现在学校环境、教师动机及态度等测试维度。

比如,TALIS 在学校氛围维度设置如下题目调查师德:

请告知你对如下句子的赞同程度。

- 我任教学校的学生和教师之间的关系非常融洽。
- 本校大部分教师相信学生健康成长是最重要的。
- 本校大部分教师关心学生。
- 本校任何一名学生如果需要帮助,学校都会提供帮助。

TALIS 在教学动机维度设置如下题目调查师德:

请告知你对如下句子的赞同程度。

- 做教师的好处比坏处多。
- 如果让我再作一次选择,我还是会选择做教师。
- 如果有机会,我想换一所学校。
- 我非常后悔做了老师。
- 我很喜欢在这所学校工作。
- 我有的时候会想,选其他的职业会不会比做教师好。
- 我觉得我的学校是一个好的工作地方。
- 我觉得社会尊重教师。
- 我对自己在学校的表现还是比较满意的。
- 总之,我很满意我的工作。

最近实施的 TKS 和上述国际教师素养调查相比,师德调查项目在数量上有较大幅度的增加。TKS 维度中的教师动机和情感素养维度着重调查师德,其视角也不局限于师生关系中的师德情况、学校师德氛围和教师爱岗敬业情况,而是把教师动机和情感素养细分为 6 个二级维度,每个二级维度又细分为数个三级指标,以期比较全面和深入地了解师德情况(见表 4.5)。

表 4.5　TKS 教师动机和情感素养维度六个子维度

二级维度	三级指标	二级维度	三级指标
自我效能感	学生参与	自我责任感	学生动机
	教学策略		学生成就
	课堂管理		师生关系
	学生学习		教学质量
教学动机	能力	教学热忱	计划持久性
	内在职业价值观		愿意付出个人时间
	外在职业价值观		对专业发展有兴趣
	社会职业价值观		
内在定向	教学热情	目标定向	教师的社会目标

表 4.5 中的三级指标除了"教学策略"和"学生学习",几乎全部指向师德,其对应的问卷题目举例如下:

【自我效能感:学生参与】你能在多大程度上帮助学生学习价值观?

【自我效能感:课堂管理】你能在多大程度上引导学生遵守课堂纪律?

【教学动机:能力】我具备成为一名好教师的素质。

【教学动机:内在职业价值观】我热爱教学。

【教学动机:社会职业价值观】教师职业给了我影响下一代的机会。

【内在定向:教学热情】我对教学很有热情。

【自我责任感:学生动机】如果我的学生对我教的内容不感兴趣,我会觉得我有责任。

【自我责任感:学生成就】如果我的学生学习成绩不佳,我会觉得我负有很大的责任。

【自我责任感:师生关系】如果我的学生遇到困难,却因不信任我而不向我求助,我会觉得我有责任。

【自我责任感:教学质量】教学需要因学生的情况及时调整。

【教学热忱:计划持久性】你觉得你会坚持做教师多久?

【教学热忱:愿意付出个人时间】你愿意把你的个人时间花费在帮助学生、和家长沟通上吗?

【目标定向:教师的社会目标】我做教师的主要目的就是要让孩子知道我在意他们。

三、国际教师素养调查中师德动机调查部分的问题

分析国际教师素养调查中的师德调查,我们可以发现,目前国外特别是欧美国家教师数量不足、流失情况严重。因此,国际教师素养调查比较关注教师的教学动机,即教师的职业热情、责任感、耐心水平等师德,但是师德包含的范围较广,国际教师素养调查在未来需要拓宽、平衡其覆盖的师德德目广度并形成体系。尽管师德领域逐渐受到更多的关注,但是仍然主要附属于教师动机、教师情感等领域,没有成为独立的教师素养调查领域,影响了师德调查的系统性和广度。

另外,国际教师素养调查主要采用了量化问卷数据搜集方式,比如 PISA 教师版问卷、TALIS、NTPS 主要使用李克特 4 级量表,TKS 使用李克特 7 级量表。这一方法便于统计、分析和进行跨国比较,但是在调查师德方面,存在数据搜集工具不足的问题。研究发现,日常教学中充满道德两难问题,教师既服务于学生,又服务于社会,两者的利益时有矛盾。奥瑟指出,道德两难问题难倒教师的并不是美德的缺乏,而是如何同时平衡公正、关怀和实事求是等道德原则。因此,教师道德两难问题的解决能力,往往不能通过李克特等级量表来检测。

尽管目前国际教师素养调查对师德项目增加了关注,但是受以往欧美教师教育传统影响,仍过于强调教学技术、知识教育,对师德调查,特别是对师德两难问题处理能力的调查,需要进一步加大关注。欧美教师教育体系中师德教育的缺失也给开展深入的师德调查带来了挑战。为提升师德敏感性,出现了两难案例集教学等新颖的尝试。两难案例主要来自现实案例(加以虚拟处理),给读者(教师)展示道德两难情境,让教师作出决策并反思自己的决策过程,以提升自己的师德敏感性和判断力。欧美学者指出,欧美教师教育体系中严重缺乏系统性的、显性的师德教育课程,而欧美各国制定的教师伦理规范等,仅仅对师德作出了底线规定,无法对教师处理日常教学中的师德相关议题给予充分的支持、指导,也无法给国际教师素养调查中对师德的深入调研提供方向。

四、小结

在讨论这些国际教师素养调查给我国的启示之前需要指出,事实上,我国部分地区和城市已经加入了 TALIS、PISA 等调查研究。因此,这一部分的讨论其实是参照国际教师素养调查中的师德调查,来思考我国教师教学动机可以如何提升,以及我国的研究可以给国际教师素养调查带来哪些独特的贡献。

我国有着悠久的尊师重教传统。一方面,我国师德体系较为完善和独立,在参与国际师德调研或者与国外进行比较的时候,需要注意国内外相关术语的转化。比如国际教师素养调查主要从班级管理、教师动机、教师态度等维度来测量师德,而我国师德具有非常显性的特征,清楚地从教师和国家、党,教师和学生,教师和家长,教师和教师,教师和自己等维度提出要求。事实上,国际教师素养调查关注的师德栏目较为隐性和微观,但是仍可以一一对应我国师德。比如,教师的教学动机对应我国的爱岗敬业,教学责任对应教书育人。另一方面,在参与国际教师素养调查的同时,我们需要明确,目前一些国际师德调查主要基于欧美当下遇到的困难和挑战进行设计,而我国尊师重教的传统对教师的从教动机、教学热情、教学责任都有着积极的影响。因此,我们在条件允许的情况下,需要在问卷中增加我国教师当下常见的困难、挑战,以更全面地参与国际调查,反映我国的实际情况。

第四节　在职教师工作动机与师德

一、案例及相关评论

雅倩的新班级

雅倩是一名年轻的新教师,教学努力、用心。上个学期,她教的 2 个平行班的期末考试学科成绩是全校最好的,她非常高兴,觉得付出有了回报。寒假过半,雅倩接到学校的通知,下学期她被调去教其他几个班级(那几个班级纪律出名地差),原本用心带出的 2 个班级由一名老教师接手。雅倩回忆起上学期起早摸黑,自己饭都顾不得吃就给学生讲题,也回忆起平时经过另几个班级见到的混乱情形……

不听课的大学生们

王艳是一门本科生公共课的任教老师。尽管她认真备课、上课,但是在她的课上,仍然有不少学生睡觉、玩手机,抬头听老师讲课的学生寥寥无几。王艳老师觉得自己在唱独角戏,非常沮丧。

提问:第一个案例中的雅倩该怎么办?第二个案例中的王艳老师该怎么办?为什么?

对于案例一,相关的评论主要从两个角度展开。一类评论担心这样的安排会削弱雅倩的工作动机,引起消极心理,还担心雅倩难以适应新班级的教学和管理,毕竟她还是一名新教师。另一类评论则比较积极,指出学校的安排是对雅倩教学能力的认可,雅倩也可放宽心,与同行交流带班教学经验,从而快速成长。

对于案例二,相关的评论主要关注如下问题:为何学生不听课?老师可以进行哪些改进?老师是否还有其他的困境?不少学员指出,教师需要分析原因:学生跟不上课程,所以消极放弃?课程考核管理过松,学生学习动力不足?教师的教学过于枯燥,方法形式单一?分析出原因后,可以对症下药。也有学员提到,在目前重视科研的大氛围下,大学老师在教学上付出精力有所减少,需要利用大学师德规范、晋升制度等对教师的教学态度加以引导。

二、在职教师教学动机相关研究

教师的教学动机,以入职的时刻为分界,可以分为入职前的从教动机和入职后的爱岗敬业动机。自20世纪90年代以来,在职教师的教学动机研究备受学界关注。较有代表性的假设是教师动机和学生学习动机、教学改革实施等的正向关系。

工作动机理论,最早出现在管理研究领域,备受雇佣者和被雇佣者的关注。1947年,泰勒(Frederick W. Taylor)把劳动者描述成理性经济人,指出其工作动机受工资收入水平影响。1949年,梅奥(George Elton Mayo)发现工人快下班的时候工作会慢下来,因此提出增加额外的休息来提升工人的工作效率。20世纪50年代,工作动机理论聚焦人际关系和人类需求对提升工人动机的影响。如马斯洛(Abraham H. Maslow)

提出了需求层次理论,工作可满足基础生理需求和安全需求,而创造性的工作则可以满足更高层次的需求。与此同时,赫茨伯格(Fredrick Herzberg)等开创了工作动机两因素理论:因素一,削弱工作动机的消极因素,如工资、地位、安全、政策和管理、工作环境、人际关系等。因素二,增强工作动机的积极因素,如成就、认可、责任、成长、更高水平的任务等。后者常常成为工作的内在动力因素,其他的则为外在动力因素。

在职教师教学动机研究主要涉及如下主题:教学动机影响因素、教师动机和教学效果、教师动机和学生动机的关系、教师动机研究工具开发。教学动机影响因素研究辨别了影响因素类型及学生对教师动机的影响。教师动机和教学效果研究辨别了教师教学目标,并预测教师的教学时间、教学风格等。教师动机和学生动机的关系研究发现,教师主要通过鼓励策略影响学生学习动机,教师风格如支持型或者控制型对学生的内在动机有较明显的影响。教学目标定向模型等教师动机研究工具也得到了开发和应用。

韩佳颖和尹弘飙对职前和在职教师教学动机影响因素进行了梳理,如表 4.6 所示。

表 4.6 职前教师和在职教师教学动机影响因素

职前教师	在 职 教 师	
动力因素	动力因素	消极因素
个人特点	个人特点	工作环境(压力、管理不佳、教学重复等)
教学学段	教师自主权	教师自主权
利他价值观	职业因素(职业投入、职业发展等)	
内在价值(教学能力、期待、责任感等)	工作环境(领导、工作关系、机构支持)	
外在价值(社会地位、职业稳定性、时间灵活性等)	内在价值(自我评价、智力因素等)	
先前学习教学经验	外在价值(经济利益、家人和社会影响等)	外在价值(工资状况、研究机会、学生态度行为)
社会文化背景		
工作环境(领导、权威)		

三、在职教师教学动机研究模型及工具：个体维度的教学目标定向模型

近年来,教学目标定向(Goal-Orientation of Teaching, GOT)模型从 5 个角度介绍了教师工作目标定向:掌握型(掌握专业知识、技能)、能力展示型(展现超越他人的教学能力)、能力回避型(避免展现不如他人的教学能力)、工作回避型(尽可能轻松省力地完成工作)、形成亲密关怀师生关系型。

巴特勒(Ruth Butler)为 GOT 模型开发了问卷,要求答题者打分(1 分 = 根本不同意,5 分 = 完全同意):

发生以下事情,我特别高兴:

- 我因为比同事能力更突出而受到表扬。
- 我的班级比其他班级考得好。
- 校长认为我是最好的教师之一。
- 我的课准备得最好。
- 我学会了新东西。
- 我的学生让我有了更努力学习探索的念头。
- 学生的提问让我思考。
- 我看到自己的教学比以往更好。
- 校长没有批评我教学能力差。
- 我的班级没有比其他班级考得差。
- 我的班级没有落后太多。
- 我不需要备课。
- 我不需要太努力就能完成备课。
- 我不需要批改作业。
- 一些教学活动因为学生的校外活动而被取消了。
- 建立亲密的师生关系非常重要。
- 师生关系发展是教学中非常重要的一个部分。
- 关心学生是教学的重要任务。

结合 GOT 模型分析本节雅倩的案例,我们可以注意到,雅倩老师在能力展示型目

标上获得了成绩,她的教学取得了良好的效果。此外,在上个学期的工作中,她在带教班级上投入了大量的精力和心血,我们能猜到雅倩与同学们应该也建立了非常紧密的关系。因此,这位老师收获了两个方面的工作成就感。教学岗位的调动冲击了雅倩在这两个方面的教学满足感,而且雅倩的新班级纪律较差,冲击了教师对未来实现工作目标的自信。结合 GOT 模型,我们能推测一位教师在其职业生涯某一个片段的爱岗敬业状况。

四、在职教师教学动机研究模型及工具:组织学视角的教师动机调查工具

除了针对个体教师的教学目标定向模型,也有不少研究从学校组织等更宏观的角度来分析在职教师工作动机。如霍依(Wayne Hoy)与米斯克尔(Cecil Miskel)认为,教师动机与士气由岗位理性、认同感和归属感组成,每个要素都在提升动机和士气上发挥了重要的作用,缺一不可。布里翁(Sarah A. Brion)进一步结合个人需求、角色期待和机构等 3 个方面,阐述岗位理性、认同感和归属感的互动(见图 4.3):结合马斯洛的需求层次理论,个人需求可分为生理需求如获得食物和衣服、安全需求如得到保障、社交需求如获得人际友谊、尊重需求和自我实现需求。教师若能在个人基本需求得到满足的情况下,基于自己工作职位的角色期待,设法满足其他人的需求,来达到自我实现

图 4.3　布里翁在职教师动机模型

目标,便会对所在单位产生归属感。反之,如果教师的基本需求没有得到满足,则会削弱其归属感和奉献欲望。岗位理性是指教师对自己岗位职责与机构(学校)整体工作目标关系的理解,不局限于理解自己的个体岗位职责。

从组织角度理解和调查在职教师的动机,有普渡教师意见调查表(The Purdue Teacher Opinionnaire)、组织健康调查量表(Organization Health Inventory)等工具。前者调查教师对工作和谐度、工作量、工资、工作整体满意度、教师职业地位、社区支持、课程等方面的意见,后者涉及对组织健康相关领域 10 组关系的调查。布里翁结合上述调查工具,设计李克特 5 级量表,以期了解教师的岗位理性、归属感和认同感。部分调

查题目举例如下：

岗位理性

- 我最重要的任务就是帮助学生准备标准化考试。
- 我的学校允许我把我认为非常重要的内容教给学生。
- 国家/州的标准化考试非常重要。
- 当我学生的成功和失败被拿来和其他学校学生相比的时候，我觉得沮丧。
- 我的学校会向学生提供一些大学先修课程。

认同感

- 一旦我想到一些教育理念，我就会加以调整，以确保和学校的教育理念相符合。
- 我校对我提出的要求和学校的整体使命是一致的。
- 我对学校的使命很认可。
- 在我校，有效教学是得到认可的。
- 在我校，我觉得我是被需要的。

归属感

- 在我的学校，我很清楚我的学生需要学习什么。
- 我担心我的岗位会被砍掉。
- 教师是一个很有回报的职业。
- 在我校，我有足够的时间来教授我觉得重要的内容。
- 我的工作给了我足够的工资。

第五节　师德发展动力机制与培育途径

一、案例及相关评论

一辈子学做老师

1951 年，于漪从复旦大学教育系毕业。她工作后，最初教历史，后来转岗教语文。她一开始的语文课并不成功。"b、p、m、f 不认识，汉语语法没学过。"语文教学的大门在哪里？

于漪不服输。"那时候,我每晚9点前工作,9点后学习,两三年下来,把中学语文教师该具备的语法、修辞、逻辑知识,该具备的文、史、哲知识,该了解的中外名家名著都过了一遍。"为了摸索教学的门道,于漪常站在窗户外"偷师"别的老师。"每天早上走一刻钟的路,我就在脑子里'过电影',这堂课怎么开头、怎么铺展开来、怎样形成高潮、怎样结尾。"从宿舍到学校的路上,于漪不知多少次边走边琢磨。

靠下苦功夫,"不入门"的于漪成为行家里手。1977年,电视里直播了一堂于漪执教的语文课《海燕》,人们争睹她上课的风采。现在,已经耄耋之年的她依然活跃在语文教学改革的第一线。她深爱着学生,痴迷着语文教学。"我做了一辈子教师,但一辈子还在学做教师!"她用这样的话语不断地鞭策自己,也勉励着更多的青年教师。

提问:使用在职教师工作动机理论,分析案例中的于漪老师,可以发现她的哪些工作动机? 于漪老师的工作动机如何影响她的师德? 这对我们有哪些启发?

学员常使用 GOT 模型进行分析,指出于漪老师凸显了掌握型目标定向,她从语文门外汉,通过不断钻研成为语文教学的能手。也有学员指出,于漪老师有理性的岗位理解,尽管她是教育学专业毕业的,但是面对学校安排的教历史、教语文的任务,她积极钻研新的岗位要求,努力提升自己。从这个案例中,可以看到内在的工作动机促成了于漪老师爱岗敬业、终身学习等师德行为和态度表现。

动机和师德紧密相连,互相影响。因此,国内外诞生了不少测量教师动机以了解师德的测量工具。动机对教师的师德发展具体起什么样的作用呢? 以下将介绍师德发展的动力机制与培育途径。

美德是可以教的吗? 道德是可以学的吗? 师德的养成无法回避这些质疑。

要回答这类问题,我们不得不回到 20 世纪 60 年代,克拉斯沃尔(David R. Krathwohl)出版了《教育目标分类学Ⅱ:情感领域》一书。该书按照"从简单到复杂"、"从具体到抽象"、"从外部控制到内部控制"、"从有意识到无意识"的特征(即内化),进行了五个等级的目标细分,讨论了人类情感领域的五个主要教育目标类别:注意(开始接受信息)、反应(积极参与相关活动)、价值化(接受价值标准)、组织(克服不同价值的差异)、价值体系的性格化。后两个等级的学习难度较大,因为在人们注意到特定的价值观、给予其积极参与的反应并加以初步接受之后,人们原有的价值观与新接受的价值观需要进行重新组织,甚至有可能发生冲突。人们需要处理两者之间可能存在的一些矛盾,整合成一致的价值观体系,完全习得该价值观并内化为性格。道德学习很曲折,充满冲突,这使人们对道德学习的有效性产生了疑问。过去的几百年里,道德教育研究作出了巨大的努力,其理论和实践深刻影响了学生德育的方方面面。

针对师德养成的研究和探索要少一些。20世纪末,尽管东、西方国家对师德水平有着不同的期望,但都不约而同地对师德养成产生了浓厚的兴趣。我们都知道一句这样的俗语:"你永远无法叫醒一个装睡的人。"对于成年人的道德教育,我们需要打开他们的心扉,了解其师德学习的动力机制,即哪些因素促使其完成情感领域学习的五个目标,特别是价值观学习的最后两个目标:组织和性格化。什么样的动力机制促使教师持续、努力展开师德学习,勇于克服潜在的冲突,将相关师德要求内化为性格?以下将对师德养成的动力从社会文化(宏观)、契约规范(中观)和个人工作目标(微观)等三个方面展开讨论,并总结师德养成的动力机制,提出相应的师德养成路径建议。

二、社会文化层次

之所以把社会文化这一宏观层次放在师德养成的动力之首,与一个问题的答案有关:教师是什么时候开始师德学习的?需要注意的是,无论在哪个社会,教师都不是等到踏上教学岗位,或者是进入师范学校学习的时候,才开始师德学习的。早在他们还是学生,甚至是还没有成为学生的时候,他们就在日常生活中,结合身边的人如何对待、评价教师,根据自己和教师的相处情况,开始了最早的社会文化层次的师德学习。"文化本身促使人们学习,在学习的过程中,成为文化的一部分。"个体在社会文化层次获取相关的知识(更多的时候是隐性的)、技能,以便成为社会文化的一部分。

这个层次对师德养成在动力上有两点意义。

其一,社会文化提供师德学习的引导力。社会文化对教师的期望、态度,以及对待教师的方式,将会被生活于其中的个体习得。一个尊师重道的社会文化氛围,将对个体进入教师行业产生引导力。个体能否自愿进入教师行业,完成从"师德观摩者"向"师德亲历者"的转变,会受其所处社会文化的影响。用克拉斯沃尔的情感领域学习目标来表述,社会文化层次的师德学习,有可能使学习者对师德产生兴趣,从而主动积极参与,并形成倾向于接受社会文化对教师价值要求的可能。

我们在对比东、西方社会的师德文化与现实时，对此会有更深的体会。受自由主义思潮影响，西方社会认为道德是个人的私事，对教师的道德要求并不太高。举一个例子："教师在校外是否可以穿奇装异服？"受自由主义文化影响的答案是偏向肯定的，但是在亚洲，特别是受儒家文化传统影响的国家和地区，对这个问题的回答可能是偏向否定的。我们认为教师是道德教育的执行者，他们本身也必须具备高尚的道德，无论何时都要保持彬彬有礼的形象。

在社会向教师提出不同的师德要求、期望的同时，社会也会给教师相应的认可和回报。比如，对师德水平要求高的社会会给教师更高的社会地位，而要求相对少一些的社会，教师所获的尊敬会相应有所削弱。我们分析美国开展了数十年的 NTPS 可以发现，问卷中有一系列题目是关于教师是否经历过学生的威胁、武力冲击等。英美等受自由主义影响的社会，其教师特别是新教师的流失情况比较严重，教师认为自身职业不受尊重是常见的离职原因。

其二，社会文化和个体之间的互动，有助于形成坚决的师德选择动力。

社会文化是复杂的，个体是多样的，不同的个体对社会文化的感受和反应是不同的。这一点，我们只需要向教师们询问"你为何选择教师这个职业"便能得到印证：即使身处同一社会文化，老师们的回答也是五花八门的。

社会文化和个体之间的充分互动，向个体提供全面思考的机会，一旦思考成熟，便有助于其形成坚决的师德选择动力。目前，国际上使用较为广泛的 FIT-Choice 模型有助于细致辨别教师个体如何与社会文化产生师德学习引导力互动。这一个互动过程可能有长有短，比如有的人自小立志从事教师职业，有的人可能在较短的时间作出从教的决定，但无论怎样，只有充分思考才能形成坚决的师德选择动力。

三、契约规范层次

规范一般由机构制定，如政府部门、教师职业协会等，相对于宏观的社会文化层面，可以被界定为中观层次。

有人也许会问：规范是约束教师行为的，与教师的师德养成乃至师德养成的动力有何关系？事实上，在选择教师职业之后，个体对师德的认识就不再止于社会文化层面隐性的、间接的体会，而是直接面对教师这一职业系统的价值要求，并开展接受这一系统价值要求的学习。依照克拉斯沃尔的理论,教师需要面对价值化这一目标。教师如何面对这一系列的价值要求? 是全部接受吗? 接受过程中是否会遇到困难? 我们平时所讨论的师德养成,仅仅停留在全面接受规范这个层次吗?

在这个层次,师德养成的动力有二。

其一,契约动力。

我们发现,一些师德规范要求,比如关爱学生,能非常顺利地为教师所接受,即达到了情感领域第三层级学习目标:价值化。我们甚至发现,很多一线教师可能不一定熟悉近年来相关部门颁布的师德规范,但是在询问其对某些事件的态度的时候,他们的回应不约而同地体现了我国师德规范的要求。在进行深入研究以后,我们发现教师对一些师德规范的顺利习得,存在两类契约动力。一个是社会和教师两者之间的契约动力,即教师所处的社会文化对教师有某些特定的期待和要求,教师深受影响,而社会对达到这些师德要求的教师也给予了合理回报,如尊重等,由此形成社会和教师之间的隐性契约:教师遵循这些师德规范,社会给予回报。我们熟悉师德规范对关爱学生的要求,我们也非常熟悉尊重老师这个自小就明白的道理。另一个是教师与学生之间的代际契约动力。许多教师记得当年自己做学生的时候遇到的好老师,希望能像这些老师那样善待学生,从而产生师德学习的动力。值得注意的是,这类教师先前学习经历造成的影响,对教师的道德观念、教育信念起着非常深远的作用。

其二,反思动力。

师德规范的学习,不能仅仅停留于文本的掌握和接受。这里我们举一个例子:考试结束了,一名非常用功的学生卷面分数只有 59 分(60 是及格分),老师应该给多少分呢? 对于给了 60 分的老师,我们可以问:这对其他学生公平公正吗? 这符合老师实事求是、不弄虚作假的道德要求吗? 对于给了 59 分的老师,我们可以问:这 1 分对这个孩子意味着什么? 多给 1 分,是不是对孩子的鼓励和关怀? 公正、实事求是、关爱学生等都是师德规范对教师提出的要求,但这些美德会在某些情境下产生冲突,教师需要作出应对。

教师是和人打交道的职业,具有一定的人际复杂性,制定得再完善的师德规范,在现实中也需要教师本人结合实际情况进行思考、权衡再加以执行。近二十年来,经历全球化和市场经济的冲击,教师职业被推向了身份矛盾、冲突的高峰——教师既服务于社会,又服务于家长、学生,三者利益产生冲突时教师该如何取舍,向教师提出了反思师德规范的要求。教师需要在不同的场景体会已掌握的师德规范,并结合具体情况加以调整和运用。西方对反思动力的讨论比较多,大部分从教师遇到的道德两难事件展开,促进师德培育。其中最常见的途径是使用道德两难案例集教学,用道德两难案例唤起教师对师德规范的思考和分析。

四、个人工作目标层次

个体踏上教师岗位,开始日复一日工作,从宏观社会文化层次、中观契约规范层次习得的师德,将由教师亲身建构为微观的师德理解。在教师个人工作层面,工作目标是其动力来源。哪些工作目标会促进教师的师德养成呢?

被用于多个跨国教师调查的 GOT 模型包括五个工作目标类型,其中形成亲密关怀师生关系型目标与师德养成的动力有较为直接和紧密的联系。一个以关心学生、建立亲密师生关系为工作目标的教师,在其日常工作中,无疑会对师生层面的师德更敏感,也更有动力去践行。需要注意的是,其他个人工作目标,如掌握型、能力展示型目标,对教师的师德养成也有一定的动力影响。以我国为例,受儒家文化影响,教师被赋予了非常高的道德期望,其中就包含了对教师知识技能的要求,比如希望教师知识渊博、能够坚持终身学习。许多班主任教师说:"如果班主任自己的学科教学能力不强,那么要顺利管理班级、展开育德工作是不容易的。"这句话中隐藏着我国社会文化对教师专业知识能力的要求。教师在师德养成的过程中,一定会产生对掌握型、能力展示型目标的追求。

不过,教师个人工作目标、动力本身,也可能会产生冲突,教师需要在冲突中进行澄清、抉择。在考试文化浓厚的环境里,许多老师会自问:"是帮助孩子取得考试高分更重要,还是关心学生,让学生快乐成长更重要?"这两个目标不一定不能兼顾,但是哪个优先? 根据工作目标理论,哪个工作目标更重要,在于哪个目标的达成能带来最大的满足感和幸福。对于这个问题,很多老师会有自己的答案,但是老师们一定会尽可能突出关心学生这个工作目标,因为"学生毕业后不一定记得老师教他们的知识,但是会记得老师教他们的做人的道理"。从对学生生命的影响深度、久度上看,师德类工作目标会带来深厚的幸福感,因此即使遇到冲突,它们也往往会被老师们所选择。

五、师德养成动力的阶段性互动

宏观社会文化层次为师德养成带来引导力、选择动力,中观契约规范层次为师德养成带来契约动力、反思动力,微观个人工作目标层次从师生关系、能力掌握等角度为师德养成提供动力。这三个层次的动力会随着教师职业生涯的发展,进行阶段性的互动。

起始阶段是目前教师教育研究关注比较多的一个阶段。在此阶段,宏观社会文化层次给师德养成带来的动力及影响,会面对巨大的冲击。这个冲击主要来自身份转换。除了少部分其他行业改行从教者,大部分新教师都是从学生身份转为教师身份的。以学生身份看待教师职业和以教师身份看待教师职业,存在不小的落差。不少新教师以前觉得教师非常高尚、受人尊重,从教之后发现,现实中也存在不怎么尊重教师的家长。社会文化和个人的互动,不仅仅出现在个体选择教师教育项目、选择以教师作为职业的时候,还出现在新教师阶段。FIT-Choice 模型中社会文化与个人的互动,都会在新教师的工作中出现。此时的互动不再是设想,而是深刻的切身感受,其中包括削弱师德学习动力的一些经历。例如,许多职前教师设想的教师工作量是每天在任教班级上一两节课,而学生全天都有课,显然教师比学生轻松多了,任教之后发现教师需要花费大量的时间来备课、开展教研、管理班级,还有行政类的工作等,工作量远超自己的想象。这在国际教师教育研究中被称为"教师教育转化"或者"大冲洗",它们会对教师坚守岗位的动力造成较大冲击。

在安顿阶段、中间阶段,教师逐渐完成身份转换,适应工作岗位。教师对契约规范、对自己的个人工作目标,会有更深入的体会和思考。

在教师顺利完成身份转换之后,中观层次的契约动力就开始对教师的师德养成起作用了。我们举一个例子,如果我们问大学刚毕业的新教师和已经完成新教师阶段的教师:"教师是否可以有偿补课?"他们显然都知道,这属于师德规范明确规定的不可为行为。然而,如果继续追问:"如果教师不可以有偿补课,那你怎么看待大学生家教收费呢?"就会发现他们对这一师德规范的理解体现了契约动力的不同作用。已顺利完成身份转换的教师面对第二个问题,会从身份差异的角度来回答,如:"教师是体制内的,需要注意自己身份的转变,遵守这项规定。"

中观契约规范层次的反思动力,促使教师用一定的时间去观察、思考现有规范,因此,往往是到了安顿阶段和中间阶段,教师才逐渐形成一套处理不同情境中道德冲突的方法。随着教师顺利完成身份转换,教师的个人工作目标便会结合其所在学校情况、学生情况而得到调整。比如:有的老师注重能力展示型目标,可能会紧抓学生成绩,但面对学生底子差、成绩上升空间小的情况,便会转向其他的工作目标,如建立紧密和谐的师生关系,因为考虑到很多学生可能未必会考大学,那么教他们做人的道理以便其更好地适应未来的工作和生活,就会成为教师调整个人工作目标之后的选择。

国际研究指出,随着教师职业生涯的发展、成熟,师德类工作动力的重要意义会得到更多的凸显。国际研究中使用了"教师力量"一词来描述结尾阶段教师具备的师德养成动力和践行力。他们指出:教师职业发展所提升的,不仅仅是课堂教学的知识和技能,更包括教师的师德养成动力、行动力,教师更愿意为自己坚信的价值观付出努力,对学生、同事、家长更具有奉献精神。换句话说,这个阶段的师德养成,越来越接近克拉斯沃尔提出的情感领域的最高教育目标,即性格化,外在的价值观成为个人行为的内在准则和日常行为习惯。在这个阶段,很多教师的影响力和工作平台都有了很大的提升,常常会成为其他教师的榜样(含师德养成方面),从而有机会以榜样动力的形式,促进其他教师的师德养成。资深教师往往有机会成为本校或者本地区学科教学、班级管理方面的带头人,会通过教研活动、名师工作室、学校管理工作甚至出版著作等,影响更多的教师。

六、师德养成动力机制及师德习得路径建议

师德养成的动力机制包括三个必要部分:师德养成的目标、动力及动力之间的阶段性互动。

按克拉斯沃尔的理论,师德教育的目标共有五个:注意、反应、价值化、组织和性格化。教师先是注意接收师德相关信息,然后给出积极反应,接着接受系统价值标准如师德规范等,再对不同的师德要求进行组织和反思,最后把师德要求内化为个人性格。

师德养成共有三个层次的动力:宏观的社会文化层次、中观的契约规范层次、微观

的个人工作目标层次。其中,社会文化层次为师德养成提供引导力、选择动力,有助于实现师德养成的第一、第二个目标,即注意和反应。契约规范层次为师德养成提供契约动力、反思动力,有助于实现师德养成的第三、第四个目标,即价值化和组织。第三个层次的个人工作目标为个人工作的动力来源,从师生关系、能力掌握等角度为师德养成提供动力。

师德养成这三个层次的动力,会在教师职业生涯的各发展阶段不断发生互动。教师职业的起始阶段,从宏观社会文化层次获得的师德养成引导力、选择动力,实际上会受教师身份转换的影响而受到冲击。在教师职业发展的安顿阶段和中间阶段,教师逐渐完成身份转换,开始接受中观契约规范层次的契约动力影响,实践对师德规范的反思,同时结合所在学校情况、学生情况,对个人工作目标加以调整。进入结尾阶段时,教师逐渐内化师德养成的要求,实现师德养成的最高阶段目标,即性格化,资深教师有可能成为其他教师师德养成的榜样。

通过三个层次的动力及其阶段性的互动,师德养成的动力机制体系得以形成。

基于上述师德养成的动力机制,就师德习得路径提出如下建议。

宏观社会文化层次强调尊师重道,为师德的学习提供良好的社会基础,为更多优秀人才选择教师行业提供引导力、选择动力。要特别重视提炼"教师和家长"这一组人际关系中尊师重道在新时代的含义。尊师重道是我国自古以来的优秀传统,详细划分的话,它涉及多个人际维度:教师和学生、教师和家长、教师和社会、教师和自己。时代在不断发展和进步,"教师和家长"维度产生了很大的变化,特别是随着大量独生子女步入校园,家长对子女的关注、对教育的关注程度非常高,自古以来教师主导的教师权威型人际关系原则受到了冲击。在新的时代背景下,需要研究"教师和家长"维度如何尊师重道,化解这组关系中出现的不和谐因素,以优化宏观层次的尊师重道文化氛围。

在师德学习中,建议采取组织学习模式,主要包括四个学习步骤:直觉、解读、整合、组织化。个体层面先产生学习的相关直觉和判断;当个体与其他人分享自己的直觉时,解读和沟通就会产生,学习便进入集体的层次;当集体就某几个要点产生共同的解决思路并加以行动的时候,组织学习便进入了整合阶段;当集体的行动因产生良好的效果而不断地在这个组织中重复出现的时候,组织学习便进入了组织化的阶段。组织学习一般可分为纵向学习和横向学习。纵向学习强调教师个体之间知识的传递，特别常见的是老教师退休离职前对接替其岗位的新教师加以指点，助力新教师迅速成长。横向学习指的是教师群体开展讨论、分工合作，促进彼此的进步，提升学生的学习效果等。

针对职前教师，建议以师德规范学习为中心，以职前教师的见习、实习等活动为载体，形成职前教师师德养成的学习机制。尽管社会对教师的道德寄予厚望，但是国内外教师教育正规课程中关于师德养成的课时并不是很多，这个和道德学习的曲折性、复杂性有关。不少国家和地区在教师学习项目中设置了基于师德规范的两难案例讨论活动，取得了一些成绩。需要指出的是，职前教师群体很大一部分是师范院校的学生，他们往往缺乏对一线教学活动的真实了解，仅仅在高校中开设案例讨论是不够的。把相关的讨论和学习植入见习、实习环节，有机会吸引有经验的一线教师加入，可形成兼顾纵向学习和横向学习的学习机制，促进职前教师的师德养成。

对于在职教师的师德养成，应该针对教师职业发展的阶段性需求，形成既有纵向学习又有横向学习的学习组织（如中小学学科教研组，组内有合作、有知识传递等）。以往在职教师师德养成主要靠个体的摸索和积累，许多经验的获得依赖于自己的人生经历，时间花费久，学习效果及影响范围并不理想。组织学习可以把个体的经验整合进组织，提升学习的效率，促进个体的成长。新教师群体多接触资深教师群体，不仅可以获得纵向学习的途径，而且会收获自己师德发展的学习榜样；中间阶段的教师群体已积累、掌握了一定的实际经验，可以通过分享经验、教训等方式，与其他教师合作，攻克某些师德养成过程中出现的难题；成熟教师可以利用合适的平台来发挥榜样动力，带动新教师成长。

本章案例教学建议

◆ 案例教学定位

本章主题为师德动机，因此案例选择以生活问题为中心，关注学习者生活中常遇到的师德动机问题，特别是让学习者感到困惑的问题。案例教学旨在帮助学习者开展深入的师德动机反思、厘清工作动机，以促成其师德修养与提升。

◆ 案例教学提问要点

针对本章师德动机遇到挑战的案例,可借鉴价值澄清教学法。为指导学习者开展师德动机反思与决策,本章案例教学提问主要形式如下:

案例主人公遇到的困难、疑惑是什么?

你为何想从事教师职业?

作出现在这个选择之前,你是否考虑过其他职业选择?

对比初心,你最希望作出的选择是什么?

你计划未来如何行动?

针对本章师德动机榜样案例,可借鉴品格榜样教育法。为指导学习者结合榜样展开学习,提问主要形式如下:

案例中出现了哪些美德? 你生活中遇到过有类似品格的老师吗?

如何在现实生活中践行这个美德?

◆ 案例教学推荐开展的活动

案例阅读、小组与班级讨论、个体反思自己的教学动机、角色扮演等。

思考题

1. 尝试使用系统反思从教动机谈话法梳理自己的从教动机。

2. 尝试设计一个师德两难情境。

3. 对身边的职前教师进行从教动机采访,分析比较各自的差异。

4. 采访在职新教师、在职老教师,分析比较其工作动机的差异并加以总结。

相关教学资源

教育部:《中学教育专业师范生教师职业能力标准(试行)》

主要参考文献

[1] 陈桂生."师德"研究[J].教育研究与实验,2001(03):8-11+72.

[2] 封子奇,姜宇,杜艳婷,等.免费师范生教师职业认同及其影响因素研究[J].河北师范大学学报(教育科学版),2010,12(07):69-75.

[3] 郭方涛,孙宽宁.影响学前教育师范生教师职业选择的因素——基于FIT-Choice

模型的实证分析[J].学前教育研究,2018(07):47-60.

[4] 马红宇,蔡宇轩,唐汉瑛,等.师范生教师职业认同的内在结构与特点[J].教师教育研究,2013,25(01):49-54.

[5] 石静.民国时期免费师范教育的衍变[J].南通大学学报(社会科学版),2015,31(04):117-122.

[6] 宋萑,王恒,张倩.师范生教师教育质量认可度及其对从教意愿的影响研究[J].湖南师范大学教育科学学报,2018,17(02):48-54.

[7] 卡恩.君子与顽童:大学教师的职业伦理[M].王彦晶,译.北京:北京大学出版社,2021.

[8] 檀传宝,张宁娟,李敏,等.中学师德建设调查十大发现[J].中国德育,2010,5(04):5-10.

[9] 王晓莉,卢乃桂.教师应对教学道德冲突的策略及其实证研究[J].课程·教材·教法,2011,31(09):84-89.

[10] 王廷卓,刘天蔚.教师教育要关注教师的职业社会化——关于师范生预期社会化调查的思考[J].教育探索,2005(02):112-113.

[11] 王璇,王云兰.清末免费师范教育制度初探[J].山东高等教育,2017,5(01):23-29.

[12] 叶王蓓.德育互动教学法[M].上海:华东师范大学出版社,2019.

[13] 叶王蓓,滕一欣.国际视野下师范生实践教学的特征及走向[J].教师教育研究,2022,34(02):22-30.

[14] 喻本伐.中国师范教育免费传统的历史考察[J].湖北大学学报(哲学社会科学版),2007(03):43-45.

[15] 张晓辉,赵宏玉.教师支持对免费师范生教学效能感和教师职业认同的影响[J].中国特殊教育,2016(05):75-82.

[16] 周坤亮.教师专业伦理决策研究[D].上海:华东师范大学,2016.

[17] 朱水萍.教师伦理:现实样态与未来重构[D].南京:南京师范大学,2014.

[18] BALL D L, FORZANI DF M. The Work of Teaching and the Challenge for Teacher Education[J]. Journal of Teacher Education, 2009,60(05):497-511.

[19] BANDURA A. Social Cognitive Theory of Moral Thought and Action [C]//

KURTINES W M, GEWIRTZ J L. Handbook of Moral Behavior and Development. Hillsdale, NJ:Erlbaum, 1991.

[20] BEAUCHAMP C, THOMAS L. Understanding Teacher Identity: An Overview of Issues in the Literature and Implications for Teacher Education [J]. Cambridge Journal of Education, 2009,39(02):175 – 189.

[21] BRION S A. Teacher Morale [D]. Philadelphia: The Pennsylvania State University, 2015.

[22] BUTLER R. Striving to Connect: Extending and Achievement Goal Approach to Teacher Motivation to Include Relational Goals for Teaching [J]. Journal of Educational Psychology, 2012,104(03):726 – 742.

[23] BUTLER R. Teachers' Achievement Goal Orientations and Associations with Teachers' Help Seeking: Examination of a Novel Approach to Teacher Motivation [J]. Journal of Educational Psychology, 2007,99(02):241 – 252.

[24] CARR D. Moral Educational Implications of Rival Conceptions of Education and the Role of the Teacher [J]. Journal of Moral Education, 2003,32(03):219 – 32.

[25] CROSSAN M M, LANE H W, WHITE R E. An Organizational Learning Framework: From Intuition to Institution[J]. Academy of Management Review, 1999,24(03): 522 – 537.

[26] DARLING-HAMMOND L. Teacher Education around the World: What Can We Learn from International Practice? [J]. European Journal of Teacher Education, 2017,40 (03):291 – 309.

[27] HANNA F, OOSTDAM R, SEVERIENS S E, et al. Domains of Teacher Identity: A Review of Quantitative Measurement Instruments[J]. Educational Research Review, 2019,27,15 – 27.

[28] HEINZ M. Why Choose Teaching? An International Review of Empirical Studies Exploring Student Teachers' Career Motivations and Levels of Commitment to Teaching [J]. Educational Research and Evaluation, 2015,21(03):258 – 297.

[29] HOY W K, MISKEL C G. Educational Administration: Theory, Research, and Practice[M]. New York:McGraw-Hill, 1991.

[30] HUBEMAN M. On Teachers' Careers: Once Over Lightly with a Broad Brush[J]. International Journal of Educational Research, 1989(13):347 - 362.

[31] KHINE M S, LIU Y. Handbook of Research on Teacher Education: Innovations and Practices in Asia [M]. Singapore:Springer, 2022.

[32] KIZILTEPE Z. Motivation and Demotivation of University Teachers[J]. Teachers and Teaching, 2008,14(05):515 - 530.

[33] LEVY J. Theatre and Moral Education [J]. The Journal of Aesthetic Education, 1997,31(03):65 - 75.

[34] NODDINGS N. Educating Moral People: A Caring Alternative to Character Education [M]. New York:Teachers College Press, 2002.

[35] NUNNER-WINKLER G. Development of Moral Motivation from Childhood to Early Adulthood[J]. Journal of Moral Education, 2007,36(04):399 - 414.

[36] OSER F, ALTHOF W. Trust in Advance: On the Professional Morality of Teachers [J]. Journal of Moral Education, 1993,22(03):253 - 275.

[37] SUAREZ V, MCGRATH J. Teacher Professional Identity: How to Develop and Support It in Times of Change[EB/OL]. (2022 - 02 - 11)[2022 - 06 - 07]. https://www. oecd-ilibrary. org/education/teacher-professional-identity_b19f5af7-en.

[38] SOCKETT H. The Moral Base for Yeacher Professionalism [M]. New York:Teachers College Press, 1993.

[39] STRIKE K A. The Legal and Moral Responsibility of Teachers [C]//GOODLAD J I, SODER R, SIROTNIK K A. The Moral Dimensions of Teaching. San Francisco: Jossey-Bass, 1990.

[40] WATT H M G, RICHARDSON P W. Motivational Factors Influencing Teaching as a Career Choice: Development and Validation of the FIT-Choice Scale[J]. The Journal of Experimental Education, 2007,75(03):167 - 202.

附录 4.1 部分职前教师从教动机研究的设计与实施情况(英文文献)

年代	文献来源	研究样本	研究方法工具
1934	*British Journal of Educational Psychology*《英国教育心理学期刊》	英国伯明翰大学、利兹大学、谢菲尔德大学、纽卡斯尔大学的毕业年级	调查分两步:首先,学生陈述选择教师职业的原因;其次,向学生提供一系列的从教动机,要求其排序。
1944		英国 643 名职前教师	要求被调查者从给出的 17 个动机中进行选择。
1988	*International Review of Education*《国际教育评论》	津巴布韦 225 个中学教育项目的职前教师	调查,资料搜集,访谈。
1992	*Review of Educational Research*《教育研究评论》	元研究,评述美国 1975—1990 年的 40 余项研究、1960—1970 年的 4 项研究,这些研究的对象数量从 19 个人到 1 476 人不等,均值是 313 人,大部分研究仅对一所高校进行调查	调查职前教师从教的原因,使用个案研究方法,主要分析职前教师的写作,描述性数据分析关注:职前教师的个人背景及高中学校背景;从教动机和职业期望;教学的自信、乐观或者焦虑;对教师角色和责任的认识。
1992	*Journal of Education for Teaching*《师范教育期刊》	加勒比地区 271 名教师教育学院毕业生任教 1 年后接受调查,问卷回收率 40%	调查问卷包括 21 道题,其中用 2 个开放性问题了解从教动机:你从教的主要原因是什么? 其他让你决定从教的原因是什么?
1993	*Irish Educational Studies*《爱尔兰教育研究》	都柏林教育学院 183 名小学教育职前教师	问卷调查。
1993	*The Journal of Negro Education*《黑人教育期刊》	41 名非洲裔美国人、加勒比裔美国人和非洲人(其中 14 人是职前教师,26 人是新教师)	调查及跟进访谈:总结 19 个对从教动机有正面/负面影响的因素。
1994	*Teaching and Teacher Education*《教学与教师教育》	美国某高校 40 名职前教师	人生故事访谈法。
1995	*Teaching and Teacher Education*《教学与教师教育》	文莱小学教育职前教师 133 人	调查问卷以及 2 个开放性题目:为何你选择做一名教师;再列举另外 5 个从教动机。
1997	*Teaching and Teacher Education*《教学与教师教育》	美国少数民族教师 56 人	访谈和问卷。

年代	文献来源	研究样本	研究方法工具
1998	*Educational Studies*《教育研究》	斯洛文尼亚 2 所大学的 95 名职前英语教师	要求职前教师对 20 个从教动机进行排序。
2000	*International Review of Education*《国际教育评论》	对 130 名教师进行个别访谈或小组访谈；调查 1 444 名牙买加岛屿教师	混合方法：阶段一：访谈、小组访谈以寻找相关动机；阶段二：跨校调查。
2001	*International Review of Education*《国际教育评论》	中国 23 个教师教育学院的 2 000 名职前教师	访谈和问卷。
2001	*Education & Research in Education*《教育评价和研究》	北爱尔兰 4 所大学的 466 名职前教师	调查动机，使用教师态度问卷。
2002	*Research in Education*《教育研究》	英国 14 所高校的 1 611 名小学教育职前教师	问卷和访谈，调查从教动机。
2003	*Journal of Education for Teaching*《师范教育期刊》	英国 5 所大学的 453 名中学教育职前教师	访谈和问卷。
2004	*Evaluation & Research in Education*《教育评价和研究》	英国 4 所高校不同学科的 1 845 名职前教师（硕士）和本科生	调查：对 26 个从教动机影响因素进行自评、排序。
2004	*European Journal of Teacher Education*《欧洲教师教育期刊》	英国 2 所大学的 36 名中学教育职前教师	访谈。
2005	*Teaching and Teacher Education*《教学与教师教育》	澳大利亚墨尔本某大学的 74 名教师教育项目毕业生	调查和访谈，对 20 个动机影响因素进行排序。
2005	*Men and the Classroom: Gender Imbalances in Teaching*《男人与教室：教师性别不均衡》	爱尔兰 5 个小学教育学院 1998—1999 学年二年级师范生共计 457 人	个案研究：资料搜集分析、问卷调查和质性访谈。
2005	*Educational Studies*《教育研究》	斯洛文尼亚 237 名二年级师范生（109 名小学教育职前教师，128 名中学教育职前教师）	问卷调查：32 个问题。

年代	文献来源	研究样本	研究方法工具
2006	*Teacher Development：An International Journal of Techers' Professional Development*《教师发展：国际教师职业发展》	澳大利亚 79 名职前教师	调查采用开放性题目和 4 个封闭性题目：什么因素影响了你从教的决定；教师是你的第一职业选择吗，为什么；是否有一位教师影响了你从教动机；你认为有效率的教师的特征是什么，你将给教师职业带来哪些特色。
2006	*Asia-Pacific Journal of Teacher Education*《亚太教师教育期刊》	澳大利亚悉尼和墨尔本 3 所高校的 1 653 名师范专业新生（学前、小学和中学）	FIT-Choice 问卷。
2008	*Handbook of Research on Teacher Education*《教师教育研究手册》	美国相关研究的总结	总结评述。
2008	*Learning and Instruction*《学习与教学》	澳大利亚 3 所大学的 510 名中小学教育职前教师	使用 FIT-Choice 问卷开展 2 次调查，分别在入学时和毕业前进行。
2009	*Education in Ireland：Challenge and Change*《爱尔兰教育：挑战与变化》	2002—2006 年间爱尔兰 5 所大学的 2 244 名中学教育职前教师（研究生）	给出 11 个从教理由，要求被调查者排序。
2010	*International Journal of Educational Qevelopment*《国际教育发展期刊》	来自 51 个教育学院的 18 226 名职前教师	调查职前教师从教动机的前 7 名；调查职前教师的未来教学计划。
2011	*European Journal of Educational Studies*《欧洲教育研究期刊》	245 名职前教师（新入学）	FIT-Choice 问卷。
2011	*Teaching and Teacher Education*《教学与教师教育》	加拿大某大学的 93 名职前教师（毕业年级）和阿曼某大学的 107 名职前教师（毕业年级）	使用质性"教师 10 项陈述测试"，即要求被访者用句型"我做教师是因为……"。
2011	*Teaching and Teacher Education*《教学与教师教育》	马拉维教育学院的 14 名职前教师	访谈：年轻人愿意从事中学教师职业的原因，对教师职业是如何看待的。
2012	*Asia-Pacific Journal of Teacher Education*《亚太教师教育期刊》	土耳其 3 所大学的 1 577 名职前教师	FIT-Choice 问卷。

年代	文献来源	研究样本	研究方法工具
2012	*Asia-Pacific Journal of Teacher Education*《亚太教师教育期刊》	德国 5 所大学的 1 287 职前教师	FIT-Choice 问卷。
2012	*Asia-Pacific Journal of Teacher Education*《亚太教师教育期刊》	美国某大学的 257 名职前教师和中国某大学的 542 名职前教师	FIT-Choice 问卷。
2012	*Australian Journal of Teacher Education*《澳大利亚教师教育期刊》	974 名土耳其职前教师（小学、中学，英语、艺术、数学）	FIT-Choice 问卷。
2012	*Asia-Pacific Journal of Teacher Education*《亚太教师教育期刊》	荷兰 62 名刚入学的职前教师和 89 名完成学业的职前教师	FIT-Choice 问卷。
2012	*Asia-Pacific Journal of Teacher Education*《亚太教师教育期刊》	克罗地亚 3 所大学的 347 名职前教师	FIT-Choice 问卷。
2012	*Teaching and Teacher Education*《教学与教师教育》	澳大利亚 1 438 名中学教育职前教师，美国 511 名中学教育职前教师，德国 210 名小学教育职前教师，挪威 131 名中学教育职前教师	FIT-Choice 问卷的跨国使用。
2014	*Journal of Education for Teaching*《师范教育期刊》	葡萄牙与瑞典 2 所大学的 112 名葡萄牙职前教师和 157 名瑞典职前教师(学前、小学、中学)	问卷调查。
2014	*Teaching and Teacher Education*《教学与教师教育》	中国香港地区 132 名刚完成教育专业研究生项目的学生	问卷和访谈。

第五章　育德初实践：教育实习与师德践行

教育实习一直是教师教育中非常重要的学习经历，它既促成职前教师从学生向教师的身份转换，又促成职前教师体味教师身份的种种责任。实习生完成教育实习后，会变得更成熟稳重。

本章介绍教育实习与师德践行要求，以及教育实习中师德践行学习的主要类型：师德观察学习、班级管理与课程育人。

第一节　教育实习与师德践行

一、案例及相关评论

实习最后一课

有三十多年教龄的吴教师这样回忆："要做一个好老师"这个信念，其实来自我的教育实习。那一年，是我读师范的最后一年，我回到老家南溪镇小学实习，和学生建立了非常好的师生关系。在最后一次音乐课上，我边踩着脚踏风琴边教他们唱歌，四年级的孩子们唱着唱着哭了起来。班主任一问才知道，原来孩子们都知道我要走了，心里难过。全班学生用自己攒下来的零花钱给我买了一本备课本，首页上写着：老师，这个本子留着你备课用，希望你还回来这里当老师。这件事给我很大的触动，我没有想到一个老师会带给学生这么大的影响，更加坚定了要做一个学生喜欢的好老师的信念。

提问：是什么触动了还在实习的吴老师？你知道哪些教育实习工作内容？其中哪

些方面对实习教师的职业认同、师德培育有促进作用？

从相关讨论来看，不少学员注意到，案例中良好的师生关系、亲密的师生互动激发了这位教师的从教动机、做好老师的师德信念。对于教育实习工作内容，年轻的职前教师往往能简单说出教学任务、班级管理，但是对于教育实习如何影响职前教师的师德发展，讨论的深度不足。

二、教育实习发展历史与师德

教育实习属于教师教育中的实践教学。实践教学有较为悠久的发展历史，不同历史阶段对职前教师师德发展有不同层次的关注。

阶段一，前职业化阶段。

进入20世纪后的近百年时间，欧美国家逐渐普及了公立教育。面对大班教学、教学资源缺乏等情况，教师使用灌输式教学，教学方法主要为背诵、讲授、问答、学生记笔记等。这一教学模式下，教师被视为重课堂纪律管理而对技术要求不高的职业。因此，职前教师成长的主要途径就是实践性学徒：通过跟随有经验的老师，不断地观察、试错、改进，成长为一名教师。相应地，从20世纪初开始，教师教育项目里加入了教育实习、实践环节，邀请有经验的一线教师担任实习指导教师。20世纪中期形成了目前各国常见的职前教师教育基本模式：由教师教育课程（学科知识、教育基础理论、教学方法）和一线学校教学实践构成。教学实践主要包括两种：连续数周在教师教育课程学习之余到中小学见习半天到2天，在中小学全职实习一段时间。这个阶段，职前教师实践教学关注的师德培育要点为教师班级纪律管理能力。

阶段二，职业自主化阶段。

20世纪60年代开始，各国教师地位发生较大变化。教师教育不再由中等师范学校负责，而进入了大学。教师教育年限延长，资格认证、教师教育基础知识学术化等，都提高了教师职业地位。

这个阶段，教学法也开始变得多元化，儿童中心教学和学科中心教学成为两个主要方向。教师教育学院致力于传播儿童中心教学理念，而一线学校教学仍然较为传统。因此，教师教育对一线课堂教学的服务、呼应能力较弱，职前教师进入一线实践后，常放弃大学所教的理念。这被国际教师教育研究称为教师教育"转化问题"：理论和实践的落差、高校和中小学教育理念的落差,引起教师教育效果转化难题。

与此同时,教师教育开始了微格教学的实践探索。20 世纪 50 年代,首先出现将教学技能微小化的微格教学训练。微格教学创始人之一爱伦(Dwight W. Allen)提出,教师教育的中心任务不应该仅仅是传授学科知识,也应该传授教学技能等。斯坦福大学最早开始探索,把复杂的教学过程分解为许多容易掌握的微活动、微技能,如"导入"、"提问"等,并对每一种能力提出训练目标,在较短的时间里,结合录像等手段,对(职前)教师进行模拟教学训练,以提升教师教学能力。这个阶段,职前教师实践教学关注学科知识、学科教学技能等技术性能力,对职前教师的师德关注不多。后来微格教学也被运用于提升职前教师家校沟通能力。

阶段三,职业合作化阶段。

20 世纪 80 年代中期以来,教学法进一步进行多元化发展,不再局限于儿童中心和学科中心。由于多元智能、合作学习、基于计算机的探索、档案袋评价等多种教学理论、策略相继出现,教师一人难以熟悉所有理论、策略,教师群体合作成为更优的选择。

教师教育实践教学以往由大学提供,但不断受到质疑,教师们往往依赖彼此的支持实现职业发展。这个阶段的职前教师教育显现出明显以学校为中心的特点——注重一线学校在教师教育中的作用,延长实践教学的时间。从这个阶段开始,职前教师有更多实现教师职业角色和身份认同、反思师德的机会。以新西兰为例,本科小学教师教育项目中,见习、实习共 21 周,占了约 20%的课时,分为 5 次学校见习、实习。第一年 2 次(6 周),第二年 2 次(8 周),第三年和第四年最后实习一次(7 周),安排在期末至开学之初,让师范生感受学校开学和结业时的教学情况。在最后一次实习中,实习生独立开展班级教学工作。以下为加拿大卡尔加里大学的实习安排,见习和实习的次数和时长得到延长。

表 5.1　加拿大卡尔加里大学的实习安排

	实习 1	实习 2	实习 3	实习 4
学期	第一学期 秋季	第二学期 冬季	第三学期 秋季	第四学期 冬季
实习 课名	学校里的生活	教室里的个别学习	社会文化参与的原则	教学和课程专业的延伸

	实习1	实习2	实习3	实习4
实习时长	2周	4周	6周	8周
实习课程内容	在学校负责教师带领下观察校园生活	两两结对,由一名带教教师指导,观察教室里个别学生的学习	由一到多名带教教师指导,观察全班学习(从这次实习开始,学生的实习学校不再变动)	由一到多名带教教师指导,深入了解课程、教学设计、评价

阶段四,后职业化阶段。

进入21世纪,经济全球化、信息技术发展及新自由主义经济对职业人士如医生、教师等都造成了冲击。正如科克伦-史密斯等所总结的,新世纪的教师教育产生了巨大的变革:在社会、历史宏观背景下,工业经济向知识经济过渡,带来世纪范围内的大规模移民,出现新的社会文化生活情况,教师教育面临多重挑战——教学质量和问责、多元的生源、扩大的学校间差距、不断更新的学习方式和学习内容。因此,教师教育研究应关注研究教师教育有效性,教师教育如何服务于知识经济和社会、如何致力于促进多元与平等。如新加坡的"21世纪教师特征"在知识、技能的基础上,提出教师需形成的三类师德价值观:第一类,学习者中心价值观,包括同情心、相信所有的孩子都能成为良好的学习者、致力于培养每一个孩子的潜能、尊重多元。第二类,教师职业认同,包括追求卓越、不断探索、终身学习、不断提升、保有热情、适应力强、道德高尚、专业。第三类,致力于服务教师职业和社群发展,包括合作学习和实践、参与带教、社会责任感、其他行政工作。

由大学主办的传统的教师教育受到批评:课程碎片化,教学法存在不足,课程与实践之间缺少联系,缺少组织性主题、共同标准和清晰目标等。不少地区压缩了职前教师教育年限,或者将教师教育的责任方从大学转移至一线学校,由此出现了注重临床训练的教师教育项目,如驻留教师项目:模仿医生驻留项目,实习教师在有经验教师的指导下开展为期一年或者更久的教学学习。此外,出现了由独立机构开办的替代性教师资格项目培养教师的方式,如我们熟悉的"为美国而教"等。这些临床教师教育项目的实践教学环节,和传统大学教师教育有更大的差别:实践教学时间长达一年或者更久,实践教学更关注社区、学校、家长的实际需求。

三、国外教育实习与师德践行要求

进入 21 世纪以来,教师教育实践教学进一步关注职前教师师德发展。在开始教学实习的时候,职前教师必须熟悉和遵守当地教师职业行为规范、师德规范。此外,一般教师教育项目还会制定具体的实习生师德规范。以下为 2012 年加拿大卡尔加里大学实践教学咨询委员会针对该校四次见习、实习制定的《实习生师德规范》。

1. 实习生必须尊敬他人,不能因为种族、宗教、肤色、性别、性取向、身体特征、年龄、出生地等歧视他人。

2. 实习生必须尊重学生、家长(监护人)、学校同事。

3. 实习生必须同情、理解他人的感受,并给予关心。

4. 实习生必须通过合作、参与等方式与学生、同事等维持积极的人际关系。

5. 实习生必须意识到良好的同事间人际关系是学校成功的重要因素。

6. 实习生必须避免与学校的学生形成过于亲密的社交人际关系(包括在社交媒体上),以避免影响专业形象。

7. 按时参加教育实习是实习生的职业责任,任何离校请假都需要通知学校和大学。

8. 实习生必须展现负责任的行为,如准时、行为得体等。遵守实习学校教师行为规范(如停车、影印、着装要求等)。实习生着装必须符合教师职业的要求。

9. 实习生在收到任务的时候,应该积极接受并负责任地完成。

10. 实习生必须对学校同事(带教教师、学校管理人员)的指导和反馈作出回应。

11. 实习生必须尊重他人(学生、同事等)的隐私。

12. 实习生必须以职业、专业的态度来完成自己的教学任务。

13. 实习生将会认识到,学生福祉是教师、学校最应该关心的。一旦对学生福祉产生负面影响,实习生将离开实习学校并无法完成实习学业要求。

14. 实习生将认识到批评其他教师的专业能力或者名誉是不合适的。

15. 实习生的言行举止将体现本大学的荣誉和体面。

16. 实习生必须遵守当地教师行为规范。

17. 实习生将合理、专业地使用电子设备。在校专注学校活动,尽量少使用手机、社交媒体等。熟悉并遵守实习学校对电子设备的使用规定。

教育实习过程中,特别强调一线指导教师培养职前教师的师德和职业认同,发展职前教师个人的教学风格,提升职前教师的教学自信,培养职前教师对教学的热爱,引导职前教师关心关爱学生,发展职前教师的变通能力来面对教育体系不断变化的要求。

此外,教师教育课程会在教育实习期间配套开展教师伦理课程等,提升职前教师师德修养。吉利根、诺丁斯的关怀伦理影响了不少西方教师教育实习项目设计。吉利根指出,个体发展道德主要通过三个涉及不同关心维度的步骤:第一步,基于对自身需求的关注和关心作出伦理决策;第二步,基于对其他人需求的关注和关心作出伦理决策,即使损害自己的利益,也会尽量做到关心他人;第三步,关注、关心自己和他人的需求,不关注其他人如何看待自己,而是力求关心并平衡自己和他人的需求。诺丁斯指出,优先把师生之间的情感转化置于其他信息转化之前,鼓励实习生发展关怀中心的多元文化教育模式,可促成尊重和信任的关系,使实习生关注学生文化,确认所有学生获得学术内容的途径平等。通过以关怀为中心的实习,职前教师会形成学生中心教学法取向。不少教师教育项目还会采用相应的测量工具,如确定问题测验(Defining Issue Test, DIT),测量学生师德伦理课程学习的效果。DIT 的主要理论依据为柯尔伯格的道德发展阶段理论,旨在测量个体的道德发展和道德推理能力。DIT 主要包括 6 个道德两难情境,共需 30—45 分钟完成。以下为 DIT 的 6 个道德两难情境。

1. 海因兹偷药:海因兹付不起药剂师要求的高昂药费,可以偷药来救他即将病死的妻子吗?

2. 逃犯:某人发现隔壁住着逃犯,但是这个人在搬到这里之后一直过着诚实的生活,是否该把他送到警察那里?

3. 报纸:一个高中校长觉得校报的内容违反学校的规定纪律,是否有权利宣布停止印刷校报?

4. 医生的两难:一位医生是否可以答应一位无法救治的病人给她很多止疼片的要求,这么多止疼片可能会结束她的生命?

5. 韦伯斯特:生意人韦伯斯特是否可以不雇佣某些种族的人,因为他的客人不喜欢这些种族的人?

6. 学生占领大学建筑物:大学校长拒绝停止军训,学生是否有权利占领大学建筑物以示抗议?

每个道德两难情境之后都有 12 个小题,每题都涉及某个具体的道德议题,共计 72 项。使用李克特 5 级量表(1 代表非常不重要,5 代表非常重要),让答题者给每题打分。其中 62 题涉及柯尔伯格的多个道德发展阶段(阶段 2 有 5 题,阶段 3 有 17 题,阶段 4 有 19 题,阶段 5 有 16 题,阶段 6 有 5 题),另外 10 题不涉及道德阶段发展,主要涉及法律和社会秩序等方面。

有的教师教育项目还另外设计实践教学研究性任务,如波士顿教师驻留项目要求职前教师在教学期间完成一项儿童研究,搜集任教班级三个学生的数据作为个案,在课程结课时汇报自己的个案、职业道德发展的收获等。

在职前教师即将完成实践教学的时候,大学教师和带教教师将对职前教师的实习进行评价。以下为 2009 年新加坡国立教育学院制定的师范毕业生能力框架,职前教师须达到这个标准才可以毕业。

表 5.2　新加坡国立教育学院师范毕业生能力框架

能力维度	核心能力	学习水平
职业实践	1. 照顾学生	形成该能力
	2. 向学生提供有质量的学习体验	形成该能力
	3. 课外活动中向学生提供有质量的学习体验	形成该能力
	4. 传递知识	提升该意识
	4.1　掌握所教的学科	形成该能力
	4.2　具备反思能力	形成该能力
	4.3　具备分析能力	形成该能力
	4.4　具备创新能力	提升该意识
	4.5　能够创意教学	提升该意识
	4.6　具有远见	提升该意识
领导和管理	1. 赢得人们的认同	提升该意识
	1.1　理解环境	提升该意识
	1.2　帮助他人发展	提升该意识
	2. 与他人合作	提升该意识
	2.1　协助家长	提升该意识
	2.2　团队合作	提升该意识

能力维度	核心能力	学习水平
	1. 了解自己和他人	形成该能力
	1.1 了解自己	形成该能力
个人	1.2 实践正直	提升该意识
	1.3 理解和尊重他人	形成该能力
	1.4 适应性强	形成该能力

四、我国教育实习与师德践行要求

在我国,教育实习的概念界定较为多元。例如,《教育大辞典》中将教育实习定义为各级各类师范院校高年级学生到实习学校进行教育、教学专业实践的一种形式,包括参观、见习、试教、代理或协助班主任工作以及参加教育行政工作等。

叶澜对教育实习作出如下界定:师范院校或综合大学师范专业的高年级学生到初等或中等学校进行教育和教学实践活动,在指导教师的帮助下,通过学习教学实际工作了解教育现实,体会教育实践,尝试应用所学教育理论,培养和锻炼从事教育教学的工作能力,进而加深对教师职业的理解和认识。

许高厚认为,教育实习是师范院校具有综合性的教育、教学专业实践活动。具体地说,它是按照国家教育部门颁布的师范教育教学计划,在教师指导下,师范生积极主动自觉地运用已获得的教育理论、专业知识和技能,在实习学校中直接从事教学工作实践和思想品德教育工作实践的一种教育活动。

邓李梅将教育实习分为如下几类:集中蹲点实习,即指导教师带队,安排师范生进入中小学,听优秀教师讲课,作专题报告,下课堂跟班实习,试教、听课、整理实习报告等;分散实习,也称"自主实习",即师范院校不统一组织学生实习,由学生自己寻找、自主选择实习单位进行实习;定岗实习,实习生在三个月至半年时间内到幼儿园、中小学、科研所等,顶替实际工作岗位上到师范院校接受培训的教师,或者承担缺少专任教师的学科的教学工作。

教育实习一直是我国教师教育的一个传统。早在1897年,南洋公学师范院就下设附属小学,令师范生在一年的时间里分班教之,开展教育实习。1902年京师大学堂师范馆开始公立教师培养,设立"小学堂"供师范生进行教育实习。《京师大学堂师范馆章程》规定师范生第一年学教育宗旨,第二年学教育原理,第三年学教育原理及学校管理,第四年实习,由此正式确立了实习制度。清末"癸卯学制"颁布以后,公立初级师范学校中有了实习科目"实事授业"。1912年颁布的《师范教育令》明确规定师范学校设置附属中小学,让师范生在其中实地练习,即实习。

新中国成立后的1952年,教育部《师范学院教学计划(草案)》明确指出:"参观和实习为师范专科学校、师范学院教学计划中重要的组成部分,分定期集中参观、实习和平时参观、见习。"改革开放之后,教师教育实践得到重视,国家强调要办好师范院校的附属实验学校,并把它们作为实习的基地。常见教育实践形式含参观、见习、实习三种,其中实习的时间较长,大致在10周左右。

早期的教师教育实践较关注职前教师教学技能的训练。如民国期间师范教育实习常见的流程如下:

先由相应级任教员向实习生介绍教学方针、实习所在年级杂务及惯例、学生个性等,继由科任教师介绍教学过程、教学方法、相应教材、制订教案所应注意事项、考察成绩方法等。实习学校科任教师向实习生作示范教学一次后,令其试教。实习生则应在试教前,依循教材,详细编写教案,于实习前两日交由指导教师审查。试教时,由指导教师和本组实习生在教室中观摩,记录下该生教学上的优缺点,以便试教后召开批评会加以研讨。

新中国成立以来,我国教育实习仍较注重专业知识、技能的训练,如1954年教育部颁布《师范学院暂行教学计划》和《师范专科学校暂行教学计划》指出:教育实习的目的是使学生把学习政治理论科目、教育科目及专业科目所获得的知识,具体运用到实际教育和教学工作中,通过实际运用检查其领会与掌握的程度,并使其进一步掌握中等学校教育和教学工作的实际技能。改革开放以来,我国师范生教育实习改革基本围绕"共建实习基地、调整实习时间和提高实习质量"三大要点展开。

随着进入新世纪,我国教师教育对教育实践更加重视,同时对教育实践中的师德素养培育也提出了明确的要求。如2010年教育部在《国家中长期教育改革和发展规划纲要(2010—2020年)》中提出:"加强教师教育,……深化教师教育改革,创新培养模式,增强实习实践环节,强化师德修养和教学能力训练,提高教师培养质量。"2016

年《教育部关于加强师范生教育实践的意见》则提出如下意见：

举办教师教育的院校要围绕培养适应中小学教育教学需要、高素质专业化的"四有"好教师的目标要求，通过系统设计和有效指导下的教育实践，促进师范生深入体验教育教学工作，逐步形成良好的师德素养和职业认同，更好地理解教育教学专业知识，掌握必要的教育教学设计与实施、班级管理与学生指导等能力，为从事中小学教育教学工作和持续的专业发展奠定扎实的基础。

2017年，教育部印发《普通高等学校师范类专业认证实施办法（暂行）》，以推进教师教育质量保障体系建设，提高师范类专业人才培养质量。对师范类专业实行三级监测认证：第一级定位于师范类专业办学基本要求检测，第二级、第三级分别聚焦于师范类专业教学质量合格标准认证和教学质量卓越标准认证。第二级、第三级认证从践行师德、学会教学、学会育人、学会发展等四个方面凝炼教师核心能力素质，引导教师落实立德树人根本任务，为师范毕业生从事教育教学工作奠定扎实基础。

通过第三级认证专业的师范毕业生，可由高校自行组织中小学教师资格考试笔试和面试工作。所在高校按照国家有关要求开设课程，师范毕业生按照学校师范类专业人才培养方案修学规定课程并成绩合格、达到毕业要求，视同笔试合格。所在高校据教育部关于加强师范生教育实践的意见要求，建立以实习计划、实习教案、听课评课记录、实习总结与考核等为主要内容的师范生教育实习档案袋，通过严格程序组织认定师范毕业生的教育教学实践能力，视同面试合格。

《中学教育专业认证标准（第三级）》对践行师德、学会育人等方面，提出如下毕业要求：

践行师德

[师德规范]践行社会主义核心价值观，增进对中国特色社会主义的思想认同、政治认同、理论认同和情感认同。贯彻党的教育方针，以立德树人为己任。遵守中小学教师职业道德规范，具有依法执教意识，立志成为有理想信念、有道德情操、有扎实学识、有仁爱之心的好老师。

[教育情怀]具有从教意愿，认同教师工作的意义和专业性，具有积极的情感、端正的态度、正确的价值观。具有人文底蕴和科学精神，尊重学生人格，富有爱心、责任心、事业心，工作细心、耐心，做学生锤炼品格、学习知识、创新思维、奉献祖国的引

路人。

学会育人

[班级指导]树立德育为先理念。了解中学德育原理与方法,掌握班级组织与建设的工作规律与基本方法。掌握班集体建设、班级教育活动组织、学生发展指导、综合素质评价、与家长及社区沟通合作等班级常规工作要点。能够在班主任工作实践中,参与德育和心理健康教育等教育活动的组织与指导,获得积极体验。

[综合育人]具有全程育人、立体育人意识,理解学科育人价值,了解学校文化和教育活动的育人内涵和方法。能够在教育实践中将知识学习、能力发展与品德养成相结合,自觉在学科教学中有机进行育人活动,积极参与组织主题教育和社团活动,对学生进行有效的教育和引导。

学会育人方面的要求,给教育实习的师德践行,特别是班级管理、学科育人这两项任务,提供了具体的标准,从而进一步对我国职前教师教育实习主要任务——学科教学和班级管理——的师德践行,作出了细化规定。

2021年的《中学教育专业师范生教师职业能力标准(试行)》要求师范生具备育德意识,能够开展班级管理、心理辅导和家校沟通,能够开展课程育人、活动育人,并进一步对实习生需要掌握的能力进行了水平划分。

表5.3 中学教育专业师范生教师职业能力标准(综合育人能力)

育德意识	树立	德育为先理念
	了解	德育原理与方法;学生思想品德发展的规律和个性特征
	能够	有意识、有针对性地开展德育工作
班级管理	基本掌握	班集体建设、班级教育活动组织的方法
	熟悉	教育教学、学生成长生活等相关法律制度规定
	能够	合理分析解决教学与管理实践相关问题
	基本掌握	学生发展指导、综合素质评价的方法
	能够	利用技术手段搜集学生成长过程的关键信息,建立学生成长电子档案
	能够	初步运用信息技术手段辅助开展班级指导活动
	熟悉	校园安全、应急管理相关规定
	了解	学生日常卫生保健、传染病预防、意外伤害事故处理等相关知识

心理辅导	关注	学生心理健康
	了解	学生身体、情感发展的特性和差异性
	基本掌握	心理辅导方法
	能够	参与心理健康教育等活动
家校沟通	掌握	人际沟通的基本方法
	能够	运用信息技术拓宽师生、家校沟通交流的渠道和途径
	能够	积极主动与学生、家长、社区等进行有效交流
课程育人	具有	教书育人意识
	理解	拟任教学科课程独立的育人功能
	注重	课程教学的思想性,有机融入社会主义核心价值观、中华优秀传统文化、革命文化和社会主义先进文化教育
	培养	学生适应终身发展和社会发展所需的正确价值观、必备品格和关键能力
	理解	学科核心素养
	掌握	课程育人方法和策略
	能够	在教育实践中,结合课程特点,挖掘课程思想政治教育资源,将知识学习、能力发展与品德养成相结合,合理设计育人目标、主题和内容,有机开展养成教育,进行综合素质评价,体现教书与育人的统一
活动育人	了解	课外活动的组织和管理知识
	掌握	课外活动组织与管理相关技能与方法
	能够	组织、开展丰富多彩的课外活动
	了解	学校文化和教育活动的育人内涵和方法
	学会	组织主题教育和社团活动,对学生进行教育和引导

上述教育实习工作的开展过程,常常是职前教师从学生身份向教师身份转换的重要阶段。不少参加教育实习的职前教师在实习一开始便体会到高强度工作的冲击。目前的教育实习理论研究和实践对教学专业知识的获取、专业技巧的训练和提升关注较多,而对如何提升教育实习的师德素养的研究和探索尚不多见。以下将结合教育实习中实习教师交往较多的两类群体——在职教师和学生,以及两类主要任务——学科教学和班级管理,讨论教育实习中师德修养、育德能力的提升。

第二节　教育实习与师德观察学习

一、案例及相关评论

新来的实习生

像往年一样,陈老师的学校来了一批师范学校的实习教师,高一年级教师共用的大办公室一下子就热闹起来。墙边临时增加了一排桌子,供实习教师使用。年轻人不时走动,上课铃声响起的时候,三三两两提着小凳子去教室听课,有的时候围着指导教师的办公桌讨论问题。这一天,陈老师来得早,黄老师和她说:"实习生们也不知道多打扫一下办公室,他们做一下这些事,我们也会更用心指导。"陈老师今年正好带教三名实习教师,一会儿他们来的时候,陈老师该怎么做呢?

提问:你如何看待实习生和指导教师之间的关系? 陈老师会吩咐实习教师多打扫一下办公室吗? 为什么?

从相关讨论来看,没有实习经验的职前教师往往认为指导教师和自己以往的教师无异,他们应该尽心指导,实习生则虚心学习。对于第二个问题,不同阅历的学员持有不同的观点。年长的学员对黄老师的观点比较认同,他们认为教师工作本身是具有集体性的活动,集体里的每个成员都应该有所奉献。因此,在实习阶段,职前教师积极参与集体活动,是融入集体、获得集体认可的好方式。有的职前教师有不同的观点,他们更强调人与人之间的平等,并对实习学校和指导教师等布置非教育实习相关任务提出质疑和反对,认为端茶倒水、代买咖啡、代批作业等并不属于教育实习的内容,对自己的实践学习没有帮助。

尽管相关观点可能受学员所处职业阶段、个人特质(年轻一代生长于更加注重平等、独立的年代)影响,但是它们无不向我们展示了职前教师在教育实习的时候就开始了身份的转变,从学生变为教师。这个阶段,职前教师通过在中小学校园内长时间地工作和生活,发生从"师德旁观者"向"师德实践者"的身份转变,另外也会通过真实的班级管理工作、课程育人工作开展育德初实践。以下将简要介绍教育实习指导教师的作用、教师实习观察学习相关理论,以及教育实习中的师德观察学习。

二、教育实习指导教师——带入职业之门

目前我国师范生教育实践实行"双导师制",即由师范院校教师和中小学教师共同指导。师范院校要与地方教育行政部门、中小学协同遴选优秀教研员和中小学教师担任指导教师。一线实习学校的指导教师既是实习生的带教老师,又是实习生未来的同行甚至同事。从职前教师职业社会化的视角来看,实习指导教师对职前教师有着极其重要的影响作用。指导教师往往是教育性、支持性、控制性功能的集合体,可促进实习生适应职业并最终成为独立的职业人。在与他们的相处中,职前教师发生身份转变,从"普通人"逐渐成长为"教育者",并最终融于教师共同体而成为其中一员,形成教学、育德的能力。

一直以来,我国师范类专业设在大学、师范院校中,院校是教师教育的直接责任承担者,中小学常常以教育实习单位的身份参与职前教师某个阶段的培养工作。历史上,曾经有过一些行业领域人士参与职前教师培育的案例,主要通过遴选优秀中小学教师,让师范生与好教师交朋友、担任好教师助手等方式,培养其教师素养。

但是,受我国师范教育"院校为本"、重学科知识学习等因素的影响,广大职前教师常常是到了教育实习阶段,才以实习教师的身份和一线中小学教师接触。同样受"院校为本"传统影响,师范教育常常仅把实习当成理论的实践过程。由此,一些实习生在进入实习工作环境的时候,对其面对的实习工作、学习关系的认识也有片面之处。

事实上,开始实习以后,职前教师便开始了与其之前在中小学包括大学的学习相当不同的"学习"。这个阶段,他们既是老师又是学生,而带教老师既是他们的老师,又是他们的朋友。用组织研究的视角来看,实习生和带教教师之间,更像一种"师徒关系":组织中的资深教师向资浅的实习生提供职业生涯辅导和支持,建立深入互动的指导关系。

"师生关系"式的学习关系更具有普适性,而"师徒关系"式的学习关系则更适应专业知识技术代际传递的特点。师徒制起源于技艺学习,是最早的教学形式之一,指职业新手在有经验的职业人员或专业人员指导下,依靠具体实践而获得职业或专业技能的教育方式。师生式教学关系与师徒式教学关系在技能的传授上有较大的差异。

师生式教学关系在教学的过程中严格遵循学校的培养方案,改变了师徒式教学关系中师父一人做主的局面。师徒式教学关系以经验教学为主,徒弟通过对师父的模仿来实现预想的学习效果。

上述分析可以解释本节案例在学员之中引发的争议。受"院校为本"观念的影响,实习生认为自己是到一线中小学实践大学所学理论的,而非完全依赖实践来学习。事实上,近年来教师教育理论的发展告诉我们,大学注重教学理论的研究,但是仅仅有这些并不足够,还需要来自教学实践的理论,这也是近年来全球范围内延长师范生实践教学时长的主要原因。

此外,实习生并未意识到自己身份的转变。一线指导教师并不完全等同于实习生的老师,而是在某种程度上与实习生形成了"师徒关系",是促进实习生职业社会化的带路人。从本节案例讨论部分学员的发言可以看到,有一定教学经验的老师用日常的语言提到了职业社会化,提到融入职业群体,成为其中一员。

对资深教师、带教教师而言,随着其职业能力发展逐渐得到认可和尊重,其自身会产生更强的职业责任感、社会责任感,希望把自己所掌握的职业知识、技能回报给认可自己职业能力的社会,表现形式之一就是对年轻教师的指导。在这个过程中,尊重资深者,既是对其职业能力的认可,也是对其投入专业指导关系的鼓励。从实习生角度看,带教老师具有角色榜样的意义——为广大职前教师了解职业、熟悉师德规范、形成职业认同等提供了生动的样本,带教老师也具有职业社会化引导者的意义——向职前教师提供与实习学校在职教师互动的机会,促进其实现职业社会化,同时获得专业知能、专业精神与专业技巧。指导教师的作用有二:短期来说,帮助被指导者熟悉工作单位,掌握工作相关的知识和技能;长期来说,促进被指导者职业社会化,助其提升职业认同和适应性。

三、教育实习观察学习的相关理论

教育实习很重要的学习内容,是观察学习。从教师职业化发展的历史来看,最早的师范学校本身就是小学校,当时培养小学生的过程,同时也是培养小学教师的过程,所以观察、实践、教学就是教师教育的全部。如英国教师教育最初的主要形式就是小学里的"学生—教师计划"(Pupil-Teacher Scheme),即职前教师在小学开展多年实习后成为教师。职前教师成长的主要途径就是实践性学徒,通过跟随有经验的老师,不断地观察、试错、改进,成长为合格的教师。尽管教师职业化发展已经走过多个阶段,观察、模仿和学习仍然是职前教师专业发展、师德发展的重要途径。

从教师职业社会化理论来看,教育实习阶段和初任教师阶段是教师职业社会化过程中的关键环节。职前教师职业社会化指个体通过内化教师的职业价值、获取教师的职业手段、认同教师的职业规范以及形成教师的职业性格,成为社会结构所倡导的职业教师的过程。因此,不少国外教师职业社会化研究聚焦于教育实习阶段和初任教师阶段,以检查职前教师进入真实教学环境之后,如何运用所学理论和知识、内化教师职业价值等。职前教师社会化的成功意味着职前教师教育是有效的。

研究发现,教育实习阶段,实习教师的观察学习,特别是对带教教师的观察学习,对其师德、教学观、学生观的形成有重要的作用。除此之外,实习学校的学生及其他教师对于实习教师的教育信念也有影响。这些都是实习教师职业社会化的重要影响源。

受建构主义影响的教师教育转化问题研究指出,进入一线学校实践的时候,面对和大学不一样的教学环境、教学理念等,职前教师会反思自己在大学接受的教育,开始构建自己的教学观念。建构主义学习理论认为,学习是一个同化和协调的过程,是个人和他人、环境互动的结果。

以下为新加坡国立教育学院改编的教育实践中职前教师基于观察的反思模型。

第一步,观察:实践中发现了什么? 我做了什么? 其他人怎么说? 他们如何反应?

第二步,反思:为何我这么回应? 我为何采取这个措施?

第三步,计划,权衡因果,考虑学校的文化:如果我做得不一样,会为我的教学和互动带来哪些改变?

第四步,行动:现在怎么办? 再进入同样的情境,我打算如何应对?

图 5.1 中灰色的背景部分,是职前教师先前积累的信念、态度、价值观和假设等。

四、观察师德榜样、育德榜样

实习学校(指导)教师师德榜样效果非常明显,其一言一行都会成为实习教师观察的对象,实习教师会对实习学校教师的师德素养、氛围进行观察,对于正面的部分会加以肯定,对于负面的部分也会进行思考并采取行动。

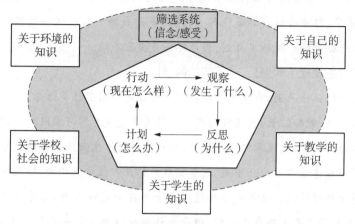

图 5.1 教育实践中职前教师基于观察的反思模型

（一）师德氛围观察

实习生新到实习学校的时候,会细心观察学校的师德师风,不仅对此形成自己的判断,也会受到良好校风潜移默化的影响。

我刚到实习学校时,就发现语文组有一位语文老师,估计是腿部骨折,每天都需要拄拐杖坐轮椅。每到上课前,会有两个男同学到办公室,为这位老师推轮椅。老师是教高三的,教室在四楼,虽然有电梯,但还有一小段楼梯要走,这位老师每次都一手撑着拐杖一手扶着楼梯扶手,艰难地走完这段楼梯,而后再由学生推轮椅进教室。令我感动的不仅是这位老师腿部骨折依然每天坚持上课的精神,还有她的学生每次都来为她推轮椅,路过学生纷纷主动为她让路。教师和学生之间是相互理解的,教师带病坚持上课的精神值得敬佩,学生理解老师、尊敬老师也令人欣慰。学生和老师在这种环境中,才能共同成长。

（二）师德冲突反思

实习生在实习过程中也会遇到实习学校教师师德失范状况,实习生对此也会有所反思、挣扎和行动。

最让我印象深刻的是有一次监考,考试内容是书法。前一天,总考官向我们监考老师宣读了考场规则,其中一条是带入考场的字帖必须是正规出版物。第二天监考时,我发现有一个考生光明正大地拿着事先备好的字帖进行临摹。在我准备提醒她时,巡考进来了,轻声告诉我那是他侄女,意思是要我睁一只眼闭一只眼。可是,这样对其他的考生公平吗? 纠结了片刻,我最终还是提醒了她。

也有实习生发现了问题后,有了行动的意图。

在我实习的三个月里,我认识了所在实习学校的一名男性英语老师。他是高二年级某班的班主任,教龄较长,性格较为内敛。每天早晨我去实习班级时,总会路过他所带的班级。时间久了,我注意到一个现象,那就是每次学生激情昂扬地晨读时,他都会端一把凳子正襟危坐在讲台正中央,或是挺拔地站立在教室正中央,低头刷手机,偶尔抬头看看学生早读情况。虽然我不知道这位老师在浏览什么内容,是早间新闻,还是朋友圈,或是他早上有文件急于处理,但是我认为该行为不是一名优秀教师应有的行为。在我看来,教师应当为人师表、以身作则、与学生共进退。在学生专心致志地学习的时候,教师埋头看手机的做法,无疑会有意无意地影响学生的专心程度,使学生产生"我在辛苦学,你在开心玩"的心理落差。因此,我觉得这种现象应该被指出来。然而我只是该校的一名实习老师,资历太浅,因此我并没有采取措施去提醒该老师,或是通过其他途径去解决这个问题。在此,我感到有些羞愧。

(三) 带入教师角色

实习过程中,实习教师会慢慢发现自己身份的转变,开始把自己代入教师的角色思考问题。

我的教学指导老师是一位非常优秀、心地善良的语文老师,有这样一件事发生在她身上。她为了兼顾家庭和事业,不再担任班主任,只做科任老师。有一次她上完了课准备走的时候,班主任找到她,请她帮忙陪一个学生去医院。(学生之间发生小矛盾,一个学生用衣架敲了另一个学生的头。当时恰逢期中考试,被敲的学生考得很差,就说因为被敲了头,所以没考好。家长一听,找到学校,非要检查。)这位老师没有丝毫犹豫就答应了,在医院也尽心尽力帮学生弄这弄那。在等待检查时,学生家长和老师聊天,旁人听到这是家长和老师来陪学生检查,就立马问那个学生:是不是老师打人? 是不是老师体罚你? 是不是老师伤害了你? 通过这件事,我认识到社会的偏见对教师幸福感的伤害,但是教师总要做到问心无愧。

（四）亲历家校冲突

实习过程中，实习教师也会亲历班级管理中的一些冲突和挑战，从而加深对教师职业的认识，并反思未来自己遇到类似问题的应对策略。

一日，某家长在微信群里指名道姓指责班主任不告知家长周测成绩，态度和用语极为粗鲁，用反问语气指责班主任不负责任，导致家长无法了解小孩的分数。此事激起众家长的愤怒，纷纷指责该家长不配合教师的工作且说话极为不礼貌。班主任回应：请家长向科任老师询问成绩。数学老师回应：每次测试，老师都会亲自批改试卷并要求学生订正，家长首先要想想为什么孩子不告知分数，是不是害怕父母的责备，导致孩子心理负担重。

针对家长的这种做法，我会在学期开始就告知家长，只有大型考试的成绩会公布，周测只是检验本周的教学成果，用于教师教学参考。如果学生的成绩波动大，我们会与学生、家长沟通。对于分数，请家长们理性看待，更应该关注的是孩子的心理健康。

（五）师德榜样

实习教师能从优秀教师身上感受到教师对职业、学生、学科的热爱并备受鼓舞。

在实习的过程中，指导老师时常告诉我们：要想你的课堂感动学生，首先你得先感动自己。他对数学的热爱和其深厚的数学功底深刻地影响着我，在数学面前，我们每一个人都是虔诚的学习者。即使他现在年龄比较大了，每一道题也都会自己亲自做一遍，因为他觉得，把自己是怎么想到这种解法的，做难题时怎么经历挫折的，一一转述给学生，相比直接呈现给学生答案，更能让学生体会到数学其实没那么难，从而减少对数学的畏惧。有的时候，他对于一道数学题的解法不够满意，回家后还会一直思考，第二天告诉学生其他解法。他说：我就是想告诉学生，老师一道题目没有做出来，或者对解法还不够满意，回家不会放弃，希望这种对数学的执着和热爱能传递给学生。

需要指出的是，由于年龄、阅历、受教育经历的差异，实习生有时会不赞同在职教师的某些做法，如批评学生过于严厉等，但是这会促使职前教师进一步反思并调整自己的实践，促成职业素养的发展。

五、建设实习生师德践行档案袋制度

结合职前教师在教育实习中遇到的师德学习机会、收获和反思,各师范院校、教师教育培养单位可以建设实习生师德践行档案袋制度。

第一,设置周期性的师德反思写作任务。

可以安排四次写作:

第一次,开始实习之前,由职前教师撰写自己对教师职业的认识,描述理想的好教师形象。

第二次,开始实习的第一个月,这个时候职前教师已经熟悉了实习学校环境、实习带教教师,可以要求其撰写实习学校师德氛围观察记录。

第三次,完成首次课程教学特别是首次班会课之后,要求职前教师撰写自己作为教师进行班级管理、学科育德的思考。

第四次,即将完成实习前,要求职前教师撰写印象最深刻的师德事件,可以是正面积极的事件,也可以是负面的案例。

第二,梳理历年教育实习的师德反思写作,按主题等整理成册,供实习生在实习准备阶段学习与讨论。和资深教师讲座相比,来自同龄人的实习故事能起到不同的启发作用。

第三,高校指导教师除了周期性前往学校听课外,可通过现代教育技术如微信群等,与实习生沟通教育实习中遇到的师德践行方面的问题,以便及时给予指导和帮助。

第四,鼓励学校和学生使用电子档案袋。目前我国教育实习中较多使用传统纸质实习手册,格式固定,实习生无法进行个性化的记录。近20年来,随着信息技术的发展,电子档案袋已经较为广泛地运用于欧美国家的师范院校。2002年,美国全国教师教育标准认证委员会强制要求所有的教师教育项目都使用电子档案袋。

教师教育大量使用档案袋法来评价职前、在职教师职业发展,鼓励教师对自己的学习进行自主把握,选择能反映自己学习成果的多元作品,分析、辨别自己掌握了哪些教育基本原则、内容和教师能力要素。电子档案袋搜集了和学习者进步、发展、成就相关的真实而多元的证据,有助于促进学习者学习和发展,记录他们的成长,鼓励自评和反思,并为评价提供证据。技术的发展增进了电子档案袋内容的丰富性(文字、图片、声音、视频等），学习者可以随时使用，在升学和就业后也可以继续使用。

第三节　班级管理育人与实习生师德发展

一、案例及相关评论

实习前后说奉献

这正是学校的午饭时间，实习生小张在初一(6)班的教室外帮同学们打汤。"走慢点，小心洒了！""还有点烫哦！"同学们已经在课桌上摆好了餐具，陆陆续续到小张这里领汤。等所有的同学都回到座位开始吃饭了，小张才去吃饭。没多久，小张又出现在教室里，开始了午间辅导……忙碌的一天结束了，小张在返回大学校园的路上，想起了之前课堂上的一次讨论。那天，老师问同学们对"春蚕到死丝方尽，蜡炬成灰泪始干"的看法。大部分的95后同学（包括小张）纷纷摇头，有的说这句话过时了，有的说老师也是人，也需要平衡工作和生活。不料实习没多久，自己就全天候围着班级转，忙得不亦乐乎了。

提问：小张在实习前后，对教师职业的奉献有哪些不一样的理解？是什么原因让他发生了这些转变？

从相关讨论来看，学员注意到了小张在实习前后对教师奉献的理解的变化。在实习前，小张作为一名年轻的职前教师，针对赞美奉献的诗句，提出了教师需要平衡工作和生活的意见。在实习后，小张真正进入一线实践，接触到真实的学生，进入了教师角色，不知不觉中做起了老师日常为学生做的事：挤压自己的午餐时间，给刚升上初中的孩子打汤，照顾他们的生活；牺牲自己的午休时间，去教室辅导学生。可见，实习工作，特别是担任和学生互动频繁的班主任，让小张对奉献的看法发生了变化。

上述案例其实也呼应了实习教师道德发展研究成果。相关研究表明，实习教师一般会经历四个阶段的道德学习。第一个阶段，在和学生的互动过程中，形成道德学习体验。第二个阶段，意识到自己原有的道德观念体系对教育实习工作的影响。第三个阶段，批判性反思自己原有的道德观念体系。这个阶段的反思常常伴随着与同事教师的讨论。第四个阶段,产生新的道德认知。本节案例中的实习生小张就是在开始实习之后,改变了自己对于教师职业奉献的认识并付诸行动。

以下将介绍教育实习工作中的班级管理工作对实习生师德发展的影响。

二、熟悉班级管理工作,奉献个人时间

在开始教育实习之前,绝大部分实习教师对于班级管理工作的了解主要来源于自己在中小学的学习生活经历。

我国很早就开始设置班主任。如 1942 年绥德专署颁布《小学训导纲要》,提出"实行教导合一制,必须加强班主任责任"。1952 年的《小学暂行规程(草案)》和《中学暂行规程(草案)》分别规定:"小学各班采取教师责任制,各设班主任一人,并酌设科任教师。""中学每班设班主任一人,由校长就各班教员中选聘。班主任任课时数,可依据具体情况,较专任教员酌减。"也就是说,我国采用的是兼职班主任制度:班主任并非单独职位,而是从班级科任教师中选聘,班主任既做科任教师,又做班主任。世界上不少国家和我国一样,有类似的班主任制度,如韩国、日本、以色列、丹麦、法国、俄罗斯和英国。班主任承担某个特定班级的全方位管理职能(如学生行为、道德发展等),并承担一定的家校沟通任务。

随着社会的发展,我国的班主任制度也有了一些发展,各地出现了全员班主任制、专职班主任制、无班主任制、AB 班主任制、学生助理班主任制、多任轮流连带班主任制、导师+辅导员制、班主任+导师制、班级顾问制、班级教育小组制等多种创新。

2021 年教育部印发的《中学教育专业师范生教师职业能力标准》,就班级管理能力对师范生提出具体要求(见表 5.3),与 2009 年教育部颁发《中小学班主任工作规定》相比,更突出了基础知识和技能掌握方面的要求:基本掌握班集体建设、班级教育活动组织的方法,基本掌握学生发展指导、综合素质评价的方法,熟悉教育教学、学生成长生活等相关法律制度规定和校园安全、应急管理相关规定。

实习生在到达实习学校的时候,学校通常已经安排好其开展班主任实习工作的班级和带教班主任。表 5.4 为两份中学日常作息表,一份来自走读制学校,一份来自寄宿制学校。

表5.4　中学日常作息表

某走读制中学日常安排	某寄宿制中学日常安排
07：00—07：30　早自习	起床·················6：40
07：30—07：50　早操	盥洗、早餐·······6：50—7：20
08：05—08：45　第一节课	预备················7：20
08：55—09：35　第二节课	早读课·········7：30—7：45
09：45—10：30　第三节课	第一节课······7：55—8：35
10：40—11：20　第四节课	第二节课······8：45—9：25
11：20—12：50　午餐+午间自习	课间操·········9：25—9：55
12：55—13：35　第五节课	第三节课····9：55—10：35
13：45—14：25　第六节课	第四节课···10：45—11：25
14：35—15：20　第七节课	第五节课···11：35—12：15
15：30—16：10　第八节课	午餐、午休··12：25—2：20
16：20—17：00　第九节课	预备················2：20
学生值日、离校	第六节课······2：30—3：10
	第七节课······3：20—4：00
	第八节课······4：10—4：50
	第九节课······5：00—5：40
	晚餐、休息···5：40—6：30
	预备················7：10
	晚自习一······7：20—8：00
	晚自习二······8：10—8：50
	晚自习三······9：00—9：40
	教室熄灯··········9：50
	就寝···············10：00

从表5.4可以发现,实习班主任工作需要实习教师投入大量的时间,甚至牺牲不少个人休息、娱乐时间。实习生常见的班级管理任务分两类:一是熟悉班级情况,如班级学生的学习情况、个性,班委组成(如果带新生,则涉及组建班委的工作)和运行情况;二是根据学校的日程安排,协助带教班主任进行班级管理,如作业收发、监督学生课间操和眼保健操、午间休息管理、指导学生值日、组织班会课、督促宿舍宿务等。这些任务都需要花费大量的时间,实习班主任往往需要比学生更早到校,比学生更晚离开。在早自习、早操、课间操、眼保健操、午餐、午间自习、值日等时段,实习班主任都需要来到教室进行管理。尽管实习教师并不是独立负责一个班级的管理,但是他们往往非常全面地参与学生在校生活的各个时段。因此,实习教师与带教班级的学生会产生深入的交流和沟通。有参加过实习的职前教师总结说:"班级管理最好用的策略,其实并不是书上介绍的那些理论。我的体会是要舍得为自己的学生花时间。只有这样,学

生才肯配合,班级管理就好办很多。"

三、全面育人,探索教师的严慈相济

在熟悉班级管理工作之后,实习教师全方位陪伴学生,进一步探索师生相处之道。其中,教师的严慈相济是职前教师实习后较多提及的一个主题。实习前,职前教师对成为严格的权威型教师存在一定的抗拒心理;实习后,职前教师往往会发现,教师和学生之间需要留出一定的距离。如何把握这个度呢?太远会显得生疏,不能了解学生的实际情况;太近则无法引起学生的敬畏,班级管理工作难以顺利开展。

(一)制定严格的班级管理要求和标准并认真执行

在实际操作中,实习教师可结合学生在校学习的日程表,对学生提出具体的要求并严格执行。以表5.4中某走读制中学日常安排为例,实习教师可以在学校固定安排的基础上,对学生活动作出规定,让学生切实遵守。

表5.5　教育实习日常安排细表

时间	安排	学生活动	要求	备注
07:30之前		交作业,整理用品	不喧哗	班委统计作业情况
07:00—07:30	早自习	读书	不走动	课代表领读,到班辅导
07:30—07:50	早操	做操	达到做操要求	到操场管理
08:05—08:45 08:55—09:35 09:45—10:30 10:40—11:20	第一节课 第二节课 第三节课 第四节课	学习,课间休息	课间不追逐打闹	课间进教室
11:20—12:50	午餐+午间自习	用餐,自习	不喧哗	到班管理、辅导
12:55—13:35 13:45—14:25 14:35—15:20 15:30—16:10 16:20—17:00	第五节课 第六节课 第七节课 第八节课 第九节课	学习,课间休息	课间不追逐打闹	课间进教室
17:00	学生值日	打扫卫生	达到值日要求	班委值班

（二）利用学校、班级重要活动开展丰富多彩的活动育人

实习教师由于和学生年龄接近，可以开展契合学生心理、满足学生需求的育人活动。实习教师可结合学校、班级的重要活动开展班级管理工作。比如，每年秋季学校都会举办运动会，这是非常好的班级德育工作机会。不少实习教师所带的班级是一年级新生，学生从低年级升学入校，刚刚进入新集体，全班团结协作参加学校运动会，有利于促进学生互相熟悉，提升班集体的凝聚力，也有助于拉近师生距离。不少实习教师表示，他们会帮助学生选出时尚的运动会服装，发挥自己的拍照特长，为学生记录运动场上的风采。

（三）实习教师的特殊身份与育人

实习教师身份特殊，既是学生又是老师，年龄也和学生更接近。因此，其在实践中，还会探索出独特的育德方法。

实习教师更擅于发挥年龄优势，放下教师的权威身份，在育德过程中更容易打开学生的心扉。

一个男生，在面批（作业）的过程中非常消沉，整个人很颓靡。当时我就决定先不让他订正作业，而是问问他是不是发生了什么不愉快的事情。一开始他不愿意透露。我跟他说：我们在生活中和学习中难免会碰到不如意的事情，老师在读高中的时候，经常有课听不懂，有时候还跟同桌闹不愉快，感觉家长和老师不理解自己，然后就会情绪低落，影响自己将近一周的学习，可是现在回头想想，那些都根本不是事儿。他听完后有所触动，跟我说，自己和妈妈最近有矛盾。然后我就搬了张凳子让他坐我旁边跟我讲讲。这时我突然想到，我的书包里有几块巧克力，于是我拿出来给了他一块，自己也拿了一块，说：咱们边吃边聊。他笑了，说：老师你知道吗，我昨晚晚饭没吃，今早早饭也没吃，都快饿死了。说完我俩都笑了。后来我就开导他，帮他疏通与他妈妈之间的矛盾。通过这件事，我觉得，高中生大多是沉默的，他们不会轻易向别人吐露内心的烦恼。老师需要拉近自己与学生的距离，让他们觉得老师也是这些问题的经历者，老师和他们会产生共鸣，老师会是自己的理解者和支持者。

由于实习教师对在职教师和学生情况有深入了解，在教师和学生产生矛盾的时候，既能理解学生，也能理解教师，常常会扮演"桥梁"的角色，协调师生关系。

在一节英语课上，由于班级的小测成绩不理想，加上有的同学最近上课状态不佳，

带教老师训了全班同学。被老师训话之后，全班的上课气氛显得很沉闷，很少有同学积极回答问题。老师叫一个平时比较贪玩的学生回答问题，他回答不出来，带教老师趁机批评这位同学态度不认真。这位同学自尊心很强，脾气也很倔，当场就和老师顶嘴了，说老师批评得不对，自己学习态度很端正，并指控老师从来不表扬他，看不到他的好。坐在教室后面听课的我决定下课要做点什么来缓解紧张的师生关系。我首先想到的是从学生方面入手。我利用第二天早读课的时间找这位同学谈了一下，对他昨天在课堂上顶撞老师的做法提出批评，告诉他这是不尊重老师的行为，老师对他严厉是看重他的表现，应该感到感激，随后也对老师当时情绪化的批评表示不赞同，表达了自己对该生做得好的地方的欣赏和赞扬。谈话结束后，该同学似乎打开了心结。其次，我打算在平时和带教老师的沟通交流中，旁敲侧击地替这个学生说说好话，让老师关注学生好的方面。之后的几节英语课上，这位同学表现得比平时积极多了，老师也会经常提问他，虽然双方都不说，但是看得出来，他们达成了和解。

面对学生学习的问题，实习教师也能灵活地利用自己亦师亦友的身份，给学生更多的自主权，来解决学习上的问题。这个过程中，师生有更多协商合作、解决问题的机会。实习生扮演"代理人"的角色，要求后进同学迎头赶上，既给学生多一次努力的机会，也让学生对自己的学习有更多的主动权。

我的带教老师布置班级学生背诵一篇课文，课文很短，而且逻辑性很强，只要认真背，一个早自习就完全可以背出来。带教老师按学号抽了10名同学让我检查背诵。其他同学都背很顺利，只有一个同学背得不熟，是真的花时间背了，但就是记不住。于是我当时就跟他说，我不跟带教老师报告他没有在规定的时间内完成背诵，额外给他半天的时间，每节课下课来我办公室背两段，最后全部背完。就这样，他很诚信地遵守我们之间的约定，下课主动找我背课文，最后顺利完成任务。对于基础不太好的学生，多点耐心、多点爱心，就会有精彩的结果。

四、学习与运用班级管理的德育手段

在学校德育中，常见的德育手段有语言使用、榜样示范、奖励与惩罚等。如教师通过语言的使用，向学生提出道德要求——"不许在教室里打闹"，对学生作出评价——"这个星期我们的班级卫生保持得很好"。教师也可通过榜样示范（包括教师本人的身教),鼓励学生参与社会服务等,以提升德育的效果。我国师范院校长期以来比较重视学科知识教学,因此,教师教育类课程,特别是班级管理和德育课程,在本科阶段开设得并不多。不少师范生对基本德育手段和方法缺乏系统的了解,在教育实习中,往往凭个人经验对班级管理进行实践。

以下结合实习教师班级管理相关案例,就班级管理中常见的几种德育手段进行介绍。

(一)冲突情境教育法案例

有天晚上六点左右,实习指导教师吴老师在办公室里教育两个学生。

事件起因:学生A和学生B在做早操的时候把脱下的校服外套放在一起。早操结束后,学生A误穿了学生B的校服,待学生B发现时,学生B放在外套中的U盘不见了。学生B要求学生A陪他一起去操场找U盘,但学生A一口咬定不是他弄丢的,并且强烈表示不愿意陪学生B找U盘。学生B因U盘中存有重要的作业,一气之下把学生A告到吴老师处。

吴老师的处理方式:耐心听完整件事情的经过后,先将学生B支开,再语重心长地教导学生A换位思考:倘若你是学生B,会希望对方怎么做呢?现在学生B只是要求陪他一起去寻找丢失的U盘,即使U盘不是你弄丢的,同学之间互相帮助难道不应该吗?待学生B回来后,吴老师也同样教导学生B换位思考:倘若你是学生A,受到误解后会是什么样的心情呢?在指责别人前是否应该先弄清事情的真相呢?事后,吴老师还教学生A第二天买点好吃的东西给学生B。第二天,学生B和学生A和好如初了。

我认为吴老师的处理方式有两大亮点。第一,能够耐心听完学生的倾诉,并且做到不去干扰学生表述,这体现出吴老师对学生的尊重。第二,这两位同学之所以会因如此小事而闹不愉快,归根到底其实是没有换位思考,都只顾自身的感受与利益,这在他们这个年纪(12岁左右)是应该要及时纠正的,吴老师抓住了事情的利害处,辅以晓之以理、动之以情的处理方式,非常巧妙地化解了两个学生之间的矛盾。

上述案例中,带教教师吴老师面对的是常见的冲突情境:两名学生就丢失的U盘发生了争执。吴老师或许没听说过体谅教育法,但是吴老师通过谈话,引导学生友好相处,体现了体谅教育导向。由于初中学生正处于对人际关系问题处理不太成熟的时期,吴老师通过谈话的方法帮助学生换位思考,从而更好地处理他们遇到的人际问题。

依据体谅教育法,可设计如下题目,要求学生作答,并将学生的反应按照成熟程度分为三大类,见表5.6。

一个跟你同岁而且和你很要好的男孩子/女孩子,因为你不知道的原因显得十分心烦意乱。你会怎么办?

表5.6 青少年对人际与社会问题的反应类型

反应类型与成熟度			反应
不成熟的反应	被动反应	被动反应	不管不问
		被动的情绪性反应	感到不安但不知如何是好
	依赖性反应	依赖成年人的反应	向某个成年人反映这一情况
		依赖同伴的反应	同别的朋友谈论这一情况
	攻击性反应	攻击性反应	叫他/她振作起来
		极具攻击性的反应	取笑他/她
	回避性反应	回避性反应	回避他/她
试验性的反应	试验性反应	试验性的不成熟反应	试着问他/她怎么回事
		试验性的老练反应	设法同他/她交谈,好像没有注意到有什么不对头
成熟的反应	成熟性反应	成熟的习俗性反应	安慰他/她
		成熟的富于想象力的反应	设法使他/她对正在发生的事情感兴趣,同时给予力所能及的帮助,如果他/她需要的话

(二) 榜样法案例

在协助带教班主任的同时,实习生有时也需要独当一面,独立承担班主任的相关工作。实习生有机会结合以往的理论学习和自己的想法进行实验和实践。一位实习教师讲述了自己对学生采用榜样法这一育德手段的经历:

我刚到 S 中实习时,带的是高一(20)班,学生刚从初中升上来,还没适应学校的各项规定,经常忘记打扫教室,或打扫完后还在过道里乱扔垃圾。刚开始的那几天,每次我去检查都发现过道有垃圾,但我没有选择叫学生捡,而是自己蹲下去捡,捡完了下楼扔到垃圾桶。其实,当时看到地上有垃圾,我也想着叫学生捡,但是觉得那种直白的教育方式学生很快就会忘记,所以我想通过自己的言行去影响他们,教育他们。我相信值日生和劳动委员看到一个老师帮他们捡垃圾,肯定会不好意思。果不其然,我三个晚上都帮他们捡垃圾,他们知道自己错了,之后每天一到教室就会检查自己的桌底下和过道上是否有垃圾,渐渐地养成了习惯,我便再也不用帮他们捡垃圾啦!

(三)奖励与惩罚法案例

在教育实习中,带教教师对奖励和惩罚法的使用,受到实习教师的较多关注。不少实习教师汇报了对带教教师惩罚法使用不妥的观察。以下为一个负面案例:

星期五进行了英语测验,这是学生第二次采用填涂答题卡的方式进行答题,有一些学生错涂、漏涂,导致答题卡读不出来,客观题部分为零分。某班的班主任,也是科任英语老师,在周一返校的时候发现了这件事情,将答题卡信息涂错的同学都挑了出来,让他们课后去办公室,在办公室内大声呵斥学生"说了多少遍,还是涂错",并让学生伸出手来打手心。

我认为这位班主任的做法严重不妥,虽然出发点可能是关心学生,但实在是一种违背师德的表现。第一,无论学生犯了什么样的过错,都不能用体罚来解决问题。第二,信息涂错本不是什么大事,成绩为零对学生来说已经是一种惩罚了,叮嘱学生下次注意便是,实在没有必要如此上纲上线。

这位实习教师结合我国教师职业道德规范,对实习学校指导教师对学生的惩罚进行了价值判断,并具体指出其违反了师德规范的哪些方面。在实际教学中,惩罚这一德育手段可以使用吗?如果可以,应该如何使用呢?

根据我国《中小学教师实施教育惩戒规则(试行)》,教育惩罚的含义和使用原则如下:

教育惩戒,是指学校、教师基于教育目的,对违规违纪学生进行管理、训导或者以规定方式予以矫治,促使学生引以为戒、认识和改正错误的教育行为。

实施教育惩戒应当符合教育规律,注重育人效果;遵循法治原则,做到客观公正;选择适当措施,与学生过错程度相适应。

简言之,教育惩罚针对的是有失范(违反纪律)行为的学生,但是该概念不等于刁难、报复等,其实施的目的是纠正失范行为,且需要遵循正当的程序。我国《中小学教师实施教育惩戒规则（试行）》针对情节轻微、情节较重、情节严重的失范行为，分别提出惩罚办法，既突出惩罚方式的恰当性，也突出程序的公正性，以下为针对情节轻微的失范行为的惩罚：

第八条　教师在课堂教学、日常管理中，对违规违纪情节较为轻微的学生，可以当场实施以下教育惩戒：

（一）点名批评；

（二）责令赔礼道歉、做口头或者书面检讨；

（三）适当增加额外的教学或者班级公益服务任务；

（四）一节课堂教学时间内的教室内站立；

（五）课后教导；

（六）学校校规校纪或者班规、班级公约规定的其他适当措施。

教师对学生实施前款措施后，可以以适当方式告知学生家长。

以下为一位实习教师对学生采用惩罚法的案例：

A同学在我的数学课上看名著。当时顾及全班同学还要上课，我将他的书默默拿在手里，放到讲台上，然后提醒大家"认真听讲"，顺便给了A同学一个眼神示意。下课之后，A同学来办公室找我。

我还没开口，A同学就说："刘老师，我错了。"很显然，A同学并没有完全意识到错误，只是随口说出认错的话。我默不作声地看着他，他被我的眼神打败："刘老师，我真的错了。"我还是不太相信，继续面无表情地看着他，他开始紧张，左顾右盼，抓耳挠腮，说道："老师，你听我解释吧。"我微笑道："其实老师没有怪你，喜欢看书没错，而且你看的是名著，但是你们从小学到初中，甚至以后到高中、大学，必须学会的一件事情就是要在合适的时间做合适的事情。老师给你们上课很辛苦，如果你视别人的努力为粪土，那我该怎么看待你呢？"A同学羞愧地低头，但还是露出一点坏笑，显然他想投机取巧。他说："刘老师，只要你不跟班主任说，我什么都答应你。"我说："你如果想不出一个完美的解决方案，我肯定是不会同意的。"他自己主动提出来："老师，你罚我写数学题吧！""不行，我的目的并不只是让你学会做题而已！要不你写读后感吧，就写这本名著的读后感，800字，拿给语文老师过关。""老师，能不能600字啊？我们平时都是600字的。"我摸着他的脑袋说："老师最不喜欢讨价还价啦，那就1000字吧，必须用稿纸写，不许去网上抄。"他赶紧回去，再也不敢跟我讨价还价了。

第三天清晨,我早早来到办公室,发现办公桌上放着学生工工整整写的读后感!一开始我还以为他不打算要回书,所以也不打算写读后感了,没想到两天之后就看到了他认真写的读后感。在读后感的后面,夹了一张他额外写的小纸条,上面写着:"刘老师,其实你的课很精彩,我以后一定认真思考,积极回答问题。"课间,我开开心心地把那本名著还给了他。他看到我如此诚信,很激动跟我说:"谢谢刘老师。"这可能就是教师这个职业吸引我的地方吧,我就是一个比较容易有小满足的人,学生的眼神、微笑、小纸条都会让我喜悦很久。选择教师行业对我个人来说应该是最不后悔的事情了!

在这个案例里,刘老师面对学生的违纪行为,当堂没收了课外书(暂扣违规携带的物品),要求其课后到办公室接受批评,并辅以适当的惩罚,要求学生完成1000字的读后感写作。学生认真完成惩罚,并对自己辜负教师辛勤付出的行为表达了歉意。案例中的实习教师在与学生的互动中体会到职业的成就感和满足感。

需要指出的是,教育惩戒应尽量少用。在实际教学中,教师要努力挖掘违反纪律的学生的优点,鼓励、强化其正面行为。以下为实习教师汇报的使用奖励法代替惩罚法的案例:

班级中有一位男同学表现意识极强,存在上课大声插嘴、不服从班干部管理等行为。班主任老师注意到这一情况,但是并没有立刻就该同学的问题进行批评和指正,而是一直主动观察、留意他身上的闪光点,并两次在班会上表扬该同学为班级所作的贡献:一次是在运动会期间主动给同学们带来了绷带,并给甩长绳的同学准备了手套;一次是主动留下来帮助有事情的同学打扫卫生。之后,班主任老师找这个学生进行了单独谈话,先对他的热心以及关心班集体进行了肯定和表扬,这样学生就对老师产生了信任感和亲近感。接着,老师指出他要注意自己在上课时的一些表现,要他注意尊重老师,并表示相信他一定能够成为班级中优秀的一分子。该学生在谈话中认识到自身身上存在的一些问题,并乐于改正。

教师在教育过程中要善于运用长善救失的教学原则,针对表现欲望较强的同学的特点,发现学生身上的闪光点,并让优点和长处不断发扬,让学生得到班集体的认可。同时要让学生认识到自己的问题所在,以恰当的方式将缺点转化为优点。

第四节　教育实习与课程育人

一、案例及相关评论

该打多少分呢

恺恺是班上的学困生,考试常常不及格。这次月考,他卷面成绩竟然拿到了59分,只差一分就及格了。回想起来,这段时间的确看到这个孩子更勤奋努力了。

提问:你会给他打多少分呢? 为什么?

面对上述案例,较多学员选择给学生及格分或更多,部分学员还会私下和学生解释,这次给60分是老师的鼓励分,下一次考试要表现得更好。这折射出教师对鼓励学生、关心学生等师德原则的注重。但是也有一部分学员会选择给学生59分,其常见理由是老师需要实事求是、注意公正,体现了对真实、公正等师德原则的注重。数学教师,特别是年轻的数学老师,比较集中地选择打59分,强调要实事求是。这提醒我们,教师的学科背景可能对教师的师德理解有影响。

回顾教师教育研究文献,我们其实能够发现,学科背景对教师信念有着深远的影响。每一位老师都可以问问自己:你觉得自己作为语文/思政/数学学科教师,与其他学科教师有哪些不一样的地方? 这些不一样的地方是如何形成的? 学科其实是一个完备的"知识+社会实践"体系,包含了一系列关于什么是"有价值的知识"、"有效的教学"、"优秀的学生"和"适当的评价"的假设。老师们在长期的学习过程中,形成了对自己所教学科的独特认识,这些独特的学科认识也会体现在学科课程育人上。

二、教育实习与课程育人

课程育人是学校德育的重要途径,是一种走向整合的学校道德教育。它追求知识教学与道德教育的整合,力图整合课程及课程实施中各种育德因素以形成教育合力,提升德育实效。本节所讨论的课程育人主要指德育学科课程之外的其他课程的育德实践。

2021年教育部印发的《中学教育专业师范生教师职业能力标准（试行）》，其中对职前教师的课程育人能力有如下要求：

育人理念：具有教书育人意识。理解拟任教学科课程独特的育人功能，注重课程教学的思想性，有机融入社会主义核心价值观、中华优秀传统文化、革命文化和社会主义先进文化教育，培养学生适应终身发展和社会发展所需的正确价值观、必备品格和关键能力。

育人实践：理解学科核心素养，掌握课程育人方法和策略。能够在教育实践中，结合课程特点，挖掘课程思想政治教育资源，将知识学习、能力发展与品德养成相结合，合理设计育人目标、主题和内容，有机开展养成教育，进行综合素质评价，体现教书与育人的统一。

（一）模仿、学习课程育人

开始教育实习之后，除了在学校、班级活动中学习育德外，实习教师在学科教学及观摩中，也有机会模仿、学习、总结课程育人的方法方式。

其一，课堂学科教学育人。

观察自己学科带教教师课堂上的学科育德，培养学生正确的价值观。

我的带教老师在语文课上向高三学生推荐《十九年的阿姨》、《六十年，向谁致敬》等文章，希望班上的学生能够思考城市发展不平衡带来的问题，关注平民，学会尊重每一位普通劳动者。

我认为语文学科具有浓厚的人文性，可以潜移默化地进行德育工作。这位老师正是借助最近发生的新闻事件，向学生进行正确的世界观、价值观教育。

其二，课外学科教学育人。

在学科教学的其他环节，如作业批改，发现学科教师关心学生、鼓励学生的育德行为。

我任教的高一(7)班有一男同学，由于面临新的环境、新的同学和新的学习方式，加之实验班竞争激烈，在初态考中未取得理想的名次，常常感到力不从心，无法融入新的集体，便在英语周记中吐露了自己的困惑。英语老师吴老师每次都会在其周记后面留下一行行宽慰纾解的话，分享自己的成长经历，并充分肯定他细腻生动的语言表达,让该生逐渐建立信心,找到突破的方向。一个月后,班里大部分同学都会在作业本上留下一两句与老师交心的话语,吴老师每次都会认真细致地给出反馈。

由此可见,很多学生在困惑、迷茫之时都希望有个倾诉对象。在新集体中,老师通常是学生的第一选择,由于羞于当面沟通,书面作业便成为学生与老师心与心沟通交流的有效通道和最佳契机。若是老师能有效地利用这个契机,让学生充分感受到老师能在学习之外提供有针对性的个性化指导,则不仅有利于学生学习心态的调整,而且有利于良好师生关系的深层发展。

其三,学科任务育人。

学科教师通过提出学科任务,促使学生反思,从而实现学科育德。

我的带教老师J老师在批阅了月考作文之后,深感学生阅历之浅、思想之贫乏、反思之不足,也深感自己需要对他们进行一番"批评教育",于是画了一幅漫画《思想之死》。当J老师在课堂上将漫画展示出来的时候,还不知道老师意图的学生们立刻对这幅画产生了兴趣。J老师开始"卖关子",请学生自己解读这幅画,说说能从画中看出什么。于是学生不自觉地走进了J老师设置的自我反思的"套路"之中。等学生表达完自己的想法,J老师进行了简要的总结,说这是她在批阅完月考作文后的作品。这时无需老师多说,学生已经深刻地认识到自己的问题了。J老师妙笔生花,凭借一幅漫画,让学生反省自身存在的问题,达到了很好的效果,实在是妙。好的老师就应该这样,润物细无声。

(二)掌握课程育人要点与方法

其一,挖掘课程思想政治教育资源。

目前中小学课程大致可以分为文科类、理科类、音体美类。除了义务教育阶段的"道德与法治"、高中阶段的"思想政治"是显性德育课程,其余课程的德育功能较为隐蔽,需要科任老师对本学科的德育资源加以挖掘。

在挖掘课程德育资源的时候,可以采用如下步骤。

首先,课程德育切入口分析。可结合学科教学内容,对比我国普通高中思想政治课程标准(2017年版)提出的四个核心素养,来选择最接近教学内容的思政素养。

政治认同:拥护中国共产党的领导,坚持和发展中国特色社会主义,认同中华人民共和国、中华民族、中华文化,弘扬和践行社会主义核心价值观。

科学精神:认识世界和改造世界的过程中表现出来的一种精神取向,即坚持马克思主义的世界观和方法论,能够对个人成长、社会进步、国家发展和人类文明作出正确的价值判断和行为选择。

法治意识:尊法学法守法用法,自觉参加社会主义法治国家建设。

公共参与:有序参与公共事务,勇于承担社会责任,积极行使人民当家作主的政治权利。

其次,课程德育资源搜集。结合所选择的思政核心素养,从时事新闻(注重新闻来源的权威性)、社区文化资源(如博物馆等)、网络资源中,选择既呼应本学科教学主题又凸显思政素养的教学资源。

如一位地理学科职前教师,结合 2021 年建党一百周年,凸显"政治认同"这一思政核心素养,挖掘我国的红色教育资源,把井冈山的地图、相关景点作为学习的背景性资料,开展"井冈山红色之旅"教学活动,引导学生学会使用地图。

再次,设计育人目标、内容和方法。

一般来说,每个学科的课程标准都会就育人目标给出一定的表述。实习教师可结合所教授的学科,在课程标准里找到相应的课程育人目标并加以细化。

在学科教学中,也会存在比较显性、适合直接开展德育的内容。刚刚接触一线教学的实习教师,可以先选择比较显性的教学内容开展课程育人的设计尝试。例如:统编语文教材中有些融入了革命传统的课文。一位语文学科的职前教师选择《百合花》一文开展课程育人设计。从内容上看,这是一篇战争题材的小说,主题是表现残酷战争中的人性之美,有利于在语文学科特性得到充分体现的基础上渗透德育,让学生感受解放战争是"为了人民",也"依靠人民",不会有灌输之感。

在育人方法上,显性德育学科所使用的小学阶段的品格教育法,中学阶段的价值澄清法、辩论法、道德两难法,都可以运用到学科教学课堂中。

最后,课程育人教学设计要点。

课程育人教学设计可采用如表5.7所示方案。

表 5.7　课程育人教学设计方案

作品标题		所属学科	
授课对象		授课时长	
思想素养		相关知识	
一、课程育人切入口分析 二、课程育人思想政治教育资源 三、教学目标 四、教学重难点 五、教学流程和方法			

（三）开展课程育人调研实践

实习生、实习学校、师范院校还可进行合作,组织实习教师开展课程育人调研,作为实习环节必须完成的专题研究。如华东师范大学教师教育学院组织实习生开展文献分析、实习学校教师调研、课堂听课、深入访谈、课例研究等,进行课程育人调研实践,帮助实习生深刻认识课程育人的研究现况,了解一线教师课程育人的认识和实践特点,辨别影响教师课程育人能力的因素,如教师学科知识素养水平、学校组织相关培训的情况、学校的物质条件支持等,并尝试分析一线课程育人案例,开展自己的模仿与设计教学实践。

本章案例教学建议

◆ 案例教学定位

本章主题为教育实习师德践行,因此,本章案例教学旨在帮助学习者梳理自己的已有认识,思考实习工作对自己认识的影响,从而在实践中构建实习教师师德认知。

◆ 案例教学提问要点

结合建构主义学习理论,本章案例教学提问注重帮助学习者梳理、反思实习工作对其师德观的影响,主要提问形式如下:

之前你是如何看待教育实习/实习生与带教教师关系/师生关系的?

见习、实习工作使你之前的观念产生了哪些改变?

实习学校的教师、学生和家长对实习教师有哪些期待?

这个案例给了你哪些启发?

◆ 案例教学推荐开展的活动

案例阅读、小组与班级讨论、分享自己见习实习见闻、采访已经完成教育实习的职前教师、制作电子故事讲述自己教育实习中发生的师德事件等。

思考题

1. 采访参加教育实习的高年级同学，了解他们教育实习中印象深刻的师德故事。

2. 以下情况是不是惩戒？为什么？

   • 教师要求做错作业的学生订正或重做。

   • 教师要求忘记打扫教室的学生补扫，由于学生完成较晚，学校食堂已经关闭，教师请学生吃他喜欢的快餐。

   • 某学生在课堂上让教师尴尬，此后教师总是拿很难的题目让他回答。

3. 结合教育实习工作，设计一份日常活动安排细表。

4. 结合自己的学科，设计一份课程育人的教学方案。

相关教学资源

教育部：《中小学教育惩戒规则(试行)》

教育部：《未成年人学校保护规定》

教育部：《学生伤害事故处理办法》

主要参考文献

[1] 陈林.国外教师社会化研究进展及知识脉络述评[J].比较教育学报,2022(01)：131－145.

[2] 陈瑶,禹建柏.教育实习生对指导教师的观察与认知体验研究——基于教育现象学的视野[J].内蒙古师范大学学报(教育科学版),2020,33(01)：78－84.

[3] 邓李梅.教育实习的理论与实践研究[M].北京：光明日报出版社,2020.

[4] 顾明远.教育大辞典[M].上海：上海教育出版社,1998.

[5] 郭元婕.给新入职教师的发展建议[J].人民教育,2011(17)：29－31.

[6] 教育部基础教育司.中小学德育工作指南实施手册[M].北京：教育科学出版社,2017.

［7］李丹凌.福州市新入职小学教师职业压力调查研究［J］.长春教育学院学报，2014,30（03）:106－107.

［8］李友芝,李春年,柳传欣,等.中国近现代师范教育史资料［M］.北京:人民教育出版社,1983.

［9］汤国雄,王国华.北京师范学校史料汇编:1906—1948［G］.北京:北京教育出版社,1995.

［10］唐淑红.论我国职前教师教育实践之变迁［J］.江苏高教.2018（01）:65－68.

［11］许高厚.教育实习［M］.北京:人民教育出版社,2006.

［12］杨秀玉.教育实习:理论研究与对英国实践的反思［M］.北京:中国社会科学出版社,2017.

［13］姚云,李福华,张继华.我国师范生教育实习改革的路径思考［J］.教育研究，2012,33（02）:103－108.

［14］柳斌.中国教师新百科:中学教育卷［M］.北京:中国大百科全书出版社,2002.

［15］叶王蓓,滕一欣.国际视野下师范生实践教学的特征及走向［J］.教师教育研究，2022,34（02）:22－30.

［16］张原平.关于现代教师专业社会化问题的探讨［J］.天津师大学报（社会科学版）:1996（01）:46－49.

［17］赵昌木.教师专业发展［M］.济南:山东人民出版社,2011.

［18］赵歆.从师徒到师生:教学关系转变后学校武术教育的时代之思［J］.武汉体育学院学报,2020,54（01）:65－70.

［19］周晓静,何菁菁.我国师范类专业认证:从理念到实践［J］.江苏高教,2020（02）:72－77.

［20］周晓静.课程德育［D］,南京:南京师范大学,2006.

［21］ALLEN D W. Micro-teaching, A Description ［M］. Palo Alto：Stanford University, 1967.

［22］HARGREAVES A. Four Ages of Professionalism and Professional Learning ［J］. Teachers and Teaching, 2000,6（02）:151－182.

［23］COCHRAN-SMITH M, VILLEGAS A M. Framing Teacher Preparation Research：An Overview of the Field, Part I ［J］. Journal of Teacher Education, 2015,66（01）:7－20.

[24] DARLING-HAMMOND L. Keeping Good Teachers: Why It Matters, What Leaders Can Do [J]. Educational Leadership, 2003,60(08):6-13.

[25] HOLLINS E R. Teacher Preparation for Quality Teaching [J]. Journal of Teacher Education, 2011,62(04):395-407.

[26] JESSE SOLOMON. The Boston Teacher Residency: District-Based Teacher Education [J]. Journal of Teacher Education, 2009,60(05):478-488.

[27] KADUSHIN A, HARKNESS D. Supervision in Social Work [M]. New York: Columbia University Press, 2014.

[28] KEIJZER H D, JACOBS G, VAN SWET J, et al. Teachers' Moral Learning in Professional Learning Groups [J]. Professional Development in Education, 2020,48 (01):5-21.

[29] VICK M. "It's a Difficult Matter": Historical Perspectives on the Enduring Problem of the Practicum in Teacher Preparation [J]. Asia-Pacific Journal of Teacher Education, 2006,34(02):181-198.

[30] RAGINS B R, KRAM K E. The Handbook of Mentoring at Work: Theory, Research, and Practice [M]. London:Sage, 2007.

[31] SHOFFNER M. Considering the First Year: Reflection as a Means to Address Beginning Teachers' Concerns [J]. Teachers and Teaching, 2011, 17 (04): 417-433.

[32] VAN DEN ENDEN T, BOOM J, BRUGMAN D, et al. Stages of Moral Judgment Development: Applying Item Response Theory to Defining Issues Test Data [J]. Journal of Moral Education, 2019,48(04):423-438.

第六章　以德施教：师德修养与育德

在我们的日常生活中，如果一个孩子做了错事，旁人批评孩子的时候常常会说这样一句话："你们老师没有教你吗？"育德被认为是老师天然的责任。

本章选择教师育德工作的常见领域——班级管理、学科教学、教师专业发展，来分析师德修养和育德实践的关系。以班主任、科任教师为例，分析教师对学生的育德工作；以特级教师为例，分析教师对其他教师的育德影响。

第一节　师德与班主任工作：学生道德管理者

一、案例及相关评论

体育老师做班主任

初一(6)班的数学老师由于怀孕，无法再担任该班的班主任。学校通知家长，将由体育老师担任新班主任。学校安排的体育老师是体育教研组组长，学校骨干教师，有十多年的教学经验。家长对此表示反对，有家长甚至写信给政府信箱："初中学习这么紧张，又是刚开学，请问校长是否为孩子们考虑过？"

提问：为何家长反对体育老师做班主任？班主任工作有哪些基本要求？

从相关讨论来看，有的学员认为体育老师做班主任，对提高学生总成绩没有太大的作用，甚至担心会影响学生主科考试成绩。有的则认为，体育、音乐、美术、科技老师都可以做班主任，虽然老师教的科目不同，但他们都有同样的能力和资格担任班主任。

争论的背后，其实是对班主任工作重心的认识差异。我们在接受教育的过程中，都和班主任有过接触,受以往"唯分数论"的影响,很多人误认为班主任工作主抓学生成绩。事实上,若我们回首自己的学生生涯,有关班主任的记忆大多是关于如何做人、如何做事的谆谆教导。没有任何一个家长,愿意自己孩子的班主任只会抓成绩而个人品质低下。因此,班主任应具备高尚的个人道德和师德,能培养学生的思想品德,对班级的日常工作进行管理,从而促进学生的全面发展。换句话说,班主任扮演了学生道德管理者的角色。

本节首先介绍我国班主任制度,以及对班主任的师德要求,再介绍近年来班主任制度的发展以及班主任师德方面的新变化,最后介绍道德管理者理论视野下的班主任师德修养与班级管理。

二、班主任制度的建立:高师德要求、育德期望

班主任制度在我国建立以来,社会对担任班主任的教师有很高的师德素养要求,涵盖其本人的政治素养、职业道德素养,并对其学生德育工作能力等也有高期望。

新中国成立以来,在学习苏联经验的基础上,我国普遍实行中小学班主任制度。和世界上部分实行类似班主任(homeroom teacher)制度的国家不同,我国的班主任为科任教师,同时兼任班主任。在有的国家,如美国,采用的是专任班主任制度,即班主任并不承担班级教学任务。

1952 年颁布的《小学暂行规程(草案)》和《中学暂行规程(草案)》提出:我国小学各班采用教师责任制,每班一名班主任;中学每班一名班主任,可在各班教员中选聘。其中,中学班主任"负责联系本班各科教员指导学生生活和学习"。

1979 年,教育部发布《关于班主任工作的加强要求》,对班主任的师德作出规定:"拥护中国共产党与社会主义,热爱祖国,忠诚党的教育事业,能胜任所任学科的教学工作,具有一定的教育管理学生的经验和组织能力。"同年的《关于普通中学和小学班主任津贴实行办法》中规定:"班主任应挑选工作好、思想好、作风好,具有一定教学水平、管理学生经验和组织能力的教师担任。"

1988 年,国家教委发布《小学班主任工作暂行规定》、《中学班主任工作暂行规定》,提出班主任应该具备的政治素质、职业道德、责任心、教育教学能力等,其中小学班主任要对学生进行思想品德教育,着重培养良好的道德品质、学习习惯,劳动习惯

等。国家教委 1993 年颁发的《小学德育纲要》、1995 年颁发的《中学德育大纲》,都强调班主任在育人中的作用,要求班主任根据大纲的要求,结合学生实际情况,有计划地开展德育教育。

2009 年,教育部颁布《中小学班主任工作规定》,对班主任的职业发展、待遇保障、表彰奖励等方面作出规定,班主任工作发展到一个新的阶段。

比较 1988 年的《小学班主任工作暂行规定》、《中学班主任工作暂行规定》和 2009 年的《中小学班主任工作规定》,我们可以发现,班主任的育德任务进一步得到凸显,从"得力助手"、"导师"变成"引领者"、"人生导师"。班主任的职责是针对个体学生以及班级学生群体全方位开展德育工作,对学生德育等情况进行综合评价,并开展家校合作等形成教育合力,这对担任班主任的教师的师德素养也提出了较高的要求。

表 6.1　我国 1988、2009 年班主任工作相关规定比较

	1988 年《小学班主任工作暂行规定》、《中学班主任工作暂行规定》	2009 年《中小学班主任工作规定》
地位/作用	班主任是班集体组织者、教育者和指导者,是学校领导者实施教育、教学工作计划的得力助手 班主任在学生全面健康的成长中,起着导师的作用,并负有协调本班各科的教育工作和沟通学校与家庭、社会教育之间联系的作用	班主任是中小学日常思想道德教育和学生管理工作的主要实施者,是中小学生健康成长的引领者,班主任要努力成为中小学生的人生导师 班主任是中小学的重要岗位,从事班主任工作是中小学教师的重要职责;教师担任班主任期间应将班主任工作作为主业
职责	思想政治教育和道德教育	有针对性地进行思想道德教育,促进学生德智体美全面发展
	教育学生努力完成学习任务 教育学生坚持体育锻炼,养成良好的劳动习惯、生活习惯和卫生习惯	
	关心学生课外生活	
	进行班级的日常管理	组织开展形式多样的班级活动 认真做好班级的日常管理工作
	做好本班学生思想品德评定和有关奖惩的工作	做好学生的综合素质评价工作
	家、校、社会联系	家、校、社会沟通
工作方法	调查研究,全面了解学生;正面教育,积极引导;热爱学生,尊重学生;以身作则,言传身教	

	1988 年《小学班主任工作暂行规定》、《中学班主任工作暂行规定》	2009 年《中小学班主任工作规定》
条件	拥护党在社会主义初级阶段的基本路线，拥护四项基本原则；热爱教育事业，教育思想端正，工作责任心强；作风正派；有一定教学水平和组织管理能力	作风正派，心理健康，为人师表；热爱学生，善于与学生、学生家长及其他任课教师沟通；爱岗敬业，具有较强的教育引导和组织管理能力

江涛等人(2018)借助德尔菲专家调查，建立了班主任核心素养框架，师德素养、任职动机满意度、个别学生育德、班级育德能力都是其中非常重要的部分(见表6.2)。

表6.2 班主任核心素养

指标	关键词	重要程度排序（1最重要）
爱岗敬业	教育责任感、热爱教育事业、职业幸福感	3
班级经营能力	班级管理、班级建设、班级规划、班级活动组织	5
道德情操	为人师表、师德高尚、无私奉献	4
关爱学生	尊重学生、包容学生、热爱学生、公平对待学生、耐心对待学生、理解学生	1
教学能力	学科教学、课程开发、教学与班主任工作结合	12
教育观察能力	观察学生、观察教育现象	10
教育沟通协调能力	沟通表达能力、协调合作能力、调动教育资源能力	8
教育理想	现代教育观念、教育理想信念	2
教育研究学习能力	学习能力、研究能力	13
心理品质	意志品质、心态积极、情绪管理、换位思考	8
信息能力	信息技术运用、信息资源开发及整合	14
学生教育指导能力	学习指导、个性化指导、心理健康指导、生活指导、核心价值观指导、生涯规划指导	6
依法从教	政治觉悟、遵守法律	7
专业发展	教育反思能力、教育创新能力	15
教育实践智慧	捕捉教育契机、恰当处理班级事件	11

三、班主任制度新发展：压力与创新

依据班级数量可知，2018年我国有普通中小学班主任约400万，其中小学阶段约350万，基本都由科任教师兼任。随着时代发展，学校功能朝着多元化方向演进，承担起越来越多原本属于家庭和社会的职责，涉及学生的身心健康和衣食住行等众多方面。然而，由于班主任工作的事务相当繁杂，难度和强度不断增加，压力巨大，但劳动的价值没有在薪酬体系中得到充分体现，而且还会因各种误会而产生心理失落，教师逐渐不再愿意当班主任了，产生了"班主任危机"。

赵福江、刘京翠（2018）于2015年对北京市、上海市、天津市、广东省、江西省、福建省、重庆市、吉林省、河南省以及陕西省等10个代表性省市的12 000名教师进行了调查，发现班主任的职业认同感较强，但主动任职意愿较弱。调查中，大多数班主任喜欢、认同班主任工作，仅不到两成的班主任明确表示不喜欢班主任工作，九成以上的班主任能不同程度地从班主任工作中体验到成就感。然而，绝大多数教师从事班主任工作是出于外在原因，如学校安排、有更多的学习机会、评职所需等。班主任工作时间长、管理任务重、工作压力大已成为普遍现象。数据表明，与非班主任教师相比，班主任日均工作时间长，八成以上的班主任平均每天在校时间超过8小时，九成以上班主任回家后还要花时间处理班级问题，变相延长了工作时间。班主任是学生的人生导师，他们需要按照国家的教育方针、培养目标对学生的学习和生活进行全面教育、指导和管理，因此，班级教育和管理工作占据了班主任的大部分时间和精力。教师编制的紧缺，导致各省市并未将《中小学班主任工作规定》中有关工作量的规定落到实处。绝大部分中小学班主任都是在承担正常甚至超额教学任务的基础上开展班级管理工作的。当前班主任普遍感觉工作压力太大，其原因是多方面的，"安全责任压力大"、"班级管理任务重"、"工作量大"是排名前三的主要原因。在安全责任方面，来自家长和社会的要求太高，多数学校为了减少安全事故的发生，或为了免责，将责任转嫁给班主任，班主任往往首先成为"一票否决"的对象。过大的工作压力极易导致班主任产生职业倦怠，给班主任的身心健康、职业幸福造成不利影响。

近年来，我国对班主任制度也进行了创新，出现了全员班主任制、专职班主任制、无班主任制、AB班主任制、学生助理班主任制、多任轮流连带班主任制等新形式。

全员班主任制,是指为了解决班主任负担过重的问题,每班安排一名有班主任工作经验的教师任中心班主任,负责该班的总体管理工作,其他科任老师任副班主任,各自负责学生管理某一方面工作。

2005年,山东省高密市仁和镇在全镇小学高年级试行全员班主任制。

自主申报,双向选择。每学年教职工聘任伊始,教师自主申报担任正、副班主任,然后由学校依据个人水平和志愿聘任正班主任,正班主任按双向选择的原则选定本班的副班主任。每班设正、副班主任各一名,其余未被聘任为班主任的教师可申报值勤教师岗位,在课余时间负责本班学生常规管理工作。

相互关联,同舟共"积"。各校把学生学习、生活、纪律等一日常规进行分解,由正、副班主任及值勤教师分工负责,并进行量化考核,每周一公布,期末汇总。在对正班主任的考核中,本人量化成绩占三分之二,副班主任的成绩占三分之一,在对副班主任的考核中,本人量化成绩占三分之二,正班主任的成绩占三分之一,然后按15%的比例计入教师本人绩效考核总成绩。考核结果与绩效成绩、绩效工资、校内职务挂钩。由于正、副班主任教师在考核中相互关联,所以双方必然在尽职尽责的同时相互帮助、相互支持,从而实现共同提高。

专职班主任制,是指学校委派教师专职从事班级管理与教育工作,全职担任班主任。其具体职责如下:维护班级课堂纪律,及时了解学生学习生活情况;做好学生思想教育工作,及时与家长沟通,向学校主管科室汇报学情,处理班级突发事件等。专职班主任制主要在大学和中职学校实施。

无班主任制,是指各班不再设班主任一职,而是在学生自主管理的基础上,由年级辅导员进行指导和宏观管理,以实现学生自我发展。用"班级导师组制"来取代传统的班主任制,旨在培养学生的主体意识和主体能力。班级所有活动由导师组和学生共同计划,学生自主完成。教师由"管理者"变为"指导者",以导师身份走进学生的情感世界,促进学生主体意识的觉醒,实现自主学习、自主管理和自我发展。

上海市闵行中学自1999年9月起,在高一年级中进行"学生民主管理模式"改革实验:取消班主任制,试行年级组辅导员制。全年级10个班共500名学生,设4位辅导员老师,一位任年级组长,总管全年级事务,其他三位分别担任学习、生活和品德辅导员。通过全年级学生代表大会选出两级学生管理委员会成员,各班成立执行班委会,由竞选成功的执行班主任主持班级管理工作。各班有30%的学生担任干部,任期一年。

AB班主任制,是指为了解决班主任工作负担过重的问题,根据教师年龄、性别、学科以及个性特征、管理风格,在一个班级中配备A、B两名班主任共同管理班级。其中,A班主任为核心班主任,B班主任为副班主任。

浙江省建德市严州中学在2000年开始了AB班主任制的实践。

宣传发动:由学校大力宣传实施AB班主任制的背景、目的、意义、要求,并公布实施方案等,鼓励广大教师积极参与班主任工作。

双向选择:由教师本人向学校提出担任A或B班主任的申请,学校有关部门与教师双向选择,A、B班主任之间也进行双向选择。

学校考核:学校对申请担任A、B班主任的教师进行德、能、勤、绩等全面考核。根据班级管理工作需要,确定A、B班主任候选人。学校公布拟任人选,征求各方意见后,确定A、B班主任。

签订协议:学校与A、B班主任签订班主任工作协议,具体明确A、B班主任的权利与义务关系。

走马上任:A、B班主任根据职责要求,分工管理班级工作。

优胜劣汰:根据学校《班主任考核条例》,期末对A、B班主任进行考核,评选优秀班主任并进行适当奖励。工作业绩突出的B班主任可转聘为A班主任,工作业绩平平的A、B班主任将暂时失去担任班主任的资格。

总结完善:根据A、B班主任工作的实际需要,定期与不定期地进行A、B班主任经验总结,提高班主任的管理水平。

学生助理班主任制,是指学生在教师指导下进行班级管理。助理班主任可以是学生群体中的优秀分子个人,也可以是学生小组。一般而言,中小学的助理班主任最好是学生小组,而中职及高校的助理班主任则以个人为主。助理班主任不是班主任的代言人,也不是班干部的管理者,而是班级管理的执行者,主要负责班级常规工作,充当班主任的角色。

多任轮流连带班主任制,是指一个班级指定三名教师任班主任,按月轮流管理班级。轮值班主任在轮值期间的班级管理积分会影响其他班主任,继而影响班主任津贴,这一制度安排可敦促所有班主任合力搞好班级管理。

四、新时代班主任班级管理相关规定

2020 年,为贯彻落实习近平总书记提出的"积极探索新时代教育教学方法,不断提升教书育人本领,为培养德智体美劳全面发展的社会主义建设者和接班人作出新的更大贡献",教育部制定《中小学教师培训课程指导标准(班级管理)》,对中小学班主任教师培训进行了系统规划,提出师德为先、能力为重、学生为本、实践导向、分层培训的基本理念,以提升班主任班级管理能力为宗旨,制订实践导向的培训目标,将班主任日常工作划分为班集体建设、班级活动组织、学生发展指导、综合素质评价、沟通与合作等 5 个范畴,并将这 5 个范畴划分为 23 个二级指标,设计班主任班级管理能力诊断方案,设置有针对性的分层次培训课程,满足义务教育阶段不同层次班主任教师培训需要。

该指导标准对日常管理提出三项培训目标:其一,了解班级日常管理的内容和特点,根据学生的实际情况制定班级日常管理制度,对班级管理有整体规划,有建设目标。其二,能及时发现班级日常管理中存在的问题,采取恰当的管理方式,促进学生养成良好的习惯。其三,能有效指导班委会和团、队工作,注重培养学生的自主、自律意识和团队协作能力,帮助和引导学生自主管理,确保班级的教育教学秩序。班主任可依表 6.3 对自己的日常管理能力进行诊断。

表 6.3　班主任日常管理能力诊断

水平	您最像下面哪一种?	自评(√)
四	班级日常管理不只是为了规范学生,更重要的是培养学生、发展学生。班级管理需要制度约束,但规章制度的落实更重要。充分发挥班委会和团队干部的作用,培养学生的自主、自律意识。向学生提供参与班级管理的机会,让每名学生都有发言权。班主任在或不在,班级都井然有序。	
三	制订完善的班级学生行为规则,如《文明公约》《集会要求》《卫生岗位》《仪表规范》等,每项内容要求明确,注重培养学生的管理能力,学生自主、自律意识较强。班委会成员具有一定的服务、沟通和协调能力,能协助班主任和科任教师管理班级秩序。	

水平	您最像下面哪一种?	自评(√)
二	了解班级日常管理的内容,能及时发现学生在纪律、卫生习惯、文明礼仪等方面出现的问题,能使用榜样激励、竞赛评比、惩戒等方式确保班级保持良好秩序。班级不出问题时,日常管理工作就放一放。	
一	班级常规管理重要的是"不出事",班主任需要勤跟班、勤督促。其他科任教师上课,或学生自由活动期间,经常在旁边盯着。在岗时,班级能正常开展教育教学活动;不在岗时,活动秩序有时得不到保证。	

教师结合自己的能力水平,从"日常管理"两个主题的课程中选择合适自己的培训课程:其一,班级日常管理的内容与方法——班主任每日、每周管理清单(水平一),班级管理制度的制定(水平二、三),班级的自主管理(水平一),信息技术在班级日常管理中的应用(水平二),班级突发事件的应对策略(水平一、二);其二,班级日常管理的热点与难点问题——未来班级与班级管理新理念(水平三、四),班级日常管理典型问题的行动研究(水平三、四),班级日常管理的经验分享与班级管理观(水平三、四)。

五、道德管理者理论视野下的班主任班级管理工作

学生思想道德教育和管理,是班主任班级管理工作的两个重点。2009 年的《中小学班主任工作规定》指出:"班主任是中小学日常思想道德教育和学生管理工作的主要实施者,是中小学生健康成长的引领者,班主任要努力成为中小学生的人生导师。"

学生思想道德教育和学生管理工作呈现交融的状态。班主任要认真做好班级的日常管理工作,维护班级良好秩序,培养学生的规则意识、责任意识和集体荣誉感,营造民主和谐、团结互助、健康向上的集体氛围。2021 年的《中小学教师培训课程指导标准(班级管理)》进一步把班主任班级管理工作中的班集体建设任务分为四个子任务:思想教育、日常管理、环境建设、班风建设。

有不少学者指出,家长、学校对班主任寄予较其他教师更高的师德期望。可以说,道德与管理这一组关系,一直贯穿班主任班级管理工作,并影响着班主任工作的效果。我国班主任开展班集体建设工作应坚持师德优先,挖掘身边的班主任师德榜样,厘清班主任教师道德示范教育的要点,注重道德管理的过程性,明确班委选拔与培训的道

德管理要求,分析道德管理效果。

(一) 道德管理者

20世纪30年代以来,管理学研究讨论了诸多领导者类型,其中不少类型都注重领导者的道德。比如伯恩斯(James MacGregor Burns)提出,变革型领导通过启发下属致力于集体目标的实现来实施道德领导。格林里夫(Robert K. Greenleaf)指出,服务型领导主要关注其下属的福祉和成长,因此该类型领导者被其下属认为具有高尚的道德。卢桑斯(Fred Luthans)和奥沃里欧(Bruce Avolio)提出了"真诚领导"的概念,这种类型的领导强调真诚和自知,必然展示如利他、正直等美德。

到了21世纪,道德管理者、伦理型领导等理论日渐受到关注。据布朗(Michael E. Brown)等的界定,伦理型领导即领导者通过展现道德行为,结合其与下属之间的人际关系,通过双向的沟通、强化而提倡下属道德行为的领导类型。该类型领导的特征就是依赖于道德进行管理。因此,伦理型领导者/道德管理者有两层含义:首先,这是一个具备良好德行品质的"道德个体",诚实、可信、有原则,在个人生活和工作中的行为都符合道德规范,并在管理行为中表现出如开放、关心、公平、依伦理决策等美德,对待他人和外部社会始终表现出持续性的关怀与责任感等;其次,其在团队管理中设置伦理道德标准,实施有所奖惩的道德管理。因此,道德管理者的道德涉及三个主要领域:个人道德品质,如诚实、守信等;道德行为,如开放、关心、道德决策等;道德管理,如通过沟通和奖惩等建立道德标准体系。

鲁本斯坦(Herb Rubenstein)指出,成为道德领导者需要做到以下几点:首先,做好榜样示范,不仅仅在职业领域,还需要在个人生活领域执行自己推崇的道德观念,对自己希望提倡的道德与行为加以展示,便于组织成员看到并模仿;其次,在组织内清楚界定哪些是可以接受的行为,哪些是不可以接受的行为,并基于组织内成员的沟通,制订相应的道德规定;第三,言行一致;最后,不断强化管理政策如奖励、惩罚等,确保道德观念、规则的落实和执行。

目前主要有两个理论对道德管理者的影响加以解释。第一个理论是班杜拉等的社会学习理论。这个理论主要关注道德管理者通过自己的道德榜样示范,吸引其团队成员注意其道德践行和伦理道德决策的规则等,从而促使相关道德规则得到传播,使其他团队成员形成道德行为。布朗结合社会学习理论进一步提出道德管理者影响团队成员的几个步骤:首先,道德管理者正成为示范榜样。接着,成员通过观察,学习道德管理者的榜样行为。最后,成员落实道德管理者设置的道德标准。第二个理论是布劳(Peter Blau)和霍曼斯(George Homans)的社会交换理论。该理论有助于解释道德管理者和其团队成员的关系:前者表现出公平、公正和关心,其团队成员在感受到前者的这些道德特质之后,会形成一种相对模糊的回报互动,即根据道德管理者的期望而展开行动。

(二) 道德管理运行机制与测量工具

1. 个人道德、性格是成为道德管理者的前提

卡尔沙文(Karianne Kalshoven)等梳理了道德管理者应具备的道德与品质:公正,即依据原则而非按照个人的喜好作出公正的处理,赢得团队成员信任;民主,让团队成员能够发声,也让领导者有机会倾听成员的想法;人本主义,即关心、尊重、支持团队成员;诚实,即讲信用,一言一行得到成员的信任;能清楚界定对团队成员的期望及团队成员的任务;能进行道德管理,即提倡道德规则,制订、执行奖惩规则以促进成员的道德行为。以下为张万祥《给年轻班主任的建议》一书中的一篇短文,是班主任展示个人道德以进行道德示范的例子。

开学第一天,用整洁芳香的教室迎接学生

我相信,只要不是学生年龄太小,绝大多数班主任都是心安理得地习惯于学生打扫教室的。理由很简单:学生自己坐的教室,当然要学生自己来打扫。但教室不同样也是老师的吗?好多粉笔头还不是老师往地上扔的吗?我们不是一直在强调师生平等吗?为什么在打扫教室时老师就不参与了呢?追问之下,我们其实并没有太多的理由。

每学期开学的前两天,我都会悄悄来到我的教室,从地面到桌面、从墙面到天花板,甚至灯具,都一一从容平和地打扫干净。地板一遍遍地拖过,直到可见人影;桌椅一张张地清理屉斗,一张张地擦拭,整齐划一地摆放好⋯⋯

第二天早上,芳香伴随着孩子们的惊奇,溢满每张舒心的笑脸。看到整洁明亮、芬芳吐香的教室,对比其他班级的凌乱不堪、满眼灰尘,他们一下子就感受到了差别,体会到了幸福的滋味,看到了老师付出的心血与努力,也从中读到了班级的希望,还有自

己的责任。自豪感是可以相互传染的……

接下来，你会发现，这一学期，孩子们变了许多，扫地听不见喊累的声音了，做清洁劳动表现得非常主动，也很有方法与技巧。甚至有的时候，他们还会把墙角的瓷砖擦了又擦，会把地板上偶尔的口香糖痕迹铲了又铲、拖了又拖，会把桌椅抹了又抹、摆了又摆，力求精益求精……从他们的脸上，你看到的是劳动快乐的笑容，看到的是"让班级因我的存在而感到幸福"的真诚与责任。这时，你还会愁教室不是"非常整洁"，还愁卫生大检查班级上不了表扬榜吗？

道德管理者的个人道德从何而来？布朗等人的研究表明，道德管理者其实不断地在更换自己的道德榜样，从自己的童年道德榜样、职业生涯中遇到的道德榜样中进行选择，提升个人道德水平。其中，职业生涯中遇到的道德榜样对道德管理者的影响最大。

此外，也有研究者对道德管理者的性格进行测量，从而判断拥有哪种性格类型及相应个人道德特质容易成为道德管理者。如卡尔沙文等借鉴大五人格理论提出，五大人格特质开放性、外倾性、严谨性、宜人性、情绪稳定性中，宜人性和严谨性与道德管理者最为相关。宜人性水平高的人更容易被人看成道德管理者，他们对组织成员公平对待，给予其信任和关心。严谨性水平高的人则被认为负责和遵守规则。道德管理者需要坚持道德行为，制订道德标准，与团队成员清楚沟通其行为是否正确，这些都需要具备严谨性特征。

道德管理者的道德判断水平也非常重要。较多研究采用基于柯尔伯格道德发展理论的测量工具来测量道德管理者的道德判断水平，如 DIT。该量表测量个体的道德发展水平和道德推理能力，主要包括 6 个道德两难情境，答题者需在 30—45 分钟内完成。

2. 道德管理带来积极影响

这些影响主要包括：通过榜样学习、奖惩以及组织内倡导道德行为等，团队成员会形成相应的道德观念、道德行为；受道德管理者倾听、关心等行为的影响，团队成员会对道德管理者展现亲社会行为，会激发出积极的工作学习态度，形成集体凝聚力等；道德管理者的管理能力得到认可。张万祥《给年轻班主任的建议》一书中的另一篇短文，反思了班主任工作重管理轻道德带来的不良结果。

2003 年，我中途接了一个差班，我给自己定了一个目标：两个月内让这个差班变成一个好班。于是我采取两大策略:跟踪与严惩。我将办公室搬到了教室里,严密监控班级每一位学生。当时我有一个信念:乱世当用重典。学生犯错了,我就声色俱厉地大骂,骂个狗血喷头,动辄就重罚,甚至拳脚相加。不到两星期班级就安静了。然而让我没想到的是,我得了两个绰号——"狗皮膏药"和"牛魔王"!家长反馈:牛老师打人打得厉害!政教主任找我谈话说:以暴制暴损伤的是人心,这种暴力将无限制地传递下去…

我懂得了没有爱就没有教育,教育是爱的事业。我模仿魏书生、李镇西的一些做法:家访,请学生吃饭,写信,进行班级文化建设。一学期下来,接手的这个差班真的变成一个好班。班级不仅安静,而且有活力。我的绰号变成了"牛可爱"。

目前,相关研究开发了测量道德管理效果的工具,如:布朗开发了道德领导者量表(Ethical Leadership Scale, ELS),用于检查不同类型个性、道德特质的道德管理者带来了哪些不同的管理效果;卡尔沙文等设计了伦理型领导工作问卷(Ethical Leadership at Work Questionnaire, ELW),从多个角度测量团队成员对道德管理者的典型道德行为如公正、民主、正直、人本主义等的判断,样题如"管理者关心我的个人需求"、"管理者愿意花时间和我沟通"、"管理者信守诺言"。

表6.4 伦理型领导工作问卷题目示例

人本主义	关注我的感受和我在做什么
	愿意花时间和我沟通
	关心我的个人需求
	花时间和我讨论工作中出现的情绪
	关注我的个人发展
	我遇到问题的时候表示同情
	关心成员
公正	让我对我无权控制的事件负责
	让我对我无法控制的工作负责
	让我对不是我的错误的事情负责
	追求自己成功却以其他成员为代价
	仅仅关注自己的目标
	操控团队的成员

民主	允许团队成员影响关键决策
	不允许别人参与决策
	从团队成员那儿寻求建议
	在决策的时候会考虑他人的建议
	赋权团队成员,委以重任
	允许我设置自己的目标
道德管理	清楚解释行为规则
	解释对成员行为的要求
	解释诚信原则
	确保成员遵守道德规则
	清楚解释不遵守道德规范的后果
	鼓励我们讨论道德规则和议题
	奖励遵守道德规则的成员
角色澄清	对每个成员清楚界定期望
	清楚说明每人的分工
	清楚说明优先的事情
诚实	信守诺言
	所说的话值得信赖
	所作的奉献值得尊敬
	总是保持信用

3. 建立道德管理的协调机制

协调机制主要分为个人层面和组织层面。针对个人层面,管理者要激发团队成员的积极心理,与之沟通界定组织的伦理道德标准,鼓励个人形成道德观念、开展道德行为和道德决策。此外,还需关注个人与管理者及所在组织之间的关系,管理者可尝试建立高质量的、高情感联结的联系。作为这些高质量关系的体现,如社会交换理论所解释的,团队成员会信任、认同管理者及其所在的组织,并认同本组织的价值观和目标,回报以负责任的态度、努力工作和对组织的奉献。针对组织层面,则需要营造道德教育氛围,道德管理者进行道德示范,与成员讨论并制订相关的道德规范,再一起加以执行。陈宇在《班主任工作十讲》一书中提到如何清楚说明组织层面制度并加以执行:

说教无用

有班主任问："陈老师，你好！现在我班里学生吃零食现象盛行，基本上是人人都吃，主要是方便面、瓜子之类的。我反复进行了劝阻，仍不见效果。请问如何分析、解决这个问题呢？"

这是班主任在改变学生坏习惯方面束手无策的一个典型案例。问题出在哪里呢？原来，这位班主任只懂得"劝阻"，但劝阻未必对所有的人都有用。班主任需要有一种比说教更有力的武器，这就是规则。所以，我建议这位老师制订规则，规定不得在教学区内吃零食，然后严格执行即可。需要注意的是，要将吃零食和解决学生饥饿的问题分开，学生肚子饿了要吃东西，和嘴馋吃零食是两类不同性质的问题，既不能混淆，让学生钻空子，又要解决学生的实际问题。所以，可以规定食物的品种、吃东西的时间段以及地点，而不要一刀切地简单说一句："不准在教室里吃东西。"这样的规则往往不能执行，因为吃了会怎样、有什么后果、谁来认定和执行，都没有明确说明。由此可见，用规则来管理班级并不是一件简单的事。

六、道德管理者理论对班主任班级管理工作的启示

（一）坚持师德优先，挖掘身边的班主任师德榜样，厘清班主任教师道德示范教育的要点

道德管理者理论有助于说明为何社会、家长、学校对班主任的师德有较其他教师更高的要求。班主任与学生接触密切，其个人道德直接影响学生，且班主任承担着道德管理任务，肩负着全班学生的思想品德教育，这些都要求班主任师德优先，有优秀的个人道德、很强的道德管理能力。

然而，班主任的道德从何而来？师德修养，如教师其他专业素养一样，需不断提升与发展。挖掘身边优秀的班主任榜样，有助于年轻班主任提升师德修养。道德管理者理论指出，职业生涯中遇到的道德榜样对道德管理者有着重要的影响，且离道德管理者生活越近的榜样，因其便于观察和互动，造成的影响就越大。

此外，需进一步厘清班主任教师道德示范教育的要点。道德管理者身体力行示范的道德既是其个人道德，又是道德管理中宣传、推广的道德品质。因此，中小学班主任的班级管理需要注意如下几点：首先，班主任是道德管理者，其管理对象为未成年人，

因此,班主任的道德示范需考虑任教班级学生的年龄、道德发展情况及该阶段的道德学习目标,有侧重地加以道德示范。其次,明确师德和道德示范教育的区别和联系,班主任的师德不完全等同于班主任在班级管理中的道德示范,前者的指向是教师本人的职业道德修养,后者的指向是学生思想品德的示范,不能简单地认为教师本人师德高尚就等同于完成了给学生的道德示范。可结合班主任本人师德修养的特点及学生需求,设置有本班特色的班主任道德示范教育计划。

(二) 注重道德管理的过程性,明确班委选拔与培训的道德管理要求

道德管理者理论有助于凸显班级管理的本质,即以德育德。因此,班级道德管理应注重其过程性,而非仅仅关注管理的结果如学生的表现。道德管理的过程起始于管理者个人的道德品质,此时道德仅仅为管理者个人的品质,没有对其他人产生影响。管理者个人道德的管理行为,如以人为本、关心成员、公正处理事件等,对其团队成员逐渐产生影响,成员如社会交换理论所解释的,逐渐对这样的管理者产生认同。道德管理者通过清楚介绍需要遵守、践行的道德规范,结合奖励和惩罚等手段加以强化,促成团队成员形成期望的道德观念、道德行为,并最终形成团队成员自我约束、自我管理的自觉道德行为。

在班主任的班级道德管理中,额外增加了班委成员的道德管理这一层次。班委成员承担不同的责任,协助班主任开展班级管理工作。因此,班主任需在班委成员的选拔和培训上明确道德管理的要求,即对班委成员个人道德、道德行为和道德管理作出具体要求,从而确保班级道德管理的顺利推进和落实。

(三) 优化工具技术,分析道德管理效果

目前,我国《中小学教师培训课程指导标准(班级管理)》将班主任日常工作划分为班集体建设、班级活动组织、学生发展指导、综合素质评价、沟通与合作等 5 个范畴,并细分为23 个二级指标,每个指标划分为 4 个水平,包含描述不同能力水平的班主任在处理事情时可能出现的典型行为表现,主要通过班主任自我诊断来判断其班级管理能力水平。

道德管理者理论及其开发的测试工具,有助于提供多元化的测试工具,从多个角度分析班主任道德管理能力和效果。如道德管理者理论研究者开发的 ELS、ELW,通过对组织成员的调查,来了解道德管理者的道德管理过程、道德行为等。使用这些工

具,有助于班主任及时了解自己道德管理的强项和弱点,从而及时作出改进。

第二节 师德与学科育德:课程德育建设者

一、案例及相关评论

高考几何题

几天前,某地高考数学考场上,有考生将数学试卷上的一道几何题拍照上传某搜题App,被App工作人员发现后截图举报。教育局通报,确认了该考生违规携带手机进入考场拍摄试卷的事实,对该违规考生作出取消此次考试资格、其报名参加的各科考试成绩无效的处理。

几天后,某校高二年级的教室里,学生们照旧还在紧张复习,准备即将来到的期末考试。数学老师走进教室,今天要讲解今年高考的那道几何题。他是否该和孩子们聊聊这起作弊事件呢?

提问:如果你是案例里的数学老师,你是否会和孩子们聊聊这起作弊事件?为什么?数学教师应该开展德育工作吗?为什么?如果数学老师开展德育工作,有哪些方面特别需要考虑?可能会遇到哪些困难?

相关讨论表示,针对这起刚刚发生不久的数学学科高考考生作弊事件,和高二学生聊一聊,有助于开展德育、数学教学工作。首先,可以和高二的学生讲解这道数学题目的解题思路,分析其难度。一道并不算难的题目,这名考生却宁可使用"高难度"的作弊方式,也不采用踏踏实实学习练习的方式来应对,最后得到了应有的惩罚。高二的学生应该从这名违规考生的教训里,了解诚信、努力学习的重要性,避免做出违规行为。这样既能鼓励学生努力学习数学学科知识,也能对学生进行思想品德教育。

当然,也有学员提出如下需要考虑的地方:数学学科有着严密的学科知识体系和教学逻辑,开展课程德育和人文、社科、语言类学科相比,难度要大一些。数学老师在有限的教学时间里,要传授知识并确保学生熟练掌握,难以再开展德育工作。

总之,相关讨论认识到学科教学的课堂上开展德育工作的重要性,但是如何开展课程德育,有哪些常见的方式方法,还需要进一步了解。本节将介绍课程德育的概念,国家课程德育相关政策、文件,国内外学校开展课程德育的实践经验、案例,以及2022年义务教育新课程方案、课程标准颁布以来形成的课程德育指引和教师在其中的重要作用。

二、课程德育

学校德育活动的主要类型是德育课程、课程德育、德育活动课程。各学科课程占据了课程表上不小的时间比例。学校课程德育是一种走向整合的学校道德教育。它追求知识教学与道德教育的整合,追求课程教学中各个要素的整合,追求各个要素内在的整合,力图整合课程及课程实施中各种育德因素以形成教育合力,从而提升学校德育的实效。

德育的复杂性,决定了德育不仅仅是德育课程的责任。黄向阳(2000)提出"全方位德育",将学科教学、道德教学、管理服务、学校集体生活、学校管理与辅助性服务均包括在内,其中课堂教学是最重要的,因为学生大部分时间是在课堂中度过的,课堂教学构成学校道德教育的主渠道。所有的学校课程都承担着德育任务。檀传宝(2000)提出,各科教学与道德教育的直接作用主要表现在两个方面:第一,系统的文化知识的学习是提高学生理性能力的重要途径;第二,各科教学本身包含着许多重要的价值和道德教育因素,如教师与学生的关系、教师的人格示范作用等。

呼应我国重视课程德育的做法,西方学科史研究也清楚指出:中小学的各个学科,并不等同于其母系学科,前者在中小学课程体系中的发生、发展虽然体现了其母系学科的影响,但更多的是折射了它所在的社会、文化体系的综合诉求,其中居于首位的就是关于教育目的(德育)的追问和探索,之后才是学科教学内容、相关学科知识技能等。教育的目的不止于培育聪明的学生,更在于培育有道德的学生。各学科都有德育价值,如数学、科学的逻辑性在学生世界观培育、问题解决方面的价值;此外,不少学科本身就蕴含着重要的道德教育主题,如科学教育中涉及的克隆、实验室安全等内容。

三、新时代党和国家对课程德育的政策引领

党的十八大以来,课程德育进一步得到重视,成为教师(含职前教师)师德实践的重要一环。通过梳理政策,我们可以发现,党和国家围绕习近平总书记提出的"培养什

么人、怎样培养人、为谁培养人"的时代之问,出台了一系列落实和强化课程德育的政策文件。

2018年全国教育大会上,习近平总书记指出:我们的教育必须把培养社会主义建设者和接班人作为根本任务,培养一代又一代拥护中国共产党领导和我国社会主义制度、立志为中国特色社会主义奋斗终身的有用人才。2019年3月18日,在学校思想政治理论课教师座谈会上,习近平总书记再次强调:青少年阶段是人生的"拔节孕穗期",最需要精心引导和栽培。

以习近平新时代中国特色社会主义思想为指引,党和国家近年来出台了一系列强化学科德育工作的政策。

2017年,教育部颁布了《中小学德育工作指南》,其中"实施途径和要求"板块对课程育人提出了要求:"充分发挥课堂教学的主渠道作用,将中小学德育内容细化落实到各学科课程的教学目标之中,融入渗透到教育教学全过程。"学科被分为德育课程、文科类课程、数学科学课程、体艺类课程、外语类课程、综合实践活动类课程、地方和学校课程等几类,它们各有自己的课程育人目标。

严格落实德育课程。按照义务教育、普通高中课程方案和标准,上好道德与法治、思想政治课,落实课时,不得减少课时或挪作他用。

要围绕课程目标联系学生生活实际,挖掘课程思想内涵,充分利用时政媒体资源,精心设计教学内容,优化教学方法,发展学生道德认知,注重学生的情感体验和道德实践。

发挥其他课程德育功能。要根据不同年级和不同课程特点,充分挖掘各门课程蕴含的德育资源,将德育内容有机融入各门课程教学中。

语文、历史、地理等课要利用课程中语言文字、传统文化、历史地理常识等丰富的思想道德教育因素,潜移默化地对学生进行世界观、人生观和价值观的引导。

数学、科学、物理、化学、生物等课要加强对学生科学精神、科学方法、科学态度、科学探究能力和逻辑思维能力的培养,促进学生树立勇于创新、求真求实的思想品质。

音乐、体育、美术、艺术等课要加强对学生审美情趣、健康体魄、意志品质、人文素养和生活方式的培养。

外语课要加强对学生国际视野、国际理解和综合人文素养的培养。

综合实践活动课要加强对学生生活技能、劳动习惯、动手实践和合作交流能力的培养。

用好地方和学校课程。要结合地方自然地理特点、民族特色、传统文化以及重大历史事件、历史名人等,因地制宜开发地方和学校德育课程,引导学生了解家乡的历史文化、自然环境、人口状况和发展成就,培养学生爱家乡、爱祖国的感情,树立维护祖国统一、加强民族团结的意识。

统筹安排地方和学校课程,开展法治教育、廉洁教育、反邪教教育、文明礼仪教育、环境教育、心理健康教育、劳动教育、毒品预防教育、影视教育等专题教育。

2017年12月教育部基础教育司出版了《中小学德育工作指南实施手册》,其中第四章"课程育人"对德育课程、学科课程、地方和校本课程等落实立德树人进行了解读并提出实施建议。学科课程中的德育,主要指通过充分挖掘渗透于各门学科课程中的德育资源,对学生进行道德教育。该实施手册把中小学课程分为德育课程、人文类课程(语文、历史、地理和外语)、科学类课程、体艺类课程、综合实践活动课程等五类,并按照要点解读、实施建议、参考案例的框架,解析其德育价值和路径,特别指出:各学科教师要意识到自己的言谈举止也是一种育人资源,重视"以身作则,行为示范"在课堂教学过程中的作用,示范好各种角色,如聆听者、提问者、引导者和指导者等。教师在扮演不同角色时,也在向学生潜移默化地传递一定的道德价值,如平等、尊重、真诚等。

表6.5　德育课程及人文类课程德育工作实施建议及案例

学科	要点解读	实施建议	参考案例
语文	注重利用课程中的语言文字潜移默化地对学生进行价值引导和道德熏陶,培养学生的爱国主义情感、民族精神和社会责任感、审美情趣,以及对多样文化的尊重、对人类发展的关注等。	可以利用的德育资源是多元的,包括挖掘课堂教学资源和课外学习资源。如:小学语文教师课上可以利用挂图、视频和相关图书等资源,课外可以利用图书馆、博物馆和自然风光等资源;中学语文教师课上可以利用社会热点、学者观点和学生随笔等资源,课外可以利用展览馆、文化遗产、自然风光和社区实践场所等资源。	**初中语文教师通过《背影》让学生感悟亲情** 课前,教师让所有学生用心收集父母关心自己的细节,可以通过照片、视频、文字等方式呈现;讲课伊始,教师通过歌曲《父亲》中浓浓的对父亲的爱与感激之情感染学生;接着,通过教师讲解,学生合作探究"父亲买橘子的艰难"、"父亲的背影"、作者流泪、父亲的语言等细节,让学生从朴实无华中体会到父亲的舐子深情;在课文讲解后,教师通过课件进一步引导学生感受父母对自己的关爱,让学生多体谅、理解父母,反思如何与父母沟通;在课后拓展中,教师让学生回家帮父母做一件事,并记录下事情的经过、自己和父母的感受。

学科	要点解读	实施建议	参考案例
历史	注重弘扬以爱国主义为核心的民族精神和以改革创新为核心的时代精神,传承中华民族的优良传统,加强国家认同和国家主权教育,培养学生的社会责任感。	可以积极探索多种教学途径,组织丰富多彩的教学活动。例如,中学历史教师可以将讲解教材与组织辩论会、举办历史讲座、参观爱国主义教育基地、进行历史性社会调查、考察历史遗址和遗迹、采访历史见证人、编演历史剧、撰写历史小论文等结合起来。	**初中历史教师通过"文成公主入藏"引导学生树立民族团结统一观念** 教师通过呈现青藏铁路全线铺轨贯通的图片和播放歌曲《天路》导入新课,引出一千多年前促进汉藏友好和交流的文成公主。接着教师通过出示《旧唐书·吐蕃传》中的史料,呈现《步辇图》,让学生表演历史剧《唐蕃和亲》,出示文成公主的出嫁"礼单"和西藏出土的唐代锦缎、小昭寺照片,以及《齐民要术》书影、《黄帝内经》书影,播放吐蕃歌谣等环节,引导学生认识到文成公主入藏的艰辛以及入藏后吐蕃社会生产和生活状况的变化,对文成公主入藏的意义形成较为全面的认识,认同唐朝实行的开明的民族政策是国家统一、民族团结的保证,认同祖国的历史是由各民族人民共同缔造的,民族友好有利于各民族的发展。

2019 年,中共中央办公厅、国务院办公厅印发《关于深化新时代学校思想政治理论课改革创新的若干意见》,指出:"整体推进高校课程思政和中小学学科德育。深度挖掘高校各学科门类专业课程和中小学语文、历史、地理、体育、艺术等所有课程蕴含的思想政治教育资源,解决好各类课程与思政课相互配合的问题,发挥所有课程育人功能,构建全面覆盖、类型丰富、层次递进、相互支撑的课程体系,使各类课程与思政课同向同行,形成协同效应。"

2019 年《新时代公民道德建设实施纲要》指出:"注重融入贯穿,把公民道德建设的内容和要求体现到各学科教育中,体现到学科体系、教学体系、教材体系、管理体系建设中,使传授知识过程成为道德教化过程。"

2019 年《新时代爱国主义教育实施纲要》强调:"充分发挥课堂教学的主渠道作用。培养社会主义建设者和接班人,首先要培养学生的爱国情怀。要把青少年作为爱国主义教育的重中之重,将爱国主义精神贯穿于学校教育全过程,推动爱国主义教育进课堂、进教材、进头脑。在普通中小学、中职学校,将爱国主义教育内容融入语文、道德与法治、历史等学科教材编写和教育教学中,……"

2022年教育部修订了义务教育课程标准,《义务教育课程方案(2022年版)》指出:义务教育课程应该贯彻新时代党对教育的新要求,坚持德育为先;标准编制应坚持正确的政治方向和价值导向,加强思想性,有机融入社会主义先进文化、革命文化和中华优秀传统文化,以及法治、国家安全、民族团结、生态文明、生命安全与健康等教育内容。此课程方案进一步凸显了义务教育课程的育人任务,致力于形成一个以培养有理想、有本领、有担当的少年为目标,各学科以核心素养为纲的课程育人体系。

四、国外课程德育实践

依据亚里士多德的实践观,教学的本质就是道德或德性的实践。麦金太尔指出:不同学科本身具有不同的善,各科任教师追求和实现其所任教学科的善,并让学生参与其中,促进学生个体道德的发展。邓恩(Joseph Dunne)进一步指出:学科内在的善,可以促进人们对真善美的热爱,进而激发人们对自身生活和所在共同体的责任感。诺丁斯则针对科任教师与学生的关系,提出课程德育是依托关怀和信任的师生关系展开的,其具有的各种善也都是关系型的:在富有思想的教师的课堂中会产生安全感,师生双方的身上都有理智的热情在生长,从而觉悟到教学和生活是永无止境的大探求。

各国的学科课程也是学校德育工作的重要组成部分。如英国注重将德育融合渗透到各科教学中,而不是将道德教育与其他科目分离,认为完整的科目教学更容易为道德教育提供自然的媒介。历史教学中,教师可以选择瘟疫、两次世界大战等造成人类死亡的事件作为道德教育的议题。学科课程德育多以教师针对某些情境开展引导和诘问的模式进行。法国的德育、公民课程本身就不是独立设置的学科,在小学和初中常融合在法语、历史与地理课程中,其教学注重辩论,促使学生遵守规则,以理性论据达成共识,从而完成公民道德的学习。

近年来,国外非德育课程如数学、科学等学科的教学也日益注重课程德育。

英国伯明翰大学近年来的学科德育项目,在中学的体育、PSHE(个人/社会/健康/经济教育)、宗教、科学、艺术、公民、电脑、设计、英语、地理、历史、语言、数学、音乐等课程开展学科德育的探索,有55所学校的1 700多名学生参与。

该项目主要使用亚里士多德美德教育传统,将美德分为四类:道德品质、智力品质、公民品质和行为品质。道德品质是一些让人能够很好地回应不同情境的道德;智力品质是追求知识、真相和深度理解所必需的美德;公民品质是成为负责任的、积极的公民的美德;行为品质是上述三种品质的载体。

该项目认为美德的教学主要分为三个层次。其一,美德知识:辨别美德的名称;辨别需要美德的场景;辨别自己和他人在一些场景中的情绪。其二,美德推理:知道美德对个人和群体的好处;理解"中间路线"——合适的时间、方式、地点、理由、人;给自己的行为以好的理由;有意识地判断自己需要改变的习惯。其三,美德实践:把美德付诸实践;观察那些实践美德的人;反思发生的事件,从中学习如何改进行为;注意形成美德行为,清楚自己将变成什么样的人。

表6.6为各课程德育设计资料所涉及的要点。

表6.6　英国伯明翰大学学科德育项目

		课程													
		数学	英语	科学	历史	地理	语言	艺术	公民	电脑	设计	音乐	体育	PSHE	宗教
道德品质	宽容	√					√			√	√		√		√
	谨慎		√	√	√		√		√	√		√			
	诚实		√	√		√		√					√		√
	正直	√	√		√			√		√					
	自尊		√												
智力品质	好奇心			√	√		√		√		√				
	责任心								√		√				
	专注	√							√				√		
公民品质	睦邻	√				√				√		√		√	
	社区精神	√	√						√			√	√	√	√
行为品质	毅力											√	√		
	适应力	√		√	√				√		√				
	动力	√									√		√		
	冲劲										√			√	
	自信	√	√				√	√	√			√	√		
	乐观		√					√							

该项目在开发学科德育材料的过程中,使用了数种探索模式:结合学科教学知识展开德育工作,如结合科学课程中的伦理问题开展价值观教育;结合学科知识的学习过程开展德育工作,如数学学科通过设置难度逐级递增的习题,达到训练学生行为品质的效果。

以下为该项目开发的数学学科德育教学设计简介,设计者为英国国王兰格利学校(Kings Langley School)的教师鲁斯·杰宁斯(Ruth Jennings)。

【课程设计】

1. 学科聚焦

第一课:知道、理解和运用简单的指数规律、复杂的指数规律,包括复数和分数。

第二课:知道、理解和运用复杂的指数规律,包括复数和分数。

第三课:知道和理解圆定理。

第四课:知道、理解圆定理,能够运用圆定理解答问题。

第五课:选择解答面积和容积题。

2. 德育聚焦:聚焦行为美德——毅力、适应力、动机、自信

第一课:知道、理解什么是适应力和毅力,以及在教室里这些美德有什么表现。

第二课:理解适应力和毅力如何影响动机和自信。

第三课:理解动机和自信如何影响自己的探索。理解冒险如何提升表现,并要求什么样的适应力和毅力。

第四课:运用和发展动机、自信来尝试探索。

第五课:运用和发展四个行为品质,并尝试迁移运用到其他领域。

【简要教学流程】

第一课

1. 教师简单向学生介绍如何独立学习,培养适应力、毅力。

2. 学生根据指示和指导,独立寻找简单指数规律,比如 $a^n \times a^m = a^{n+m}$。确保学生是在为自己的学习负责,从而让学生知道规则从何而来,以及如何运用规则。

3. 学生在没有教师帮助和引导的情况下寻找和总结规律,行为品质中的适应力和毅力非常关键。学生说"我看不到规律"、"我做不了"的时候,教师可与学生展开私下对话:能否尝试猜测规律? 看看其他题目,这样是否能发现什么规律?

第二课

1. 学生回顾昨天课堂学习的美德,问自己:今天要聚焦哪个方面呢? 目标是什么?

2. 学生继续完成指数练习,不过难度有所增加。

3. 学生一旦完成了寻找规律的练习,就可以开始做难度更大的题。一些学生会遇到突破性的时刻:"老师还没有教,这题我就会自己做了!"

4. 对于找不到规律、需要老师协助的学生,可以结合他们的情况继续鼓励他们。

第三课

1. 开始上课之前提醒学生:我们需要毅力、适应力和动机。从数学的角度分析,需要多少个例子才能推出规律。

2. 学生完成圆定理练习。

3. 教师在教室里走动,和学生谈话,了解他们完成任务的态度:是否做了足够的题目来推出结论? 为何觉得自己能完成任务或者还不能完成任务? 任务完成的进度如何? 如果遇到不懂的数学概念怎么办? 还有哪些资源可以利用? 什么时候会选择借助资源?

4. 教师和学生的谈话,提醒他们注意第一、第二课自己设置的目标:是否迈出了前进的步伐? 是否因为学习主题的变化而发生了倒退? 如果发生了倒退,如何处理? 是否独立学习并自己鼓励自己? 这些品质对未来的学习、考试有哪些帮助?

第四课

1. 本课使用所有学生已经探索过的数学原理开头,允许他们现在认识这些数学概念、规律,并记住术语。

2. 带来两类数学题让学生完成。

3. 教师在教室里走动,和学生谈话,讨论如何坚持(毅力),如何培养适应力和动机。等学生完成任务的时候,问他们如何看待自己的自信,未来能否把这些品质用在其他领域。

第五课

1. 带来难度更大的题目。

2. 观察并评价学生的毅力、适应力、动机、自信情况。

3. 讨论美德学习的收获:现在能做到什么水平? 从其他同学那里学到了什么?

五、我国课程德育实践：以上海为例

课程德育理念的提炼和落实契合上海基础教育重视德育的传统。上海市中小学课程教材改革第一期工程（1988 年开始）提出素质教育，第二期工程即"二期课改"（1988 年开始）提出德育为核心、培育创新精神和实践能力为重点，都对课程教学彰显德育价值、发挥德育功能给予期盼。

上海市是全国率先启动学科德育实践与研究的地区之一。2005 年，上海市出台了《上海市学生民族精神教育指导纲要（试行）》和《上海市中小学生生命教育指导纲要（试行）》（以下简称"两纲"），紧接着编写了涵盖 21 个学科的《上海中小学民族精神教育和生命教育学科教学实施意见》。2012 年开始，上海市教委继教处、德育处、教研室每学期联合教育局召开上海市中小学贯彻"两纲"现场会，搭建德育经验交流与推进平台，强化学校整体育人观念，树立课程以育人为本的理念，传播区域、学校和教师德育工作的鲜活经验。

2013 年，上海市进入"大中小学德育课程一体化建设"项目引领的新一轮德育综合改革，深入推进学科德育是其中的重要内容之一。上海市教委教研室承担子项目"大中小学德育课程的课程标准与教材衔接研究"相关工作，针对思想政治、历史、语文、音乐等 9 个学科的课程标准与教材内容，综合应用定性分析与定量分析方法，研判德育内容配置的针对性和均衡性，查找学段纵向衔接不足、学科横向贯通不够的具体问题，为深化课程改革提供重要参考。

2019 年，由上海市教委教研室编改的"上海市中小学课程德育研究丛书"分期面世，分别针对小学道德与法治学科、初中道德与法治学科、中学历史学科、中学地理学科、中小学语文学科、中小学体育与健康学科、中小学美术学科、中小学音乐学科、中学艺术学科进行德育教学指导，阐明了学科定位与育人价值观，明晰了学科德育核心要求，提炼了德育教学策略与保障措施，描述了单元德育教学要求，提供了典型德育教学案例，指引学校和教师开展全面深入、有效的学科德育教学实践。各学科德育教学指导意见整体结构相近，均由三部分组成：

第一部分，学科德育教学指导意见。其一，学科定位与育人价值：说明学科的基本定位，阐明学科关键的育人价值。阅读时要注意联系学科特点和学生实际，准确把握学科定位,深刻理解学科的育人价值。其二,学科德育核心要求:依学段、分条目描述学生通过学段学习需要达成的德育目标。阅读、分析特定德育目标时,要注意把握与德育整体要求的联系,关注不同学段相关德育目标的联系性与发展性。其三,学科德育教学策略:聚焦学科德育落实,围绕目标、内容、教学、作业、评价、资源、跨学科协同等,概括而又有针对性地描述学科德育教学策略。其四,学科德育教学保障措施:重点从教研、培训、场所建设、资源利用等方面提出落实学科德育教学保障措施的要求。各层面要明确自身职责,采取有针对性的保障措施,支持学科德育教学的持续、深入、有效开展。

第二部分,单元德育教学要求。根据教材内容,以单元为序呈现相应内容:概括性说明(解释主要内容,阐述德育价值,提出单元教学关键点)、教学内容、表现性德育目标(期望学生在学习过程中或生活中的德性表现)、教学建议等。

第三部分,学科德育教学案例。以课堂教学为主,同时也有教学设计、作业训练、资源利用、实践活动、学生评价、协同德育等案例。

以下将对上海市语文学科德育指导意见及相关案例作分析与梳理。

(一) 语文学科定位与育人价值

语言文字是人类最为基本的社会交往工具和认知思维工具,也是人类文化的重要组成部分。语文能力是一个人能够立足社会、认识世界和自我、在不同领域实现终身发展的必不可少的条件。

语文课程是一门学习祖国语言文字运用的综合性、实践性课程。语文课程应引导学生在真实的语言运用情境中,通过自主的语言实践活动,积累言语经验,把握祖国语言文字的特点和运用规律,加深对祖国语言文字的理解与热爱,培养运用祖国语言文字的能力;同时,立足于语文课程,发展思辨能力,提升思维品质,培育社会主义核心价值观,培养高尚的审美情趣,积累丰厚的文化底蕴,理解文化的多样性。

语文课程具有丰富而深刻的人文内涵,对继承和弘扬中华优秀传统文化、革命文化、社会主义先进文化,培养文化自信,推动文化的创新发展,具有独特的优势。语文课程可借助古今中外的优秀作品,利用与开发多种类的资源,组织与开展多样化的语言实践活动,通过阅读与鉴赏、表达与交流、梳理与探究等活动,促使学生逐步形成自己的思想观念、行为准则,增强为中华民族伟大复兴而努力的历史使命感和社会责任感,引导学生认识自然、认识社会、认识自我、规划人生,帮助学生形成健全人格,促进学生的精神成长。

(二) 语文学科德育核心要求

表6.7 语文学科德育核心要求

小学		初中		高中	
方法	**目标**	**方法**	**目标**	**方法**	**目标**
咨询长辈,阅读,看电影	建国史,自豪感	读诗词、文章	认识党的领导地位	评析革命作品	坚定中国特色社会主义道路
读伟人故事	革命者精神	读伟人传记	马克思中国化	学理论文章	文化自信
阅读古诗文	对比今日,幸福平等	搜集中国发展素材	制度优越	开展调查	制度认同
搜资料	知家乡改革变化	讲新中国成就	正确道路	阅读社会变迁作品	振兴,使命感
搜资料,参观	爱国情怀	读爱国诗歌	爱国情怀	比较爱国作品	爱国
了解国情,欣赏影视	了解国情	了解国情	建设意愿	读档案,看影视	了解国情,培养建设意愿
欣赏民族风情	团结	了解民族文化	团结	读经典文本	民族和睦意义
欣赏文化建筑	领略风貌	阅读外国文学	尊重异域文化	读中外名著	多元文化
汉字学习	民族文化	领略汉语魅力	热爱汉语	赏析文字	阐述个人对文字的认识
读古诗	体会情感	欣赏古诗、文学作品	感受魅力	读专著	文化自信
读模范故事	学习	参观,了解戏剧英雄	感悟献身	读书报,参观	英雄事迹
了解时代人物	感受精神	了解时代人物	进取探索	社会实践	时代精神
阅读亲情作品	积极人生	了解经典人物	人生观	读名篇	进取人生观
读守法故事	知法意识	阅读中外维法佳作	知法守法	参加读书会	守法尊重
读诚信故事	责任感	读诚信名言	责任感	阅读文学作品	诚信
表演自立、乐观、进取故事	合作,劳动	合作探究劳动	自立自强	读中华合作故事,合作学习	合作

目前,上海市学科德育已经在广大中小学中推进。学科育德从整体教学变革上对教师提出如下要求:

第一,解读教材,挖掘育德资源。

教师在教研专家启发下,挖掘出勾股定理的多重教育价值:从古代中国、埃及、巴比伦、希腊等国家都较早发现勾股定理的历史中,学生感受到不同国家早期文明的交相辉映;由3、4、5这三个自然数平方和的关系,学生感受到数形结合的和谐美;从勾股定理拓展到费马大定理,学生从数学家献身科学的薪火相传中坚定追求真理的理想信念。

第二,变革课堂教学。

整合教学目标,要求教师优化师生关系,将自身对学科的理解和热情、自身人格素养提升等作为隐性教学目标加以系统整合;调整教学内容,嵌入道德生成、思想引领等内容;优化教学方法,使用情境创设、活动体验、情感激励、角色扮演、榜样示范、两难情境讨论、价值澄清、小组讨论等方式,可以在课堂教学中有力提升育人效果;关注课堂练习,注重价值观内化;革新评价方式,不局限于认知领域的学习评价;拓展课堂内外学习。

第三,调整教研合作步骤。

梳理学科育德起点、集体解读相关教材,分头备课,进行初步教学实践并开展课堂临床观察,反思第二轮教学,循环总结。

六、教师作为课程德育目标分类体系的建设者

2022年,我国义务教育新课程方案、课程标准颁布,不仅指明各学科有哪些德育价值,更系统地以核心素养组织各学科围绕新课程方案提出的三个总育人目标,探索本学科的育人价值,开展课程德育,从而使课程德育目标分类及其细化、体系化有了更清晰的参照标准。以下尝试提出基于义务教育新课程方案和课程标准的课程德育目标分类体系,在这个体系中,教师扮演着重要的建设者角色。

(一) 课程德育目标分类

教师开展课程德育,不免要问这么几个问题。第一个问题:"为何搞?"有些教师

会说,本学科教学任务已经很重了,为何还要搞课程德育? 从哪里找时间来搞课程德育? 第二个问题:"如何搞?"本学科该如何开展课程德育? 如何与德育课程区分开来,而不是把什么课都上成道德与法治课? 第三个问题:"搞到什么程度?"建设系统的课程德育目标分类体系,有助于回答上述三个问题,为开展课程德育提供导航。

1. 课程德育目标维度

义务教育新课程方案提出三个培养目标:有理想,有本领,有担当。从德育角度解读:第一个培养目标凸显的是政治认同品质,第二个培养目标凸显了求知、求真等学本领过程中不可缺少的智力品质(如探究、创新精神)和行为品质(如毅力),第三个培养目标凸显了负责任的公共品质。三者组成课程德育的三大德育目标。

这一个维度回答了"为何搞"、"如何搞"这两个问题。首先,从义务教育新课程标准来看,各学科服务于培养有理想、有本领、有担当少年的德育目标,各学科实现德育目标的抓手是其核心素养。所谓核心素养,是学生通过课程学习逐步形成的正确价值观、必备品格和关键能力。其次,通过研读各学科义务教育新课程标准可以发现,不少学科的核心素养紧密围绕德育目标展开,如历史的"家国情怀"、语文的"文化自信"、英语的"文化意识"、地理的"人地协调观"、科学的"态度责任"、体育与健康的"体育品德"等。因此,课程德育并不是额外强加给各学科的教学任务,它不仅是各学科应有之义,更是培养学生各学科核心素养的必然路径,是每个科任教师都不可推脱的责任。另外,各学科形成基于核心素养的课程目标,既体现了各学科课程独特的育人价值,也指明了各学科开展课程德育的方法和要点,从而使各科分工合作开展课程德育,而不是单纯模仿道德与法治学科的教学。

表6.8 课程德育目标分类

课程德育目标维度	情感领域学习过程维度				
	注意	反应	价值化	组织	性格化
有理想					
有本领					
有担当					

2. 情感领域学习过程维度

此外,根据克拉斯沃尔的情感领域教育目标分类,按照"从简单到复杂"、"从具体到抽象"以及"从外部控制到内部控制"、"从有意识到无意识"的特征,情感领域学习目标可以分为五个层次:注意,学生开始接受信息;反应,学生能够积极参与教师设计的达成情感目标的学习活动,并对教学活动中涉及的情感目标加以回应;价值化,学生能将特定的对象、现象或行为与一定的价值标准相联系;组织,学生把学到的价值观与自己先前的价值观念进行整合,处理两者之间可能存在的一些矛盾;价值体系性格化,学生将习得的价值观内化。

这一维度有助于回答"搞到什么程度"这一问题。在义务教育新课程标准中,各学科课程标准分别对核心素养的学段、水平目标提出了要求,有助于厘清各学段教师课程德育目标落实的水平与层级。如体育与健康学科将"体育品德"分为四个水平,针对这一素养中的"遵守体育相关规则",水平一为"按照要求参加体育游戏",水平二为"按照规则和要求参与体育活动",水平三为"遵守各种规范和规则,尊重裁判,尊重对手,表现出公平竞争的意识",水平四为"做到诚信自律、公平公正,规则意识强"。水平一、二涉及情感领域的注意、反应、价值化这三个层级目标,即学生对遵守规则的教导不仅给予注意、作出反应,也加以价值化,即将这个价值观体现在其行为中。水平三的表述,特别提到裁判和对手,进一步强调了组织,即克服价值观之间的差异和矛盾。水平四则对价值体系的性格化提出要求。

(二)细化课程德育目标维度

细化课程德育目标维度,围绕义务教育新课程方案提出的三个培养目标——有理想、有本领、有担当,即课程德育目标的主要类别(表6.9第一列),梳理各学科相关核心素养以形成课程德育目标亚类(表6.9第二列),有助于构建类型丰富、层次递进、相互支撑的德育课程目标体系,"使各类课程与思政课同向同行,形成协同效应"。在日常教学中,教师可对其加以细化,梳理过程中需注意如下几点。

表6.9 课程德育目标维度的主要类别和亚类

主类	亚类(示例)
有理想	政治认同、价值取向、文化自信、家国情怀
有本领	学习品质、探究和创新精神、劳动品质、体育品德、心理品质、向善向美、团队沟通合作
有担当	道德修养、健全人格、法治观念、责任意识、担当精神、人类命运共同体意识

其一,吸收直接的课程德育目标为亚类。

除了德育课程道德与法治学科各核心素养直接指明德育目标,不少学科新课程标准中的核心素养也有显性的德育目标表述,如历史学科的"家国情怀"、体育与健康学科的"体育品德"等。直接的课程德育目标可归入课程德育目标的三大主类别中,成为其亚类。如道德与法治学科的"政治认同"、历史学科的"家国情怀"可归入"有理想"这个主类。

此外,显性的课程德育目标常使用"动词+名词+情境条件"的逻辑进行表述,便于教师理解课程德育的教学程度、目标和开展教学的条件。如道德与法治新课程标准中"道德修养"这一核心素养对个人品德的表述是:"践行以爱国奉献、明理遵规、勤劳善良、宽厚正直、自强自律为主要内容的道德要求,在日常生活中养成诚实守信、团结友爱、热爱劳动等个人美德和优良品行。"从这一表述中,教师可以抽取出"践行"、"养成"这些指向情感学习践行和内化维度的动词,抽取出"爱国奉献"、"勤劳善良"等美德名词,抽取出"在日常生活中"这一情境条件词,从而清楚了解并落实该目标。

其二,提炼间接的课程德育目标为亚类。

和直接的课程德育目标不同,不少学科的核心素养包含比较间接的课程德育目标,如把认知教学和德育目标融为一体的核心素养,需要结合其表述加以辨别,从而提炼课程德育目标,归入三大目标主类之中。如数学的"会用数学的思维思考现实世界",该核心素养在提出一系列的认知教学目标如"能够运用符号运算、形式推理等数学方法,分析、解决数学问题和实际问题"之后,指出"形成重论据、有条理、合乎逻辑的思维品质,培养科学态度与理性精神"这一目标,即"学习品质"亚类,可以归入"有本领"这一德育目标主类。

尽管这一处理学科教学和德育目标关系的方式,使提炼课程德育目标具有一定的难度,但是它提供了课程德育目标的另一种表述方式。与直接的德育目标使用"动词+名词+情境条件"的表述方式不同,间接表述德育目标的各学科核心素养,有不少使用了学科教学作为德育的情境条件。可以说,这一处理学科教学和德育目标关系的方式直指学科育人,学科教学服务于课程德育,改变"老师习惯并擅长于学科知识点及其相关训练题目的讲解和分析,而对学生通过这些知识点的教学要形成哪些核心素养以及如何促进这些核心素养的形成却不甚了解"的状况。

仍以数学新课程标准中"会用数学的思维思考现实世界"这一核心素养为例:其

下的一系列教学目标为实现德育目标的情境条件,即通过这些认知学习达成思维品质、科学态度和理性精神的培养。比如达到"培养运算能力"这一教学目标,有助于促成"学习品质"这一德育目标的实现,从而形成规范化思考问题的品质,养成一丝不苟、严谨求实的科学态度。换一句话说,培养"一丝不苟、严谨求实"这样的学习品质,数学运算教学有其他学科无法替代的育人价值,运算教学和德育是数学学科教学的两条齐头并进的线索,运算教学促进了德育目标的实现,反过来,德育目标的实现也会促进学生运算能力的提升。

(三) 促进课程德育目标分类体系建设

在义务教育新课程方案、课程标准颁布以前,课程德育目标体系建设也一直是课程德育实践、研究的热点之一。教育部颁布《中小学德育工作指南》强调课程育人,《中小学德育工作指南实施手册》提出包括如下要素的课程德育目标体系:各学科课程德育目标,实施德育目标的教学策略建议,相关学科参考案例。地方性课程德育的探索如上海市教委教研室编写"上海市中小学课程德育研究丛书",制定各学科课程德育教学指导意见,形成包含如下四个方面的课程德育目标体系:学科定位与育人价值,课程德育核心要求,课程德育教学策略,课程德育教学保障措施。

可以说,课程德育目标体系的建设,涉及课程德育目标、课程德育教学方法策略、教学案例、课程德育教学保障等方面。

最近,义务教育新课程方案、课程标准颁布,不仅指明各学科有哪些德育价值,而且系统地以核心素养组织各学科围绕课程方案提出的三个总育人目标,探索本学科的育人价值,开展课程德育,从而使得课程德育目标分类及其细化、体系化有了更清晰的参照标准。课程德育体系的进一步建设,需要做到以下几点。

其一,教师探索课程德育方法,借助新教材落实课程德育实践。

课程德育的教学方法探索之于课程德育目标的实现,有着非常重要的意义。一方面,现有的教师专业化缺乏德育的维度,非德育学科的教师缺乏开展德育教学的知识、技能,相关训练也不足,给课程德育目标的落实带来了挑战。另一方面,从学科课程史的角度看,学科背景对各学科教师的德育信念有着深远的影响。回顾现代课程发展就可以发现,专门的学术领域如哲学、历史、数学、物理、化学等进入中小学变成了教学科目,各科任教师,如物理系毕业的物理老师,深受学科学术体系传统影响,没有意识到中小学科目虽受其母系学科的影响,但是更多折射了它所在的社会、文化体系的综合诉求,特别是德育的探索,之后才是学科知识技能的教学。

教师如何联结学科认知教学与德育?一个思路是将德育课程的德育教学方法移植到各学科课程中。这一个思路体现在近年来的德育课程实践中,不少学科课程的德育实施策略有德育学科教学法的影子。结合课程德育目标分类体系,如果各学科课程的部分德育目标接近德育课程的目标,则可借鉴德育课程的教学法。以"有担当"这一课程德育目标主类里的目标亚类"法治观念"为例,这个亚类既对应道德与法治学科核心素养"法治观念",也包括其他学科如信息科技的核心素养"信息社会责任":能理解网络空间是人们活动空间的有机组成部分,遵照网络法律法规和伦理道德规范使用互联网。在这个情况下,可以迁移德育课程法治教育的方式方法,如案例教学、模拟法庭等,用于信息科技学科德育。

此外还有一种思路,更适用于课程德育目标分类体系中"学习品质"等的教学,即依据本学科的传统和特点,探索具有本学科特性的德育方法与模式。这一思路本身也折射了德育教学法的发展特点——德育教学法并不是天然就存在的,而是不断吸纳各种学科传统及其教学法特点才逐渐形成的。如近年来出现的历史学科戏剧教学法、数学学科数学史教学法等,都有着很明显的本学科课程德育教学法的特点。今时今日各学科课程德育教学法的探索,将成为未来德育教学法的重要组成部分。

然而,仅仅就教学法而讨论教学法,难以对教师课堂的课程德育实践产生长久的影响。与新课程方案和课程标准的颁布相伴而来的,将是教师课堂教学、学生课堂学习的主要工具:新教材。伯恩斯坦(Basil Bernstein)等的研究指出,教材给教师提供的三个主要支持之一,就是教学法的指引。在新教材中,融入课程德育教学法探索的成果,为教师课堂教学提供课程德育的教学引导,确保课程德育的落实。

其二,以课程德育评价微认证的方式,引领教师探索评价方式,完善课程德育目标分类体系建设。

评价,是课程德育目标分类体系中应有的部分,须针对各课程德育目标,形成相应的评价方式、搜集相关数据的工具等,但其实施存在一定的困难。一方面,我国教师熟悉的传统评价手段,如考试等,较难测量学生情感、态度、价值观等方面的发展与变化。另一方面,部分课程德育的目标,如公共品质等,仅仅依靠课堂教学中的表现难以全面观测,可能要等学生走出校门,才会在未来的生活中表现出来。

因此,各学科新课程标准注重过程性评价,以此来判断学生德育情况。这也意味着各学科教师在课堂教学、作业甚至课外实践等环节中都需发挥重要的德育评价作用。教师需要结合课程德育目标,设想学生达成学习目标后的表现,从而设计数据搜集方式和工具,并结合搜集的数据向学生提供反馈。这些探索也将充实和丰富课程德育目标分类体系。

目前,各学科新课程标准较多提到通过观察、提问、交流、访谈等方式了解学生的态度、价值观等。如义务教育劳动课程标准对各学段都提出了具体的评价方式:一、二年级应鼓励学生使用劳动绘本、劳动日志、星级自评、贴小红花等方式体现劳动过程和劳动感受;三至六年级可以采取劳动叙事、劳动作品展示等方式记录劳动过程;七至九年级可以采用劳动测试、评语评价、展示评价和劳动档案袋等方式进行评价。已有的德育课程教学评价研究也提供了不少评价学生态度、价值观的方法:笔试法,如考试、方案设计、问卷编制、德育小论文、调查分析报告等;口试法,如讨论、辩论、演讲、课题汇报等;行为观察法,如角色扮演、模拟行动(模拟等活动)、实地考察、调查、参观、参与社区活动、参加政治生活、参加志愿者行动等。

必须设计一致、公平的评价标准,并用这个标准系统分析学生的道德发展。基于核心素养的德育教学评价一般过程是:确定评价目标,明确学科任务,创设任务情境,编制评价工具(测试题、问卷、量表等),拟定表现标准,开展情境活动,收集评价信息并加以分析反馈。这些工作是个别教师难以胜任的,必须将课程德育教学评价探索者和实践者的角色交由大规模集体教研和合作平台扮演,从而通过大规模的尝试来总结规律,提炼一致的评价标准,形成评价量表等。

在我国已有的三级教研、名师工作室等集体教研机制的基础上,微认证成为值得探索的一种教师集体探究课程德育评价的方式。微认证是美国非营利组织"数字承诺"(Digital Promise)2014年启动的一项面向教育者的认证系统,向教育者提供了成果展示的机会,教育者可以将工作样例、视频或其他制品等形式作为证据申请认证。将微认证这一方式运用于德育课程评价集体教研有以下好处:可在全国范围内搜集一线教师课程德育实践案例;可整理推广优秀做法;可结合课程德育目标分类体系,对相关评价实践案例加以归类、分析和总结,形成适用面更广的评价工具或量表;可更清楚地界定教师课程德育的评价能力,向其他教师提供发展该能力的相关研究和资源。

第三节　师德与特级教师:师德发展引领者

一、案例及相关评论

特级教师霍懋征的故事

一位年轻老师给特级教师霍懋征老师的信中,提到自己遇到的困难:

我们班的这个学生叫大亮(恕我不报他的真名),是个全校有名的"闹将"。四年级第一学期校长调我当他们的班主任,说我是男的,又有教学经验,只有我能"治住"大亮,能"挽救"这个班。我满怀信心地接受了这个任务。可是万万没想到,第一天上课,他就给了我一个"下马威"。课刚讲到一半,大亮突然叫道:"我的大熊猫呢?"全班同学顿时大笑起来。半天,我才从同学们的眼神和表情中醒悟过来,原来这小家伙是在拿我的圆脸和黑框眼镜搞恶作剧呢。他在课堂上的表现简直像在作即兴表演。教学中出现了狗,他就"汪汪",出现了猫,他就"喵喵"。讲到"桥",他就嚷:"乔老爷上轿喽!"讲到"河",他就大叫:"何仙姑拜寿了。"……至于课下跟同学们蛮不讲理的事,那就更不必提了,反正是淘气的孩子能有的行为他几乎占全了……您说,对于这样一个不可救药的学生该怎么办呢?

霍懋征老师这样回信:

首先,我们当老师的不要怕学生淘气,不要怕学生不听话、不守纪律。淘气的学生你们学校有,我们学校也有;中国的学校有,外国的学校也有。不同的家庭教养,不同的生活环境,可以造就不同的人,不同的老师也可以造就不同的学生。倘若学生都是唯教师之命是从,都是一样的"驯服"、"顺从",那我们还要什么家规、校规乃至国法呢? 俗话说:"七岁八岁讨人嫌。"小学阶段的孩子正处在"说他明白,他还糊涂,说他糊涂吧,他又很会挑剔"的阶段,甚至还想拿自己的认识和理解来改造环境、改变别人呢。他们的行为之所以常令家长和老师生气,就是因为他们不成熟的小脑袋的想法与大人们的想法发生着矛盾和冲突的缘故。人的行为都是受大脑支配的,孩子们对与错的举动也都是受大脑支配的,所以对他们的行为必须进行分析。他们也有是非观,他们也会判断,甚至反抗。看你们的大亮不像个糊涂的淘气包,倒像个心中有数的"聪明淘"、"诚心淘"。校长调你当他们的班主任,同学们知道,大亮更知道你来是"治"他们班的,你还是来"治"他的。这就自然会使他产生对抗心理,要跟你对着干,恶作剧,看你这个班主任能把他怎么样。另外,你对大亮又先入为主,是抱定"治"他的想法走进这个班的,这不就成了针尖对麦芒吗?这是不利于工作的。所以我倒觉得你应该静下来,放弃"治"的念头,去关心他,去真诚地爱他,去了解他的家庭,了解他的朋友,争取走进他的内心世界,做他的朋友。更要去发现他的优点,并引导他发扬优点,而不必"筑堤建坝"去"堵"他的缺点。那样做反倒会"决口",会"爆炸"。你的大亮是不会没有优点的。比如,他学猫叫、学狗叫,这说明他有模仿的本领,他还知道"乔老爷"、"何仙姑",可见他并不无知,或许还有爱看书的特点。你何不引导一下试试呢?

至于"不可救药"这四个字,那是不该出自教师之口的。老师对于他的学生是永远不能下"不可救药"的断语的。学生进学校是来求学的后生晚辈,我们只有教育的任务而没有"摈弃"的权利。尤其是现在的中国,孩子们多是独生子女,家长们都是"仅此一个"。如果你放弃一个大亮,就全班而言是几十分之一,就全校而言更是千百分之一,但是对于家庭,你放弃的却是百分之百啊!如果你自己有这样一个孩子,舍得放弃吗?孺子都是可教的,"不可救药"的孩子是没有的。老师的任务是教,教的基础是爱。再淘气的学生也有他可爱的地方,只要你在大亮身上找到了爱的亮点,就会找到转变他的契机了。试一试吧,你一定会成功的。

提问:霍懋征老师的回信展示了她对教育、对学生的哪些思考?如果你是大亮的班主任,在收到霍懋征老师的回信后,你会考虑采纳霍老师的哪些建议,或者考虑尝试哪些改变?

相关讨论较为一致地认为霍老师的回信展示了她如下教育观、学生观:关爱学生是教育的基础,不能放弃任何一个孩子。此外,霍老师清楚分析了来信教师和大亮之间的症结所在,提出教师不要先入为主,而要寻找学生的优点,加以关爱和引导。就第二个问题,部分学员尽管的确希望尝试霍老师的建议去关爱、引导大亮,但是也存在疑问和担忧:大亮还是很调皮的,如他会在课堂上大喊或开老师的玩笑,老师是否能控制好自己的情绪,耐性引导这位同学呢?

新手教师和资深教师之间的对话,其实也常常发生在我们的身边。资深教师结合自己的经验,对新手教师教学给出具体的建议和指导,通过互动,用自己的教育观、学生观影响新手教师。新手教师则展开不断的尝试和反思,一步步成长,构建自己的教育教学观念,包括师德观。

资深教师的师德是如何发展起来的?是否呈现阶段性规律?这些发展规律是否能为我们培养其他教师的师德提供参考?资深教师的师德如何在日常互动的过程中,影响其他教师?有哪些规律?

以下将以我国特级教师这一优秀资深教师群体为例,介绍特级教师"师德发展引领者"的角色。首先介绍我国特级教师的高师德要求、国际上资深教师群体的师德要求,再介绍我国特级教师的师德发展阶段与特点、特级教师对其他教师师德发展的引领作用及其影响途径。

二、特级教师与师德:师德的表率、育人的模范

上述案例中的霍懋征老师是我国 1956 年首批特级教师,是"没有爱就没有教育"的早期倡导者和成功实践者。她强调:教育者要先受教育,塑造灵魂者要先做到心灵美;教师必须把真诚的爱施予每个学生;教师的爱是真爱,这种爱的程度和效果,不仅直接影响着眼前的教育教学质量,而且会从多方面影响国家和民族的未来。正是凭着这份爱,她从教 60 年,从未让一个学生在进步的路上掉队。

20 世纪 50 年代,周恩来总理曾赞誉霍懋征为"国宝",同行们则尊称她为"基础教育界的泰斗"。1956 年,共青团中央将当时社会上某些人歧视小学教师劳动的情况及小学教师三低问题(待遇低、地位低、质量低)汇报中央,毛泽东主席、周恩来总理作出批示,四、五月间教育部接连研究解决办法,起草了《关于提高中小学教师待遇和社会地位的报告》,认为应"对有特殊贡献的优秀教师,给以特级待遇"。1956 年 7 月,教育部根据国务院关于全国教育事业工资改革的指示,制定了全国中学教员、行政人员及全国小学教员、行政人员的工资标准。结合这次工资改革,北京市评定了一批中小学特级教师,并在工资待遇方面提请中央人民政府政务院审查批准给予其特别提升。中学特级教师的工资被定为"相当于高等学校六级(教授)",小学特级教师的工资被定为"相当于中学教师三级"。1959 年、1960 年、1963 年北京市又陆续评定了一批特级教师,至 1966 年,北京市共评定特级教师 42 名,其中中学 9 名、小学 32 名、幼儿园 1 名(特级教养员)。

特级教师是我国教育系统设置的荣誉头衔,是国家为了表彰特别优秀的中小幼教

师而特设的一种兼具先进性和专业性的称号,特别凸显了特级教师是师德的表率、育人的模范。1978 年 4 月 22 日,邓小平在全国教育工作会议上发表讲话,指示"要研究教师首先是中小学教师的工资制度","要采取适当的措施,鼓励人们终身从事教育事业","特别优秀的教师,可以定为特级教师"。

1978 年,教育部、国家计委联合颁发了《关于评选特级教师的暂行规定》,各地普遍开展了评选特级教师的工作,我国从此正式建立了特级教师制度。1993 年国家教委、人事部、财政部对《关于评选特级教师的暂行规定》进行了修订,颁布了《特级教师评选规定》,共 16 条,在特级教师评选条件、评选程序、待遇等方面进行了规定,并增加了有关撤销的条款。其中的第四条"特级教师的条件"对特级教师的师德提出了要求:坚持党的基本路线,热爱社会主义祖国,忠诚人民的教育事业;认真贯彻执行教育方针;一贯模范履行教师职责,教书育人,为人师表。随后各省、市、自治区均以该规定为基础,因地制宜,相继制定了补充规定和实施细则。

随着特级教师评选步入正轨,特级教师制度发展进入了较为成熟的阶段。近年来,我国颁布了一系列的政策,对特级教师的培养和发挥其示范作用提出了新要求。1999 年,教育部《面向 21 世纪教育振兴行动计划》中提到的"跨世纪园丁工程"的重要项目之一"特级教师计划"正式启动,从资助科研、组织讲学团、举办研修班到出版专著,全方位发挥现有特级教师的带动和辐射作用,力求造就一批在教书育人和教育教学研究方面造诣高深的中小学特级教师,促进中小学教师队伍整体素质的提高。2002年底,北京成立了特级教师工作室,希望通过各种渠道,以听课、授课、课后辅导、讨论等"一条龙"的形式培养特级教师接班人。

2018 年,中共中央国务院《关于全面深化新时代教师队伍建设改革的意见》指出:"提升教师社会地位。加大教师表彰力度。大力宣传教师中的'时代楷模'和'最美教师'。开展国家级教学名师、国家级教学成果奖评选表彰,重点奖励贡献突出的教学一线教师。做好特级教师评选,发挥引领作用。"2018 年,教育部等五部门印发《教师教育振兴行动计划(2018—2022 年)》指出:"教师教育师资队伍优化行动,……实施骨干培训者队伍建设工程,开展万名专兼职教师培训者培训能力提升专项培训。组建中小学名师工作室、特级教师流动站、企业导师人才库,充分发挥教研员、学科带头人、特级教师、高技能人才在师范生培养和在职教师常态化研修中的重要作用。"

为落实《关于全面深化新时代教师队伍建设改革的意见》,按照《教师教育振兴行动计划(2018—2022年)》工作安排,教育部在2018年5月启动"国培计划"中小学名师名校长领航工程。经自主申报、省级教育行政部门推荐、专家会议遴选,123位教师为首期"国培计划"中小学名师领航班学员,113位校长为第二期"国培计划"中小学名校长领航班学员。其中,"国培计划"中小学名师领航班培养基地名单有北京师范大学、华东师范大学、东北师范大学、华中师范大学等14所院校。这是全国中小学教师校长培养的最高班次,对百名优秀教师和百名优秀校长进行3年连续性系统化培养,旨在充分发挥名师名校长的示范引领作用,探索教育领军人才培养的有效模式,营造教育家脱颖而出的制度环境,着力建设新时代高素质专业化创新型教师队伍。

三、国外资深教师与师德:教师领导者

近年来,欧美国家也日益关注尊师重教的重要意义,强调提升教师地位,建设了不少接近我国特级教师评选的制度,如美国的"高技能教师"(Highly Accomplished Teacher)、英国苏格兰地区和澳大利亚的"卓越技能教师"(Advanced Skills Teacher),给予优秀教师物质和精神奖励,并赋予其课程开发和教育行业人员训练领导者的地位。英国英格兰地区设置特许教师(Chartered Teacher)制度,这些教师富于创新和创意,提倡变革,致力于专业探究和行动研究,辨别并挑战学校文化的负面情况,鼓励同事取得进步,为教学研究提供学术观点,陈述个人对教育政策发展和议题的独立思考。这些教师荣誉制度的设置,反映了近年来各国通过提升教师质量来提升教育质量的努力。如2015年美国颁布的《每一个学生成功法》(Every Student Succeeds Act)、2015年英格兰的白皮书《教育全面卓越》(Educational Excellence Everywhere)、2016苏格兰的"苏格兰教育民族改进框架"(National Improvement Framework for Scottish Education)等,都进一步促进各国设置资深教师荣誉制度,以鼓励其引领教师专业发展。

这种潮流也和西方国家自21世纪80年代以来的教师领导者研究有一定的关系。教师领导者概念最早来自巴斯(Roland S. Barth)的研究:教师首先应成为管理领导,其次要将自己的教学经验服务于课程开发、协调学校改进等任务,最后协助其他教师提升学生的学习水平。因此,教师领导者不仅要发展自己的职业素养(含师德素养),也要致力于提升其身边其他教师的职业素养,从而提升教师质量、教育质量。

卡赞梅尔(Marilyn Katzenmeyer)和莫勒(Gayle V. Moller)把教师领导者研究分为

四个阶段。第一个阶段从 1980 年开始,教师领导者一般被视为学科专家、年级组长等,强调其学科经验、年级管理经验等。第二个阶段从 1990 年开始,教师领导者被视为教师团队的领袖,其影响范围扩大,不再局限于自己任教的学科和年级,能参与全校范围内的决策。第三个阶段从 1995 年左右开始,教师领导者开始领导教师学习共同体。第四个阶段从进入 21 世纪开始,教师领导者被赋予更广泛的定义:他们可以协调、管理学校或区域的课程教学工作,促进其他教师的专业发展,参与学校改革改进,促进家长、社区参与,并参与专业机构的活动,甚至对职前教师教育也产生影响。

约克-巴尔(Jennifer York-Barr)与杜克(Karen Duke)整理了 140 个教师领导者研究,指出教师领导者九个发展阶段,如表 6.10 所示。

表 6.10　教师领导者发展模型

阶段	描　　述
A	教师发展、深化自己的专业知识和技能,致力于参与职业学习和提升,形成相关能力,以带来教室内的教学变革。
B	教师试验、创新、反思教育信仰,在教室内努力改进学生的学习。
C	教师在本校内分享教学法、教育观、教学指导方式方法等。
D	教师合作试验新教学法、新课程,并思考其对学生的影响。
E	教师与不同的校内群体合作,影响其他教师的教学法信念和实践。
F	教师反思已有的实践,提倡、支持变革,组织全校范围的改革。
G	教师运用不同的领导技能参与全校范围的改革。
H	教师与更广泛的学校社区(家长和学生)合作,改进学校教学。
I	教师在校外分享经验、呈现作品,改变其他教师,如指导其他教师、在会议上发言、参与专业机构活动等。

这个模型反映了教师成长为教师领导者的过程:从个体在有限的范围内独立工作、改进教学(A、B 阶段),到开展更大范围的合作(C 到 I 阶段)。在这九个阶段中,教师领导者的师德会成为其领导力的一部分。

首先,教师领导者的师德成为其影响他人的一种力量。教师领导者会成为其他教师的师德榜样:展现自己的职业态度、职业美德;致力于终身学习,不断提升和发展自我;持有开放的心态,不断接纳新观念、新教法等;乐于与同事分享自己的想法、资源;有勇气反思和质疑实践;愿意冒险,倡导合作。

其次,教师领导者会和被指导的教师形成多种类型的人际互动关系,教师领导者在这些人际互动关系中引领学习共同体的美德建设:训练关系,教师领导者训练自己的同事使用新教材,指导小组实践,实施新的改革;合作关系,团队合作设计创造和评价课程单元、教学实践;协商关系,形成互相尊重、互相信任的关系,从而促成积极的专业关系。在这些关系中,教师领导者需要展现这些美德:诚实、开放、反思、尊敬、沟通、鼓励、支持等。教师领导还需要营造支持性的环境。

相应地,在国际教师领导者的研究和培养实践中,教师领导者的师德成为近年来培养的重要要素。20世纪80年代,教师领导者被界定为带教教师,需要培养他们五个方面的知识:对当地环境的知识、人际和成员教师发展的知识、教室管理和学校效能的知识、教学指导的知识、观察和会议的知识。到1990年,教师领导者被界定为带教教师、教师教育者、课程开发者、决策制定者等,主要和大学合作,改进教室内的实践,建立教学团队。21世纪以来,教师领导者的概念进一步扩大。美国州际学校领导者证照联合会(Interstate School Leaders Licensure Consortium, ISLLC)制定了《学校领导者标准》,强调教师领导者必备的知识技能和态度。该标准要求教育领导者促成每一名学生的成功,涉及学习愿景、学习文化和项目、学习资源和学习环境、社区合作、坚持师德伦理、回应多元需求等六个方面。除了有一个专门的标准涉及师德外,其余每一个标准中都有细节要求和师德有关(见附录6.1)。

四、特级教师职业发展阶段与师德

尽管每个时代教师所处的环境大不相同,但是仍可分析教师群体中的优秀分子如特级教师的师德发展,从而纵向了解师德发展的阶段及其特点,辨别哪些师德特质有助于教师追求职业素养的发展和提升,为新生代教师的培养提供经验和方向。

特级教师是师德表率、育人模范,目前已有不少案例研究,对其师德故事进行整理和宣传。有学者指出,这体现了《特级教师评选规定》第七条"要采用多种形式宣传特级教师的优秀事迹,推广特级教师的先进经验"的精神,提高了特级教师在教育界的知名度,为广大教师树立了学习的榜样。不过,师德素养作为教师职业素养的组成部分,并不是一个静止的概念。从道德发展角度来看,个体的道德发展漫长、复杂且难以预测,师德也会随着教师职业生涯的发展而发展。

从这个角度说,特级教师的师德表率有两个层面的意义。第一个层面是模范示范意义。作为被认可的师德表率,特级教师在其工作岗位上做出了良好的示范,成为教师们的榜样,从而鼓励、带动其他教师。第二个层面是纵向展现意义。特级教师从普通教师成长而来,也经历了纵向发展的变化过程,这个发展过程对处于职业生涯不同阶段的教师具有非常重要的借鉴意义,有助于普通教师了解教师生涯常见的师德发展阶段、各阶段的重难点以及可以采用哪些应对策略来提升师德修养。分析特级教师的师德素养发展,有助于纵向梳理教师的师德发展阶段。目前,国内外文献对教师职业阶段发展有较深入的挖掘,如国际上广泛运用休伯曼模式将教师职业生涯分为五个阶段:起始阶段(生存和探索,0—3年)、安顿阶段(4—6年)、中间阶段(试验和发展,7—18年)、成熟阶段(19—30年)、结尾阶段(准备退休,30年以上)。教师职业阶段发展研究对教师的专业教学知识、技能等素养进行了阶段化的辨别和梳理,但是对同为教师职业素养重要组成部分的师德素养,阶段化辨别和梳理的工作却做得较少。

以下结合本书作者2018年至2021年间参与所在单位搜集我国名师师德案例的工作,对参与教育部"国培计划"中小学名师名校长领航工程的14位特级教师、参与上海市"双名工程"的22位特级教师进行回顾性的职业生涯访谈或访谈分析,通过对其个人成长的回顾,来梳理特级教师师德素养的纵向发展。

访谈提纲旨在引导特级教师回顾职业发展阶段并讲述自己的故事,对师德相关维度如从教动力、新入职后师生关系等进行直接的提问,了解特级教师职业生涯各阶段印象深刻的事件,梳理特级教师师德素养的纵向发展特点、特级教师引领其他教师师德发展的作用机制。

访谈提纲

A. 个人成长史

1. 能请您为我们概述一下您的个人成长经历吗? 我们希望能对您有一个历史性的了解。

2. 回望自己的成长过程,您觉得自己的原生家庭对您有哪些影响? 这些影响中的哪些慢慢消失了,哪些效应会持续并逐步放大?

3. 在您的成长过程中,您觉得您曾模仿或者追随某一个人吗? 如果有,您如何描述这个人? 在您成长过程中有没有变换过模仿或追随的对象? 您主要在哪些方面受到他或者她的影响?

4. 就您个人而言,您觉得哪些品质或者特征(比如认真、刻苦、意志、喜欢动脑子、好学等)支撑您走到今天? 在您的成长过程中,这些品质有没有阶段性特点?

B. 职业发展史

1. 能够给我们讲讲您是如何走上当老师这条道路的吗? 是有意的,还是无意的? 是从小有教师梦,还是中途转行? 是他人的原因,还是自己的选择? 走上这条路的原因对如何走这条路有什么影响吗? 您一直以来是如何看待教师这个职业的? 这种看法在不同的阶段有没有发生转变? 这些转变是受什么因素的影响发生的?

2. 从刚入职的青年教师到今天,您觉得大致可以分为哪几个阶段? 每个阶段的基本特征是什么? 每个阶段碰到的关键事件或者关键问题是什么? 您又是如何破解这些问题的?

3. 在您看来,和您差不多同期入职的这些同事往往受哪些因素的影响而在职业发展的道路上走得慢了? 在职业发展的过程中容易停留在哪几个阶段? 停留的主要原因是什么?

4. 在从跟随者到引路人的过程中,您受到哪些个人的影响(也包括受您影响的人)? 影响您的个人在不同阶段是否不同? 他或者她对您的影响在不同阶段是否有所不同? 您是如何接受或者回应这些影响的?

5. 在职业发展过程中,您如何看待学校学科组(教研组和备课组)对您的影响? 这些影响中的哪些有助于您的成长? 您是如何发扬光大的? 哪些无助于您的成长? 您是如何克服的?

6. 在职业发展过程中,您如何看待您所服务或者服务过的学校(包括学校领导)? 您的成长与学校的哪些需要是一致的,哪些是不一致的? 您如何处理其中的冲突?

C. 学术思想史

1. 能不能请您介绍一下您的求学经历? 尤其是您的阅读经历,哪些著作奠定了您的知识基础,您个人又受哪些著作的影响比较大?这种影响主要表现在哪些方面,比如知识、志向、情趣,还是意志、奉献等道德因素?

2. 您的学科知识有多大比例来自基础教育、高等教育、入职后的自学、同事交流和在职培训?对这样的知识来源渠道,您有什么看法?

3. 您是否认同学科教育是一个专业?如果认同,您是什么时候有这种认同感的?这种感觉是如何形成的?学科教育的专业特性体现在哪些方面?您对此是如何应对的?这种认同感在不同的阶段有没有变化?如果有,是什么样的变化?

4. 您觉得除了要具备普通职业的特点之外,对老师有着哪些特殊的要求,比如在道德规范和日常行为规范方面?您是如何看待以及满足这些特殊要求的?这些特殊要求对您的专业成长产生了什么样的影响?

5. 在您的心目中是如何定义学生的?学生在教育教学中处于什么样的地位?您是如何依据这个地位来教育学生的?您如何有效处理学生与学科之间、学生与您的发展之间的关系?

6. 您觉得学校教育对于学生的成长、对于社会的和谐、对于国家的发展分别有什么样的作用?在具体的教育教学活动中如何协调三者之间的关系?三者的协调对您有什么样的要求?

D. 家庭生活史

1. 您如何看待新生家庭生活与学校教育生活之间的关系?您是如何有效协调两者间的冲突,引导两者和谐共生的?

2. 您觉得在教育自己子女和教育学生之间有什么异同?您是如何既有效地把两者分隔开来,又使两者相互迁移的?这对您个人的专业发展有什么样的挑战,又有什么样的助益?

3. 您是如何看待金钱的?金钱对个人的职业成长和专业发展有什么样的影响?金钱对教师队伍建设起着什么样的作用?您是如何处理短期收益和长远发展之间的关系的?

结合被访特级教师职业各阶段回顾可以发现,师德被认为是教师专业发展各阶段的重要素养。

大部分被访特级教师将自己的职业生涯发展分为四个主要的阶段。第一阶段,就读师范。第二阶段,入职后的五至六年。这个阶段,新教师面临诸多的困惑,要努力适应工作岗位。第三个阶段,从入职后第五六年开始,到入职后的第十个年头。被访的特级教师表示,他们在这个阶段变得更加成熟,在教育教学上追求卓越。第四个阶段,始于入职后的第十年。不少被访特级教师表示,此时自己在教育教学上积累了一些经验,也获得了更多的机会去影响自己身边的同行。这几个阶段的划分,基本和休伯曼教师职业生涯发展阶段模型类似,但是被访特级教师表示自己尚未进入结尾阶段。

被访特级教师在回顾职业生涯各阶段的时候,列举了一系列核心素养,其中师德素养都被认为是各阶段教师职业素养的重要组成部分。当然,受各职业生涯阶段特征的影响,被访特级教师对不同的师德素养的侧重各有不同。表 6.11 整理了被访特级教师提到的各阶段教师职业核心素养,其中师德素养用楷体表示。

表 6.11   各阶段教师核心职业素养

阶段	核心职业素养
阶段一	学科教学能力,班级管理能力,*爱岗敬业,关爱学生,勤奋,不断求知*
阶段二	优秀的学科教学和班级管理能力,*善于从同事身上学习的能力,研究能力,反思能力,不断改进教学,关爱学生,坚毅*
阶段三	研究能力,反思能力,突破学科教学的局限,团队合作能力,*服务社会,关心学生发展*
各阶段必备素养	教学能力,沟通能力,*献身精神,热爱工作,善良,谦虚,创新,不断进步,终身学习能力,个人道德品质,自信,冷静,关爱学生,坚毅*

五、特级教师师德发展阶段与特征

(一) 职业发展第一阶段关键师德:职业认同、从教动机

被访特级教师在选择从事教师职业的时候,其从教动机有着如下几个特征。

第一,部分教师有非常清楚、强烈的从教动机。如被访的 YJM 老师表示:

我当老师是有意的,这是我的梦想。记得上小学的时候,家门外的墙面有一块村里用来作宣传的黑板,我常常把村里低年级的小朋友组织起来给他们上课,学拼音、讲数学、唱儿歌。中学时代,我在班里做课代表,经常扮演教师的角色帮老师批改作业、辅导学生。高考志愿填报的时候,我所有的志愿都是师范类。大学是我学校生活最幸

福的阶段。当时学习动力非常强,每天都在憧憬自己毕业后成为教师。大学毕业时,同学、老师对我的评价是:我是班里对当老师最痴迷的学生,从入校到毕业,每一天都在努力学习、积极生活。

我一直以来都认为教师这个专业非常有趣和有意义。当我通过自己的努力改变了我的学生以及学生的家庭,我就特别兴奋与有成就感。因为我的教育改变了我的命运甚至家族的命运。因为我上了大学、当了老师,这一点帮我的家族认识了解了更大的世界和更广的社会。我的孩子、亲戚家的孩子、亲朋好友的孩子以及我的学生,我都鼓励他们报考师范院校,以后从事教师职业。

第二,部分教师对自己教学能力有着很强的自信。SXD老师分享了自己高中时代的一些经历:

我们的数学老师、化学老师当时都在川师接受函授教育,于是数学课、化学课,还有其他的一些课,就让我们学生去讲。因为我当时是化学课代表,我的数学、物理、化学、生物比较好,所以我经常去讲数学、物理、化学、生物的一些问题,能够把其他的同学讲懂,有时自己有很好的一些解题方法,就与我的同学交流,同学听懂了,我也很高兴,觉得我可以当老师,也能当好老师,所以就报师范了。

LCG老师说:

我很热爱教学,很多时候感觉自己像是为教学而生似的。我大学主要学的是物理,毕业后进入青海地质学校。当时学校没有物理老师,也缺数学老师,我想着自己高中的时候数学没有物理学得好,这是个可以深入学习数学的机会,带着学习的心态,我开始尝试教数学。为了教好数学,我下了很大的功夫,积极学习和研究数学教材和相关的复习资料、参考书等,认真细致地备课,课上得很有效果,学生获得了很大的进步,我在教学方面取得了一定的声誉,也获得了多方的好评。

第三,社会影响对大部分教师选择教师职业产生了重大的促进作用。社会氛围、亲友等对教师职业的看法、学生时代的教师影响等,都是影响被访特级教师选择教师职业的重要因素。比如GJ老师这样解释:

我觉得应该是因为我的成长过程当中,小学、初中、高中都遇到过非常好的老师,也没有说是从小就立志一定要当老师,是成长过程中有这方面的一些向往,我的初中班主任和高中老师对我进行有意识的引导,然后我就走上了这样一条职业道路。

LCG老师回忆:

教我们的那位老师，经常在下雨或者下雪路不好走时留我们吃饭。我们和老师的感情比较好，平常家里拿个鸡蛋给他啦，路上捎点柴啦。另外，老师讲课讲得好吸引人，特别是语文、数学老师，是新人，师范毕业，讲课非常吸引人，怎么提问啊，怎么制造悬念啊，现在想起来都觉得特别生动。这对我来说是种吸引，觉得当老师挺有味的。而且我们那时候还没有高考，当老师没有这么大压力，学生也没有那么大压力，很放松。另外，咱是农村孩子，农村孩子对其他职业不了解，只了解老师。这些方面诱使我当了老师。

第四，和我国对师范生进行资助有一定的关系，部分被访特级教师因家庭经济原因走进了师范院校。比如 XM 老师介绍：

家庭中父亲早逝，他去世之后只有我妈妈一个人养家。妈妈是老师，工资很低，我们家三个孩子可能没有办法上大学，所以我当时只能选择做老师。我们当时上师范是免费的，免费师范生。

第五，有部分特级教师在最初选择教师职业的时候，是受考试分数、个人情况等的限制。比如 ZYH 老师表示：

我高中时喜欢生物，梦想当一名医生。高中成绩好，但不一定能考上重点大学。高考结束，自己感觉一定能上西安医学院，所以重点批次报了四个医学院。第五个报了陕西师范大学生物系，想着肯定上不了，但分数下来后被陕西师范大学生物系录取。当时不知道以后大学毕业要当老师，通知书下来后才知道。村里的乡亲们说以后就是娃娃头，我内心特别不情愿，坐车从家乡去西安上学的路上一直哭，直到过了庆阳。

第六，社会的发展，教师社会、经济地位发生的变化，也对被访特级教师的职业选择造成影响。如 ZSL 老师介绍：

走上教书这条道路，是有意还是无意也不好说，为什么呢？小时候我的家乡能够见到的吃国家饭的就是老师，所以对老师是非常崇拜、非常敬仰的。但是随着年龄的增大，发现教师的待遇也不是很好，所以等到高考填志愿的时候，我又不是很想做老师了。是命运的安排让我被录到华南师范大学。

可以说，在选择教师职业的动机方面，被访特级教师和大部分老师差别不大，其从教动机涉及国内外教师从教动机研究所总结的数个方面：社会影响、个人实用价值、社会实用价值乃至备选职业等。从教的动机强度跨度较大，从较强到稍弱都有，但是他们开始一线教学实践后，都逐渐形成强烈的职业认同。

（二）职业发展第二阶段关键师德：关爱学生、爱岗敬业

师范院校毕业后，被访特级教师进入教师行列，开始了他们职业生涯的起始阶段。和目前教师教育研究一致，被访特级教师表示，任教之初是自己职业生涯中备受冲击的一个阶段，发生了很多终生难忘的故事。这些冲击，有的来自学生，有的来自同事。经历了这些冲击，被访特级教师在反思、改进中受益，这甚至会影响其后来的职业发展方向。任教之初，教师面对真实、鲜活的学生，在和学生的互动甚至冲突中摸索学生真正的需求、教育真正的目的，原来书上得来的知识转化为现实中的体会。

1. 探索教育的真正目的：关爱学生

CLJ 老师回忆自己任教之初抓学生分数的体会：

当时六年级的数学老师调离了，一时缺数学老师，校长组织老师开会，没人愿意接。我主动请缨，把这个任务揽了下来，后来才知道这个班的数学基础很不好。当时联校统考，我教学上就抓得很紧，类似于现在的"天天清"，上课讲完知识点后马上会有作业，放学前会出两三个小题，通过了可以回家，如果没有通过，就讲题后再做题，直到基本通过。最后的成绩还不错，考了联校第三，但我感觉学生并不是很懂我的付出。其中有一个孩子，是我邻居的姐姐的孩子，他的情况比较特殊：他的腿有一点瘸。当时我认为他只是腿瘸，在智力上并不比其他孩子落后，所以对他同样严格要求。到最后，他本人和家人都不怎么理我了。这个事情给我影响很大，后来我不那么看重分数了。我从那个时候开始醒悟：不能唯分数是求。对于如何看待分数，我比一般老师醒悟得要早很多。

GJ 老师回忆自己教学中被学生气哭的故事，摸索符合学生实际需求的课程：

工作到第 6 年左右的时候，遇到了一个比较大的挫折。我一直是认真的老师，从没有混过一节课。不过我研究教学比较多，研究学生心理不够。有一次，一个学生说了难听的话，把我气哭了。当时是哭着走出课堂的。自己一门心思想把课上好，但是为什么不受学生的欢迎？然后就发现了高中阶段学生在生理方面有非常大的差距，但是自己没有关注学生生理差距，目标定得不够准确，出现了有的学生"吃不饱"，有的学生"吃不了"的现象，无法让整个课堂达到一种比较好的状态。结果上课效果不好的时候，我会去责怪学生不听话、不配合，不按我的要求来，态度比较生硬，师生产生了正面冲突。我是一个反思性非常强的人。那个时候我就发现，高中学生在心理方面有差异,教学也应该有差异性。现在回想起来,这件事对我的冲击很大。但是我接纳这个冲击后,开始进行课改的尝试。就在2003年,我首开先河,开发"体育与健康"校本课程,第一个改变就是把以往的统一教学改为男女生分班教学。

也有教师在接手比较难带的班级时,探究学困生的教育教学规律:

当时一位老师看到我这个班很好,就想去教。校长找我谈话,说这个班你不能再继续带下去了。我说,那我去带全校最差的班。从94年到97年,我教了3年,实际上93年就开始了,我当时带着教了一个中专班,学生是非常差的。所以对学困生教学的研究,我在93年的时候就开始了。当时是赌气,校长说服不了我,就同意我去教了。一开始是没有什么想法的,后面看书,看到有专家说,教得好学困生的老师才是好老师。我想看看自己能不能成为一个好老师,于是就有意识地去关注学困生,后面就把这个申报成课题了。这是我第一次遇到挫折,也是给我的启发,我把这个挫折变成了我想做的事情。

2. 获得职业幸福感:爱岗敬业

在起始阶段,被访特级教师们要在现实中寻找、调整自己的工作动力和幸福感来源。

从事特殊教育的XM老师介绍,任教之初和学生建立的亲密关系,让她坚定了自己的从教决心:

我从教是因为体会到被需要,被聋生纯粹的爱打动,对学生有承诺。聋人很难信任别人,但一旦信任了,就会把你当作最亲的人。比如我身体很不好,不能吹风扇,我无意中看一眼风扇,他们就会关掉。再比如我们社会实践,去田地里拔草,两个学生用竹竿挑衣服挡住我,说太阳很大,老师会热,当时我眼泪一下子就出来了。当时,有机会调动工作,我就和他们说了,然后他们就哭,甚至威胁我说,不教他们的话他们就跑,至少要我教到他们毕业。所以我说我会留下来是因为承诺。我觉得他们需要我。后来2008年,他们快要毕业,地震发生了。有一天晚上,我们把他们带到操场睡觉,睡着睡着发现有一个同学给了我一个香梨,让我现在不要吃,一会塌陷了吃,可以救我的命。我说,那你呢,他说我很强壮,我可以保护你。那一瞬间,我觉得如果走了真的会对不起他们,我必须要把他们教好。很少会有人那么真诚地去爱你,有那么一刻我发现,不是他们需要我,而是我需要他们。

ZYH老师发现了自己对学生的深远影响:

1989 年我的第一批学生毕业,学生们高考生物成绩优异,许多学生也学了生物专业。通过几次和学生的聚会,发现了自己对学生学习的影响、自己在学生心目中的位置,这触动了我、改变了我,让我有了收获的幸福,让我立志做一名老师、一名优秀的老师。这个信念一直激励我到现在。

JLY 老师表示,从教后学生的进步有助于自己坚定从教选择:

一种是学生比赛成功给我带来的喜悦。见证了很多学生成长,当学生站在领奖台上的那一刻,我的幸福感满满。另一种是学生良好品行的养成,促使自己坚定于自己的教学选择。体育教学及运动训练,培养了学生顽强拼搏、坚持不懈、勇于挑战的体育品质,并在其他学科的学习中得到良好体现,也因此受到家长及任课教师的充分肯定。

也有不少被访特级教师表示,向优秀同事学习,有助于起始阶段坚定从教信念。LCG 教师指出:

起始阶段的基本特征是教师往往不能把握学生的学情,常常把学生的基础能力看得过强,讲课内容会偏多偏难,不懂得夯实基础和循序渐进的教学策略,认为只要老师讲过的学生都应该会,不能体会学生的个体差异,教学技能还有所缺乏。在学生管理上,容易采取家长式管理模式,制度一大堆,但落实不了,不善于与学生沟通,不善于民主管理。要解决这些问题,此阶段的教师要多听成绩突出的成熟教师的课,多与他们交流,多观察和学习班级管理成绩突出的班主任。

不少被访特级教师表示,在任教之初曾学习身边的优秀教师。CLJ 老师表示:

中师毕业后,我坚持自考获得专科和本科文凭,后来就有了到初中和高中教学的机会。之后视野开阔了,身边的优秀教师很多,作为年轻人要多向优秀教师学习。"要什么或不要什么,自己要有明确的认识",这是他们教会我的。优秀教师教会我,比一般的老师多做一点点,感觉优秀一点点。从小学的讲台到高中的讲台,其实我辗转了不下五所学校。每一所学校都有最优秀的老师,这些老师就是我的榜样。每到一所学校,我总想着我怎么样才能成为这所学校最优秀的老师,然后会比一般的年轻老师多做一些。不好说哪一个人对我有明确的影响,一定要说的话,在教小学的时候,有一位老师看到我特别认真地工作,其余时间则看书学习,他就说:"小 C 老师以后一定会有出息。"我觉得应该成为他口中的那个有出息的人。后来到了初中,有一位老师和我说:"我们的视野和小学老师不一样。"大概是要我拓宽视野。到了高中,有一位老教师深受学生的喜爱,不管是教学还是育人,所以我想,教学不仅仅是教学,育人才是根本。作为老师，最重要的是要先做好自己，然后以好的自己去成就好的学生。工作中应该拥有一种工作的快乐与幸福，如果每天工作8小时，但都不感到快乐和幸福的话，那么我们的人生就少了很多快乐和幸福。

（三）职业发展第三阶段关键师德：育人为先、提升效果、终身学习

在安顿阶段、中间阶段，教师逐渐完成身份的顺利转换，适应了工作岗位。这个时候敬业、关心学生、终身学习这些师德动机就会引导教师职业发展，表现为教师对德育工作、学科教学、专业成长投入大量的精力。

1. 育人为先

WMY老师回忆自己在职业发展中间阶段体会到教书中育人的重要性：

什么是最大的成就？在我看来，教会孩子怎样做人是最重要的。92到93年，我带过一个初三复读班，那个班的孩子来自各个学校，到景德镇一中复读。因为当时景德镇一中是省重点，就像你们这里的省级示范高中，我们江西启动得很晚，一直到12年才启动示范高中的评选。这些孩子是中考就受了伤害的，考不上重点高中。受历史条件限制，当时复读的还有一类孩子，成绩很差，一般考个技校，稍微好点的孩子考中专。当时班里的孩子主要有两个阵营，有调皮捣蛋的，有勤奋努力的。我的工作重点呢，就是教那些问题学生怎么做人，也有些学习成绩好的孩子是独生子女，家里条件好，即使中考没考好也不会改变内心的高傲。

怎么教他们做人？这一块我的收获是最大的。其中有一个孩子，有一天跑到本部校区偷别人的小霸王游戏机，被那个班的班主任抓住了。问他哪儿的就是不说，问他是不是学生他也不说。后来老师吓他，这个学生说："我说可以，你不能告诉老师是我干的，我老师会气死掉的。"因为我平时还挺关心那孩子的。后来我们回本部开会的时候，那个老师说："你真行，第一次带班就带复读班，孩子跟你感情怎么就那么好。我那么对他，恐吓他，他最后没办法了，才说出来是你班上的。"

那天那个老师把他送到保卫处，保卫处把他送回这边来。当天晚上我就骑自行车把他带回家了。他们家住在西郊，我们学校在东郊，骑车大概有十多分钟，说明这孩子可能很辛苦，他上学也是坐公交。他家在一个老城区，父亲是一个铁匠，摊边上打铁的，打火钳、铁锹、锄头那些东西。他父亲也不说话，走过来以后把家里的长条凳抄起来就想往孩子身上砸。我一看不对，就把他拦下来，我说：你不能这个样子，你这样弄

的话,我今天把孩子送过来就白送了。我说孩子有问题很正常,你原先在一个普通中学,到我们学校来的话改掉习惯需要时间,你得等等。他父亲抹着眼泪就跟我说:我们家孩子在某某学校读了三年,老师没来过一回,到你们景德镇一中来读书,读了三个月,老师就到我们家了,尽管是我们家孩子犯了错误才来的,但是我知道,我儿子说了,国庆长假你已经到很多同学家去了。这说明孩子还是能跟家长交流的,可能在零花钱方面有点矛盾。后面这孩子我们也跟踪了一下,考了一所普通中学。因为景德镇很小,他的班主任认识我,有一次对我说:你带的那个孩子写了篇周记,提到了你,说你对他怎么好,你管学生还是挺有方法的。那时候我还是教生物的,我现在教数学,我感觉不管教哪门学科,育人永远是放在第一位的。

从事特殊教育的 XM 老师回忆了自己的一段经历,反思学科教学和育人,强调育人为先。

一次语文单元测验,我发现一个学生在抄别人的答案。其实我已经很温和了,走过去说:你不要看别人的,你要自己想。我没有想到他马上就把卷子全部撕了扔掉。我有点生气了,说:你怎么可以这样呢?没想到他把凳子举起来恐吓我,意思就是"信不信我会砸下来"。其实我当时有点怕,但我肯定不能跑啊。我就和他对峙了很久,他终于把椅子放下来了。当时社会上有犯罪团伙,这个学生六年级以后就出去加入了这个团伙,没有再上学。过了一年多,我路过他们家,他妈妈叫我进去。我看到了这个学生,当时他已经病入膏肓,三次吸毒三次复吸,最后已经没办法戒毒了,整个人都变样了,脸都是肿的。他看到我,眼泪就流出来,跟我说了两个字:后悔。这件事对我的影响是最大的,因为不管怎样他是一个鲜活的生命,我感受到了特殊教育不一样的地方——它承载着学生的生命。对有障碍的学生而言,受教育是他们改变自己生活的唯一方式。我当时觉得自己很失败,这件事让我太痛苦了,生命中不能承受之重。

2. 关心学生,提升学科教学效果

在安顿阶段、中间阶段,提升学科教学水平和关心学生成绩之间的关系日益清晰,不少受访特级教师在这个阶段意识到两者之间的紧密联系。如 LCG 老师表示,当时自己努力琢磨学科教学:

我在教学上有两个困惑。第一个就是,教的课得到认可,但成绩反映出来不是特别理想。有个人说:老师你教得那么好,你应该是这个州第一名的。我说:我是多少

名？他说是第三。这个时候我就开始困惑了：我究竟是哪里有问题？这是我的第一个困惑。你教书大家都认可了，但成绩上却不是特别厉害。这个我一直在思考，大多想的是：是不是我的知识教得不到位、不透彻？很少想到是不是遵循了教学原则：你是不是因材施教？是不是循序渐进？刚开始往往都有这种毛病，不了解学生的情况，总觉得教一遍就会了，但学生其实不能理解。后来我才知道，要注重基础知识，反馈，循序渐进。我通过观察其他老师，哪个老师教得好，哪个老师带的班成绩好，成绩是怎么做出来的。然后我就把这个问题解决了。

98年后，企业学校归地方，学校合并了，又带来一个问题。我们考70分，他们那边的学生只能考50分。到了高二，我们的学生跟他们成绩变得一样了。这是什么原因呢？我们这边的学生是子弟学生，是内地来的学生，相对素质较高，他们那边管得紧，就是打学生。我想，这种教育方式一定是有问题的。作为我们教师来说，要在管理学生上想办法，如何让学生自己想学，让他愿意在这科上面下功夫。三分教七分管。书要想教好，你一定要教学技术好，管理上也一定要到位。你和学生一定是平等的，他才愿意跟你学。要和学生多交流。一定要爱学生，拉近关系，平时多关心他，但要保持一定距离，让他有敬畏感。老师要去拉近关系，鼓励他们。一定不要说风凉话。他知道你关心他，让他觉得不好好学不好意思。

WMY 老师介绍自己教学的故事，关心学生的实际需求，抓好学科教学：

当时要中考了，初一初二的生物老师都不愿意教这个班，最短的教一个月就不干了，跟教务处抱怨这个班太吵了。我去了以后，班主任老在我上课时在窗外张望，可能是怕学生吵。每次去，他都很惊奇：为什么这么安静？过了半月，办公室里的老师实在憋不住就问我了。我说：生物就应该这么上，生物讲的是生理卫生，人体的八大系统，你不得把这些跟他们的生活有关的例子讲给他们听吗？这门课的要义就是让学生知道自身的身体结构、怎么锻炼身体、怎么进行卫生保健。最后这个班，30分的生物，满分的有20多个孩子，平均分是29.5，接近满分。

SXD 老师表示，研究学科教学也需要落实教师对学生的关爱：

有的老师有一腔热情，但就是教不懂学生。有学生会说：你不教我还懂一点，你一讲我就什么都不知道了。所以，教师要站在学生的角度，老师就是学生，遇到问题，要想象我从什么角度可以解决这些问题，这也体现了教师对学生的关爱。这都是很考验人的，也是最麻烦的，从某种程度上来说，这也是最关键的。

3. 班级管理

在安顿阶段、中间阶段,不少被访特级教师用心钻研,提升带班能力,以便更好地服务学生。CLJ 老师强调:

> 每一位教师都需要有创新的意识。创新不是从无到有,而是人无我有,人有我新,人新我精。我们总是觉得自己教书受到限制,我把它称为规定动作,在规定动作之外可以做一些自选动作,做一些别的老师没有做但是对学生的发展有用的事情,只做学校布置的工作肯定还不够。如果大家都在做,那就做到"人有我新,人新我精",力求自己做得更好一些。

> 举个例子:高中学生作息时间安排非常紧张,一周只有两节体育课,孩子们的身体素质成了问题。明德学校第一节晚自习到第二节晚自习中间有 20 分钟时间,这个时候我们班级教室熄灯,大家去跑步。许多同学意识不到这个问题,尤其是对于优秀班级的学生,总把学习成绩放在第一位。后来我想了一个办法,在教室前门贴上 1—28 号同学的名字,后门贴上 29—56 号的名字,结伴去跑步,效果好很多,每天夜跑 800—1 200 米。后来我又把这一活动与关爱母亲联系起来,提出"锻炼身体,让妈妈放心"(这个班的学生来自市外,基本上一个学期才回去一次或两次)。如果学生每个月完成 16 000 米的跑步任务,就可以获得给妈妈准备的红围巾。期末时的家长会,是学生、老师和家长一起召开的,家长会上有一环节就是孩子亲手给妈妈戴上红围巾,场面感人。

ZSL 老师强调,尽管班级管理不涉及学科教学,但是老师的学科教学能力和班级管理能力紧密联系,后者也需要不断改进:

> 班级管理的目标是学生既尊重你,又听你的话。对于优秀的学生,你要用你的教学、学术征服他们,这是最根本的。老师的教学水平高,班主任工作基本没有什么大问题。如果教学有问题,那么这个老师就是个书呆子。如果学生对一个老师的上课有很大意见,那么这个老师的班主任工作想搞好也难。

> 有时候,管理也是一门艺术。比如学生打球打上瘾了,我不直接和他们说,我交代班长,让班长去落实。所以班干部的能力很重要,培养班干部也是很重要的。比如带 2003 届学生的时候,要参加汇演,每一个都觉得我是班级的一员,我一定要出力。后来,由于汇演方阵只能容下 50 个人,要剔除三四个人。个个都不愿意,都要参加。这时候,老师需要做一些工作,比如你是班干部,你要做一个榜样。这些管理的小办法有

很多,也需要不断积累。

4. 终身学习

需要指出的是,在这个阶段,不少被访特级教师开始了各自不同的"求学路",以解决自己日常教学中遇到的困难,弥补自己日常教学的不足。

有的教师通过考取研究生等正式途径开始继续学习的道路。比如 WAJ 老师在进入安顿阶段和中间阶段时,通过进修提升自己职业科研能力:

后面有了职业倦怠,我觉得也很正常,因为你没有新的东西刺激,工作又这么繁重,在重复劳作的情况下,肯定会出现倦怠。这个阶段持续了大概一两年的样子。有一年,我看了一下自己以前写的教学规划,是当时学校叫我们写的未来发展规划,里面有一个对自己状况的定位和分析,我看了一下,觉得自己当年没有创新,没有新的理念。后来非常幸运的是,到 05 年的时候,我有机会参加国家留学基金委组织的到新加坡进修的公派留学项目。我到上海这边来参加全国考试,最后招了 35 名教师去新加坡进修。这次进修应该算是我职业生涯发展的一个重大事件。我们当时的进修是跟全国的大学老师一起,全班 35 个人,只有 2 个是中学老师。其实我们去新加坡学习还是有点辛苦的,不过我这个人好像比较善于应付考试,只有 5 个奖学金的名额,我居然还拿到了,第二年就再去读硕士,等于我们第一个学期进修 10 个月,可以拿一个研究生文凭。在新加坡学习期间,我接触了课题研究,但是说实话,当时在那边跟大学老师一块儿上课,我是很吃力的,因为我的实践经验跟大学老师可能不太一样。回来以后,开始觉得自己还没有很强的能力去独立做课题。当时正好学校竞岗,就竞了一个德育处副主任,管学校的心理教育,我跟着心理健康教育的老师们做一点课题。做了一两年,我发现他们做的课题好像跟新加坡老师们讲的不太一样,感觉没那么规范。一直到了 2013 年,我去竞学校的中层干部。我一是想看看自己的表现如何,二是觉得如果有一个高点的平台,可能对自己的能力是种锻炼,也会有更多的展示机会,说不好可能也会对自己本专业的发展有利……出去见见世面,长长见识。事实证明的确如此。当时德育处也管心理健康教育,有一两次参加心理健康教育培训,感觉自己的教育理念、自己看问题的角度和方法不太一样了。当了管理干部后,你经常有很多的机会去组织活动,在老师面前展示你自己,然后就有越来越多的同事认可你了。

SXD 老师则通过加入学校及学科研究优秀教师共同体,来继续学习:

Z 老师对我影响比较大。他是原来洛山市教科所的书记，搞数学研究的，当时他来我们沐川中学听课，会诊高三。他们来的时候是周二，那天早上第一节课没有高三的课。我当时教一个初中班、一个中专班，还有一个高二班。我在初中班上公开课，他听了课，对这节课的评价很高。因为这节课我用了研究性学习、探究式学习的基本方法，这个理念在当时还是很新的，所以他非常感兴趣。后来他就把我纳入了他的一个课题组，指导我教育科研的方法。我从此就从纯粹的教师走上了科研这条道路，这是他对我最大的影响。接下来是都江堰中学的两位特级教师，一位是 T 老师，一位是 L 老师，这两位老师对年轻人的发展很关注。他们可能看到我还有潜质吧，就让我跟他们一起搞课题研究。当时我跟 T 老师一起做的课题是高中理科连接点的研究，涉及数学、物理、化学、生物四大学科。L 老师有一个课题，是高中数学微观设计研究。我在这两位老师的带领下，经历了课题研究的完整过程，对教育科研有了更深刻的认识。这两位老师经常提醒和督促我，要在专业上不断发展。我的专业发展步入了正轨，也知道了自己该做什么，不该做什么。

（四）职业发展第四阶段关键师德：育德为重、师德榜样

国际研究指出，随着教师职业生涯的发展、成熟，师德在工作中的意义会得到更多的凸显。

1. 育德成为本阶段的工作重心

不少被访特级教师表示，随着教学技能的熟练，自己比年轻教师有更多的时间和精力来做德育了：

新手期和骨干时期，赛课、参与培训、进修各种课程，阅读各类书籍……这两个时期是在培养自己，成就我们的学生。有的教师平时很少关注人的发展，只关注学科知识。要教会学生人与人之间的关怀，智商与情商共同发展。

有的被访特级教师表示，以往希望学生能考入名牌大学，现在学生绝大多数都能考入名校了，于是希望能在育人上作更多的探索：

现在的教学，对孩子的培养，一定要和祖国、国家的命运紧紧相连，一定要培养胸怀祖国、情系社会、放眼世界的"大国青年"，这是我目前在教育教学过程中一定要多多思考的问题。我们学校现在能考上重本的有 80% 以上了，比如今年高考突破 600 分的考生就超过了 200 人。那么如何让这些孩子走得更远、飞得更高？就是要培养合格

的社会主义接班人。

2. 以团队的形式影响更多的教师发展师德素养

很多被访特级教师在这个阶段的个人影响力有了很大的提升,常常会成为本校或者本地区学科教学、班级管理方面的带头人,会通过更多的平台如教研活动、名师工作室、学校管理工作甚至出版著作等,影响更多的教师。

比如 WMY 老师表示:

我的同伴当中也有一些很好的老师,但是他们不会去整理自己东西,不会去写一篇文章出来,只停留在经验的层面上。这样的老师在我们一中占了一大部分。所以谈到老师培养,要思考怎么去引导他,团队怎么带。我现在就是带年轻教师。名师领航工程怎么发挥领航的作用? 我的理念就是带团队,要引领一批人出来,这样也可以实现学校的可持续发展。在这个过程当中,青年教师也可以像我一样,个人也会有收获。只要大方向把握住,小的东西不会有偏差。

不少被访特级教师提到,良好的师德是团队凝聚力的基础,终身学习的动力则鼓励他们更上一层楼。不少被访特级教师表示,在这个阶段坚持终身学习,是"希望来日回首,不觉得愧对时光"。

六、特级教师对其他教师的师德引领

随着特级教师进入职业发展的成熟阶段,他们对其他教师的师德有了更立体的影响:特级教师本人的师德示范影响;特级教师提升其他教师专业素养过程中,传递了正面的职业态度、价值观念;特级教师与其他教师形成学习共同体,共同营造学习共同体师德氛围。

下面以特级教师 Q 及其领衔的名师工作室(共 17 名成员)为例,介绍特级教师对其他教师的师德引领。

特级教师 Q 借助跨校、跨区域名师工作室,开展丰富多彩的教师专业素养(含师德)发展活动,2019—2020 年共开展 30 次教科研主题活动,具体的活动信息如表 6.12所示。

表6.12　道德与法治学科名师工作室行事历（2019—2020年）

时间	地点	内容	备注
2019.09.12	区教育学院	学期计划解读	主讲：主持人
2019.09.19	区教育学院	八年级道德与法治"一课一教"教学设计交流	主讲：导师W
2019.10.15—2019.10.17	外省学校	考察学习	
2019.10.31	某中学	八年级道德与法治"一课一教"课堂教学研讨	导师：W（区教研员）
2019.11.14	某学院	八年级道德与法治"一课一教"课堂教学研讨	导师：W
2019.11.21	某中学	"聚力新思政，当好引路人"——新时代如何上好思想政治理论课研讨会	
2019.12.12	区教育学院	思政（道法）学科基于问题情境的单元教学设计	主讲：X（师大教授）
2019.12.19	某中学	八年级道德与法治"一课一教"课堂教学研讨，六年级"增强生命的韧性"同课异构研讨	导师：X
2020.01.02	某小学	"增强生命意识，追求生命价值"——中日生命教育教学交流研讨会	
2020.01.09	区教育学院	名师共同体培训（央馆项目）	
2020.02.15	腾讯会议	"生命责任家国"系列思政微课任务布置会	
2020.02.25	全景平台	七年级道德与法治教研活动	江苏某名师团队
2020.02.27	全景平台	Q名师教研共同体项目异步教研开展流程及参与方式	主讲：全景平台技术支持老师
2020.03.10	腾讯会议	微课及论文研讨	
2020.03.17	腾讯会议	Q名师教研共同体项目推进会	导师：W
2020.04.02	腾讯会议	指向核心素养的初中道德与法治学业评价研究交流会（一）	
2020.04.09	腾讯会议	Q名师教研共同体项目"培养正确行使公民权利、履行公民义务的能力"教学研讨	
2020.04.16	腾讯会议	指向核心素养的初中道德与法治学业评价研究交流会（二）	

时间	地点	内容	备注
2020.04.20	腾讯会议	大中小幼抗疫一体化思政活动筹备会	
2020.04.23	全景平台	Q名师教研共同体项目第一次异步教研活动"基于真实情境开展宪法教学"	上传课件学员:B、F
2020.04.25	全景平台	Q名师教研共同体项目第一单元教材教学分析及课例说课模拟演练	导师:W 学员:B、F、H、Z
2020.04.30	全景平台	Q名师教研共同体项目第一次同步教研活动	主讲:学员B、F
2020.05.07	全景平台	Q名师教研共同体项目第二次异步教研活动"培养正确行使公民权利、履行公民义务的能力"	主讲:学员H、Z
2020.05.14	全景平台	Q名师教研共同体项目第二次同步教研活动	主讲:学员H、Z
2020.05.21	全景平台	Q名师教研共同体项目第三次异步教研活动	主讲:学员Y、K
2020.05.28	全景平台	Q名师教研共同体项目第三次同步教研活动	主讲:学员Y、K
2020.06.11	全景平台	示范课:八年级下册第三单元"人民当家作主"第五课第一框"基本经济制度"	主讲:学员K
2020.06.18	全景平台	示范课:八年级下册第四单元"崇尚法治精神"第七课第二框"自由平等的追求"	主讲:区教研员
2020.06.30	腾讯会议	Q名师团队与某区名师工作室联合研修"职称晋升的专业准备"	主讲:某基地外专家
2020.07.22	区教育学院	"乘风破浪"——X市道德与法治学科德育实训基地学期小结交流会	导师:W、某基地外专家

在工作室的相关活动中,特级教师 Q 在如下几个方面引领其他教师师德发展。

其一,特级教师个人品质、职业态度的示范作用。

名师工作室的特级教师 Q 在和其他教师相处的过程中,呈现积极向上的职业态度和致力于终身学习的劲头。Q 老师尽管已经获得了特级教师称号,获得了正高级职称,但是仍然在主持工作室的同时攻读在职博士,这对其他教师起到了很好的示范作用。工作室成员 H 说:

让我感触很深的是接触到的这么多的专家,不仅仅给了我专业研究方面的指导,更让我感受到人格的魅力。Q老师读博士的事情真的很触动我，我还真的有了这个想法，我觉得趁自己还年轻的时候，应该赶紧把博士也读下来。

其二，特级教师在与其他教师互动过程中，指导其他教师科研，传递爱岗敬业等职业道德。工作室成员C汇报：

开课的时候，我们基地的常驻导师W老师以及Q老师对我们的教学设计，从初稿到二稿、三稿，还有两次试讲，都是亲自参与的，而且是一字一字地改。

工作室成员K回忆：

Q老师、W老师在磨课过程中给我们很多指导。在我印象中，像这种级别的专家应该是很忙的，但是他们还能够挤出时间来帮你，甚至是PPT里面字体大小、错别字这样的小细节，都能帮你找出来，你上课时哪些词语用得不太好，也会帮你纠正。这是令我很感动的细节。

其三，特级教师及其他教师共同营造学习共同体师德氛围：注重形成彼此信任的人际关系，开诚布公地讨论，相互尊重和鼓励。工作室成员C说：

学员之间的相互学习，也就是这种同辈、同伴之间的合作学习，大家都毫无保留。比方说在课后的研讨当中，你的优点我们基本都是不谈的，因为我们对自己要求都挺高的，基本都不谈优点，就谈你接下来怎么改进。这也是Q老师给我们传下来的一个什么传统吧，大家都毫无保留，直言不讳，也不介意，会感觉到对方是真心诚意为了改进这节课。

其四，特级教师带领工作室成员思考、承担教师的社会责任。名师工作室的主持人针对2020年新冠疫情，思考本学科该如何服务、关爱学生，带领工作室成员录制微课，进一步拓展教师践行师德的范围，不再局限于自己的工作单位，而是在更大的范围内承担责任、服务学生。工作室成员X回忆：

在疫情期间发生的许多故事，都是我们进行思政教育的素材，对学生来说，也是一种生命教育、爱国主义教育。结合疫情来录制思政课，我觉得是教师积极参加抗疫的表现。整个微课制作的过程，充分体现了导师引领指导、团队成员相互帮助。Q老师在内容上把关，经常到半夜还在回复我的问题，对我的课程提出修改意见。团队成员互相探讨技术问题，保证了短时间内微课制作的成功。这一系列微课非常成功，有好几位同仁的微课登上了"学习强国"平台。

我国特级教师不仅用鲜活的案例展示师德表率、育人楷模，向年轻教师提供职业发展各阶段的参考,更通过各种平台帮扶青年教师,促进其师德及其他职业素养发展,体现了特级教师制度对教师的师德和专业发展的重要意义。

本章案例教学建议

◆ 案例教学定位

本章主题为在职教师育德,因此本章案例教学旨在帮助学习者了解师德与教师育德的三个领域(班级管理、课程德育、教师发展)的关系。

◆ 案例教学提问要点

为指导学习者反思自己的师德修养、育德工作,本章案例教学提问主要形式如下:

你能辨别案例涉及的对班主任、科任教师、特级教师的师德期望吗?

这些师德期望是如何发展形成的?

教师的师德和他们的育德工作有哪些关系?

这对你的师德修养和德育工作有哪些启发?

◆ 案例教学推荐开展的活动

案例阅读,小组与班级讨论,搜集班主任和科任教师育德、特级教师引领师德发展的案例,使用本章提供的相关理论加以分析。

思考题

1. 判断熟悉的班主任老师班级日常管理的水平。

2. 搜集一位特级教师的故事,了解其个人成长、职业发展和教育思想,试着分析其专业发展各阶段的核心师德要素。

3. 结合任教的学科,思考并总结本学科开展学科德育的常见模式。

相关教学资源

教育部:《中小学教师培训课程指导标准(师德修养)》

教育部:《中小学德育工作指南》

教育部基础教育司:《中小学德育工作指南实施手册》

中共中央办公厅、国务院办公厅:《关于深化新时代学校思想政治理论课改革创新的若干意见》

中共中央、国务院：《新时代公民道德建设实施纲要》

中共中央、国务院：《新时代爱国主义教育实施纲要》

主要参考文献

［1］安德森.学习、教学和评估的分类学［M］.皮连生，译.上海：华东师范大学出版社，2008.

［2］陈宇.班主任工作十讲［M］.北京：教育科学出版社，2018.

［3］程亮.教育的道德基础：教育伦理学引论［M］.福州：福建教育出版社，2016.

［4］耿申，魏强，江涛，等.班主任的专业素养：基于实证研究的体系建构［J］.中国教育学刊，2020（12）：94－98.

［5］国家教育委员会办公厅.基础教育法规文件选编［M］.北京：北京师范大学出版社，1988.

［6］胡洋.改革开放以来我国中小学班主任制度研究［D］.长春：东北师范大学，2013.

［7］黄向阳.德育原理［M］.上海：华东师范大学出版社，2000.

［8］江涛.班主任核心素养及专业标准体系建构——基于德尔菲法的研究［J］.教育科学研究，2018（12）：78－87.

［9］李玫，姜恩，赵连启.高中生历史剧本创作和表演活动的学科价值［J］，中学历史教学，2021（06）：63－65.

［10］李正刚.学科德育：政策引领与教师自觉［J］.现代教学，2020（Z4）：46－48.

［11］教育部.义务教育课程方案（2022 年版）［M］.北京：北京师范大学出版社，2022.

［12］教育部.义务教育道德与法治课程标准（2022 年版）［M］.北京：北京师范大学出版社，2022.

［13］教育部.义务教育数学课程标准（2022 年版）［M］.北京：北京师范大学出版社，2022.

［14］教育部.义务教育信息科技课程标准（2022 年版）［M］.北京：北京师范大学出版社，2022.

［15］教育部.义务教育劳动课程标准（2022 年版）［M］.北京：北京师范大学出版社，2022.

［16］姜浩哲,沈中宁,汪晓勤.新中国成立 70 年数学学科德育的回顾与展望［J］,课程·教材·教法,2019,39(12):22-27.

［17］牛学文.聚焦核心素养的评价原则与方法［J］.思想政治课教学,2018(04):4-7.

［18］上海市教育委员会教学研究室.上海市中小学语文学科德育教学指导意见［M］.上海:华东师范大学出版社,2019.

［19］盛天和.取消班主任之后——项政校长谈闵行中学的"学生民主管理模式"［J］.上海教育科研,2005(05):30-33.

［20］檀传宝.学校道德教育原理［M］.北京:教育科学出版社,2000.

［21］檀传宝.再论"教师德育专业化"［J］.教育研究,2012,33(10):39-46.

［22］檀传宝.当代东西方德育发展要览［M］.北京:人民教育出版社,2013.

［23］汪丞.班主任制的最新进展［J］.上海教育科学,2012(09):60-64.

［24］王芳,蔡永红.我国特级教师制度与特级教师研究的回顾与反思［J］.教师教育研究,2005(06):41-46.

［25］王征.重点中学实行"AB 班主任制"的实践探究［J］.上海教育科研,2005(12):71-72.

［26］魏非,闫寒冰,李树培,等.基于教育设计研究的微认证体系构建——以教师信息技术应用能力为例［J］.开放教育研究,2019,25(02):97-104.

［27］杨小敏.班主任危机:中小学班主任有必要专职化［N］.中国青年报,2018-11-14(002).

［28］叶王蓓.德育互动教学法［M］.上海:华东师范大学出版社,2019.

［29］叶王蓓.德育课程与课程德育［C］//李西顺.德育与班级管理.苏州:苏州大学出版社,2022.

［30］余文森.学科育人价值与学科实践活动:学科课程新标准的两个亮点［J］.全球教育展望,2022,51(04):14-15.

［31］张万祥.给年轻班主任的建议［M］.上海:华东师范大学出版社,2017.

［32］赵福江,刘京翠.我国中小学班主任工作现状问卷调查与分析［J］.教育科学研究,2018(11):38-43.

［33］赵萱,张小武.每一个孩子都是我的骄傲:霍懋征和她的学生们［M］.北京:语文

出版社,2010.

[34] 郑连荣,门相海.实施全员班主任制　提高学校育人水平[J].中小学管理,2005
(07):53.

[35] 周晓静.课程德育[D].南京:南京师范大学,2006.

[36] BANDURA A, MCCLELLAN D C. Social Learning Theory [M]. Englewood Cliffs,
NJ: Prentice-Hall, 1977.

[37] BERNSTEIN B. Pedagogy, Symbolic Control and Identity: Theory, Research,
Critique [M]. London: Rowman & Littlefield, 2000.

[38] BLAU P M. Exchange and Power in Social life [M]. New York: Wiley &
Sons, 1964.

[39] BROWN M E, TREVIÑO L K, HARRISON D A. Ethical Leadership: A Social
Learning Perspective for Construct Development and Testing [J]. Organizational
Behavior and Human Decision Processes, 2005,97(02):117 - 134.

[40] BROWN M E, TREVIÑO L K. Ethical Leadership: A Review and Future Directions
[J]. The Leadership Quarterly, 2006,17(06):595 - 616.

[41] BROWN M E, TREVIÑO L K. Do Role Models Matter? An Investigation of Role
Modeling as an Antecedent of Perceived Ethical Leadership [J]. Journal of Business
Ethics, 2014,122(04):587 - 598.

[42] DAHER W. Values in the Mathematics Classroom [J]. Educational Philosophy and
Theory, 2019,22(03):284 - 299.

[43] DAVIES I. Science and Citizenship Education [J]. International Journal of Science
Education, 2004,26(14):1751 - 1763.

[44] DUNNE J. Arguing for Teacher as a Practice: A Reply to Alasdair MacIntyre [J].
Journal of Philosophy of Education, 2003,37(02):353 - 369.

[45] FAIRMAN J, MACKENZIE S. How Teacher Leaders Influence Others and
Understand Their Leadership [J]. International Journal of Leadership in Education,
2015,18(01):61 - 87.

[46] GROSSMAN P L, STODOLSKY S S. Content as Context: The Role of School
Subjects in Secondary School Teaching [J]. Educational Researcher, 1995,24(08):

5 - 23.

[47] HUBERMAN M. On Teachers' Careers: Once Over Lightly with a Broad Brush [J]. International Journal of Educational Research, 1989,13(04):347 - 362.

[48] KALSHOVEN K, DEN HARTOG D N, DE HOOGH A H B. Ethical Leader Behavior and Big Five Factors of Personality [J]. Journal of Business Ethics, 2011,100(02): 349 - 366.

[49] KALSHOVEN K, DEN HARTOG D N, DE HOOGH A H B. Ethical Leadership at Work Questionnaire (ELW): Development and Validation of a Multidimensional Measure [J]. The Leadership Quarterly, 2011,22(01):51 - 69.

[50] KO C S, MA J H, BARTNIK R, et al. Ethical Leadership: An Integrative Review and Future Research Aagenda [J]. Ethics & behavior, 2018,28(02):104 - 132.

[51] MACINTYRE A, DUNNE . Alasdair MacIntyre on Education: In Dialogue with Joseph Dunne [J]. Journal of Philosophy of Education, 2002,36(01):1 - 19.

[52] MEDA A K. The Social Construction of Ethical Leadership [D]. Lisle: Benedictine University, 2005.

[53] NODDINGS N. Is Teaching a Practice [J]. Journal of Philosophy of Education, 2003,37(02):241 - 251.

[54] PANTIĆ N, WUBBELS T. The Role of Teachers in Inculcating Moral Values: Operationalisation of Concepts [J]. Journal of Beliefs & Values, 2012,33(01):55 - 69.

[55] POEKERT P, ALEXANDROU A, SHANNON D. How Teachers Become Leaders: An Internationally Validated Theoretical Model of Teacher Leadership Development [J]. Research in Post-Compulsory Education, 2016,21(04):307 - 329.

[56] SHAKEEL F, KRUYEN P M, VAN THIEL S. Ethical Leadership as Process: A Conceptual Proposition [J]. Public Integrity, 2019,21(06):613 - 624.

[57] SORENSEN N. Improvisation and Teacher Expertise: Implications for the Professional Development of Outstanding Teachers [J]. Professional Development in Education, 2019,43(01):6 - 22.

[58] TREVINO L K, BROWN M, HARTMAN L P. A Qualitative Investigation of

Perceived Executive Ethical Leadership: Perceptions from Inside and Outside the Executive Suite [J]. Human Relations, 2003,56(01):5 – 37.

[59] VAN DEN ENDEN T, BOOM J, BRUGMAN D, et al. Stages of Moral Judgment Development: Applying Item Response Theory to Defining Issues Test Data [J]. Journal of Moral Education, 2019,48(04):423 – 438.

[60] WARNICK B, STEMHAGEN K. Mathematics Teachers as Moral Educators: The Implications of Conceiving of Mathematics as a Technology [J]. Journal of Curriculum Studies, 2007,39(03):303 – 316.

[61] WELLINGTON J. Science Education for Citizenship and a Sustainable Future [J]. Pastoral Care in Education, 2003,21(03):2 – 37.

[62] YE W B, ZHOU B. Special Rank Teachers' Morality Development in China [J]. Professional Development in Education, 2020(Aug. 30).

附录 6.1 州际学校领导者证照联合会制定的《学校领导者标准》

标准 1. 学校管理者是教育领导者,通过促进学校社区共享和支持的学习愿景的发展、表达、实施和管理来促进所有学生的成功。

学校领导者应:

A. 合作开发一个共享的愿景。

B. 搜集数据来辨别目标,评估组织效果和提倡组织学习。

C. 创造和实施计划来实现目标。

D. 提倡持续的改进。

E. 监督和评价进程修改计划。

标准 2. 学校管理者是教育领导者,通过倡导、培育和维持有利于学生学习和员工专业成长的学校文化和教学计划来促进所有学生的成功。

学校领导者应:

A. 培育和发展合作、信任、高期望的学习文化。

B. 创造综合性的、有活力的、完整的课程项目。

C. 创造个性化的、鼓励学生学习的氛围。

D. 指导教学。

E. 开发评价和问责体系来监督学生进步。

F. 提升教师的教学和领导能力。

G. 提升有效教学的时间。

H. 提倡使用有效、合适的信息技术来支持教和学。

I. 指导和评价教学项目的效果。

标准3. 学校管理者是教育领导者,通过确保对组织、运营和资源的管理,营造安全、高效的学习环境,从而促进所有学生的成功。

学校领导者应:

A. 指导和评价管理操作系统。

B. 获得、分配、匹配、有效使用人力、财力、技术资源。

C. 提倡和保护学生、教师的福祉与安全。

D. 发展赋权领导的能力。

E. 确保教师和组织时间聚焦于有效教学和学生学习。

标准4. 学校管理者是教育领导者,通过与家庭和社区成员合作、响应不同的社区兴趣和需求,以及动员社区资源,来促进所有学生的成功。

学校领导者应:

A. 搜集和分析教育环境相关的数据信息。

B. 提倡理解、欣赏和使用社区多元文化和智力资源。

C. 建立、维持与家庭等的积极关系。

D. 建立、维持与社区的积极关系。

标准5. 学校管理者是教育领导者,通过正直、公平和合乎道德的方式行事,来促进所有学生的成功。

学校领导者应:

A. 确保形成完整的系统机制,能为每个学生的学术和社会成功负责。

B. 示范这些原则:自我意识、反思、透明与伦理行为。

C. 捍卫民主、平等和多元等原则。

D. 考虑每个决策的道德和法律后果。

E. 提倡社会公平和确保个体学生的需求得到满足。

标准6. 学校管理者是教育领导者,通过理解、回应和影响更大的政治、社会、经济、法律和文化背景来促进所有学生的成功。

学校领导者应:

A. 支持儿童、家庭和照顾者。

B. 付出行动来影响地方、区域、州和国家政策,促进学生学习。

C. 评价、分析和预测即将出现的趋势,随之改变领导策略。

第七章　线上教学：师德新探索

受新冠疫情影响，2020 年春季开始，国内外大中小学开展了大规模的线上教学，促使我们思考线上教学环境这个新时空中的教师师德。和线下高度结构化的、统一步调的学校经典教学场景不同，线上教学不仅无法原封不动地照搬线下的课表，更不能照搬线下教学模式。无论是班级管理，还是课堂教学，抑或是教师集体教研，教师的师德修养和育德践行都有了不一样的空间载体。在线上教学这个新时空中，师德修养的要点发生了哪些变化？教师如何实施育德？本章尝试梳理国内外线上教学相关研究中关于师德的论述，结合文献开展线上教学师德认识调查研究，并针对在抗疫期间积极创新线上教育的特级教师开展案例研究，探索我国教师如何在线上教学中发展自身师德修养，开展线上育人工作。

第一节　线上教学：教师角色

一、案例及相关评论

菜市场的书桌

在人来人往的菜市场里，小学生妙妙有一张小书桌，就摆在爸妈卖菜的搁板下面。今年春节，爸妈复工以后，妙妙每天就在搁板下的小书桌前努力地学习、上网课。来来往往的人们不一定能看得到搁板下学习的妙妙，但是，他们嘈杂的声音总是不断挤进来，和妙妙学习用的电脑比嗓门⋯⋯

张老师上网课

上网课之初，张老师捏着一把汗。这段时间，不断听到还在熟悉网课平台和软件的老师不是被学生截图做成表情包，就是忘记打开麦克风就讲课，或者讲完课后忘记关直播……这些都不算什么，张老师觉得，难的还在后头。以往但凡有同学开小差，老师在台上目光炯炯，看得清清楚楚，有很多办法提醒学生专心学习，但是现在，唯一能看到的学生的动作就是他们点赞，根本不知道学生的听课情况！更让人紧张的是，有的时候想让学生请家长过来监督他们做一份小试卷，满屏幕都是家长的回应："正在听您上课呢！"原来学生的家长都在旁观老师上课！

提问：结合案例一，说说教师开展线上教学，除了认真准备之外，还应该如何协助学生的线上学习，为什么。结合案例二，说说线上教学对教师提出了哪些能力方面的要求。

在讨论"菜市场的书桌"这个案例时，学员一方面敬佩妙妙学习自律有毅力，另一方面则心疼妙妙上网课的学习条件。讨论涉及疫情时期网课给学生学习带来的一些挑战，如教育公平、学生健康等。学员强调，教师需要关心每个学生的学习条件、学习情况等，给予及时的帮助。这些协助工作是教师教学的必要环节，同时也是教师关爱学生、爱岗敬业等师德的表现。

在"张老师上网课"这个案例的讨论中，学员提出，线上教学学生管理的难度增加，线上教学对教师课堂教学能力、信息技术水平都提出了很高的要求。不少在疫情期间有线上教学经验的学员，在讨论中还进一步指出对线上教学的担忧：学生居家学习不够自律、学习成绩下滑等问题，作为老师应该如何应对？针对这些困难，有学员认为，正是这种特殊时刻，更需要教师提升其专业能力，在线上教学中设计新教学方法，提升学生自主、自律能力。

上述两个案例分别是疫情期间线上学、教经历的个例，从某些角度向我们展示了线上教学与传统教学在环境、管理、师生关系等方面的巨大差别，教师需要辨析自己角色的变化，从而厘清相应的工作任务和需要。

疫情时期大规模的线上教育，吸引了社会各界的注意。2020年9月，在第36个教师节到来之际，习近平总书记向全国广大教师和教育工作者致以节日的祝贺和诚挚的慰问，同时指出：面对突如其来的新冠疫情，全国广大教师迎难而上，奋战在抗击疫情和"停课不停学、不停教"两条战线上，守护亿万学生身心健康，支撑起世界上最大规模的在线教育，为抗击疫情作出了重要贡献。

教学环境变化给中小学教师的师德认知和发展带来哪些影响和变化？以下将梳理国内外线上教学教师角色的相关文献。

二、线上教学教师角色与师德

自 1995 年波基(Zane L. Berge)开始讨论线上教师的角色以来,国外就线上教学环境中的教师角色进行了深入的研究,关于线上教学环境中的师德的讨论也日渐增多。

早期关于线上教学教师角色的讨论以波基的研究为代表,他结合教师主持线上讨论等活动,指出线上教学环境中教师主要有三项任务:教学,社会化和管理,技术支持。其中的社会化和管理,指的是教师在线上教学中要注重学习氛围营造,鼓励学生合作并积极参与课程学习。随着线上教学在实践中的推广,科波拉(Nancy Walters Coppola)等在 2002 年指出,线上教学环境中,教师的工作涉及认知、情感、管理等方面:在认知方面,教师需要开展深层的认知活动,如信息存储、思考等;在情感方面,教师需要寻找不同的技术性工具,来向学生表达情感并与学生建立亲密的师生关系;在管理方面,教师需要在教学设计和教学实施过程中,更加注重对学生的监督和管理。

近 20 年来,国外研究辨别了线上教学环境与线下教学环境的差别(见图 7.1),指出在线上教学(含混合教学)环境中,学习者经历多个层次的互动学习,分别是学习者和人类的互动、学习者与学习内容的互动。这两类互动依据与技术的结合情况,可分为技术支持的互动和非技术支持的互动。

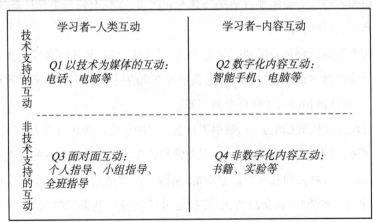

图 7.1　线上教学(含混合教学)环境中学习者的多层学习互动

线上教学环境中的教师工作涉及如下领域(见表7.1):管理、教学、评价、教学设计、技术、美德。管理领域要求教师在教学中对学生进行线上学习相关的道德与法治议题的指导,并对学生提出学习期望,进行课堂管理、家校沟通,注重教师的职业责任等。教学领域要求教师使用有弹性、个性化的教学方法,开发以学生为中心的学习活动,促成线上学生讨论等。评价领域要求教师掌握线上数据的使用、解读,评估学生的学习进展,作出形成性的评价。技术领域包括掌握线上教学系统、使用相关软件等。教学设计领域要求教师在传统教学设计的基础上,进行线上教学活动设计,进行多元化课程活动设计。美德领域要求教师在线上教学中展现个人美德,如尊敬他人、开放性的心态、奉献精神等。

表7.1 线上教师工作领域

1. 管理	1.1 道德与法治相关议题(1.1.1 版权;1.1.2 隐私;1.1.3 学术诚信;1.1.4 网络安全);1.2 交流(1.2.1 多层沟通;1.2.2 在线互动);1.3 表达学习期望;1.4 教室管理(1.4.1 行为监督管理;1.4.2 纪律);1.5 在线内容管理;1.6 合作教学;1.7 职业责任;1.8 一般性管理;1.9 家长参与;1.10 时间管理(1.10.1 安排选项;1.10.2 规划)
2. 教学	2.1 弹性和个性化(2.1.1 节奏;2.1.2 学习方式;2.1.3 安排;2.1.4 课程);2.2 学生合作;2.3 内容知识;2.4 一般教学方法;2.5 促进在线学习讨论;2.6 支持学生;2.7 学生中心教学法(2.7.1 独立思考;2.7.2 学生决定权);2.8 学习动机促进策略;2.9 形成学习社区;2.10 学生参与;2.11 基于问题的学习;2.12 促进学生的创造性;2.13 掌握型学习;2.14 教学干预;2.15 基于项目的学习;2.16 学生分组;2.17 小组学习指导
3. 评价	3.1 一般性评价;3.2 数据使用;3.3 及时反馈;3.4 整体评价;3.5 真实评价;3.6 学生自评;3.7 学生学习准备情况;3.8 评价学生学习进展;3.9 形成性评价
4. 教学设计	4.1 一般教学设计;4.2 开展在线活动;4.3 宏观设计与链接;4.4 多元化的课程活动
5. 技术	5.1 一般技术;5.2 预见技术难题;5.3 管理软件;5.4 学习管理系统
6. 美德	6.1 尊敬;6.2 其他美德(6.2.1 目标明确;6.2.2 透明;6.2.3 奉献)

总之,从最初波基提出的社会化和管理任务,到科波拉提出的情感任务,到近年来线上教学研究关注的管理、美德任务,可以发现,国外线上教学教师角色已经逐渐明晰,这和近30年来国外对教师教育和教学的道德层面日渐关注有一定的关系。20世纪80年代以来,受教师专业化浪潮影响,教师对师德相关议题的敏感性和处理能力备受关注,相关研究不仅讨论教师在教育教学中应该具备的个人品格,如关怀、公正、求

真等,还重视教育教学过程中德育氛围的营造等。

国外也开发了一系列课堂社会心理环境的测量工具,如利用课堂环境量表对学生参与、同学亲和、教师支持等关系维度加以测量。课堂社会心理环境是指教师和学生、学生和学生之间的关系,一般通过学生或教师对所处课堂的直觉感受来测量,是关乎学生发展的潜在因素。课堂社会心理环境一般测量五个方面:教师支持、学生参与、课堂探究、任务取向、合作学习。其中的教师支持一般含如下几点:教师会关心学生个体的学习;教师会留意学生个体的感受;当学生个体有问题时,老师会帮助学生;教师会和学生讨论问题;教师所问的问题有助于学生对知识的理解。

师生基于技术载体的沟通,需要遵循技术伦理和教学伦理。不少国家及时对线上教学作出伦理指导,或制定相关的师德规范,其中备受关注的要求有:在教学中进行在线沟通的时候,要紧密服务于教学和教育的目的;互相尊重对方的权益,开展积极合作;及时对线上师生沟通不当的案例加以处理;线上沟通需要创造负责任的氛围;注意避免出现关于性别、文化等的偏见。加拿大安大略教师学院还对教师提出以下建议:与学生线上沟通要适当,注重隐私,表现专业;教师线上与学生分享的资料必须是妥当的;线上沟通要紧密围绕教育教学主题。

2020年新冠疫情暴发以来,有近200个国家和地区的学校开展线上教学。2020年4月1日,OECD教育与技能司联合美国哈佛大学研究生院,发布了《2020应对COVID-19教育指南框架》(A Framework to Guide an Education Response to the COVID-19 Pandemic of 2020),指出线上教学面临的挑战:学校层面——难以保证学生的学习质量和良好的心理状态,数字基础设施短缺,缺乏有深度的多方合作;教师层面——信息通信技术水平不高,缺少相关专业培训,教师之间缺乏深度合作,须重构师生关系、创新教学设计;学生层面——转变学习模式,调整心理健康状态,弱势学生群体的基本学习条件无法得到保障。

针对上述挑战,须发展教师线上教学师德素养,《2020应对COVID-19教育指南框架》对此提出如下建议:

其一,树立教师责任感,提升教师领导力。教师对班中有困难的学生要给予更多关注,了解他们的联网设备、学习环境等情况;教师需要关注所有学生的情感与心理健康状况,向学生提供必要的情感支持;教师需积极应对全球疫情给教育带来的各种挑战,运用自身的领导力引导同事、家长以及其他合作伙伴,保证教学任务的顺利完成。

其二,共建教师合作网络,积极分享教学经验。教师可根据需要共享专门知识,并与同事进一步建立联系。线上教学经验缺乏和信息技术技能有欠缺的教师承受着很大的教学压力,建立教师合作网络能够给这些教师带来业务和情感上的支持。

三、我国线上教学教师角色与师德

我国非常重视教师的信息技术能力和素养,早在 2004 年颁布的《中小学教师教育技术能力标准(试行)》中,就对教师提出了四个方面的要求:态度、知识与技术、应用与创新、社会责任。其中,社会责任方面对教师教育技术使用中需要注意的伦理道德层面作出了规定,主要涉及教育公平、教育技术的健康使用及教师的正确示范作用等:

公平利用　努力使不同性别、不同经济状况的学生在学习资源的利用上享有均等的机会。

有效应用　努力使不同背景、不同性格和能力的学生均能利用学习资源得到良好发展。

健康使用　促进学生正确地使用学习资源,以营造良好的学习环境。

规范行为　能向学生示范并传授与技术利用有关的法律法规知识和伦理道德观念。

2014 年,我国教育部颁布《中小学教师信息技术应用能力标准(试行)》,对教师提出五个方面的要求:技术素养、计划与准备、组织与管理、评估与诊断、学习与发展。其中,技术素养、计划与准备、组织与管理等方面含有对教师师德的要求,主要涉及信息道德安全、良好行为习惯、教育公平等:

具备信息道德与信息安全意识,能够以身示范。帮助学生树立信息道德与信息安全意识,培养学生良好行为习惯。

确保学生便捷、安全地访问网络和利用资源。

让每个学生平等地接触技术资源,激发学生学习兴趣,保持学生学习注意力。

让学生在集体、小组和个别学习中平等地获得技术资源和参与学习活动的机会。

相关标准对教师师德的凸显,需要放到我国视教师为"道德守门人"的文化背景中来理解。我国对教师个人品格、师生关系、职业责任等多方面都有很高的道德期望,教师一方面需要成为道德的示范者,一方面需注重对学生的道德教育。随着近年来线上教育实践应用的增加,我国有不少文献专门针对线上教学环境的师德进行讨论。其中部分文献呼应前述两项标准,强调教育公平,也有研究强调在线上教学中发展亲密、民主、平等的师生关系,尊重学生,等等。

2020 年,新冠疫情蔓延,我国中小学"停课不停学",学生居家线上学习。教育部对疫情期间线上教学提出了具体的要求,其中对教师线上教学提出的师德、育德期望有:

高度重视师生心理疏导。各地各校要高度重视新冠疫情对师生心理健康的影响,积极组织心理健康教育专家,在认真开展分析评估的基础上,有针对性地做好教育引导和心理疏导工作,特别是对遭受疫情影响较大的师生,要重点加强心理干预和关爱帮扶。要重视学校整体环境创设,帮助师生尽快调整好状态,以健康乐观的心态和积极向上的精神面貌投入教学工作和学习生活。

普遍开展战"疫"专题教育。要充分用好疫情防控人民战争、总体战、阻击战形成的宝贵教育资源,认真组织开展以"普及防疫知识、弘扬抗疫精神"为主题的战"疫"专题教育,针对学生年龄特点,注重教育效果,给学生上好一堂"人生成长大课"。加强防疫知识和生命教育,增强学生防护意识和能力;加强战"疫"先进典型教育,增强学生社会责任感和奉献精神;加强爱国主义和民族精神教育,增强学生家国情怀和民族自豪感。让广大师生深刻认识到在以习近平同志为核心的党中央坚强领导下,疫情防控所展现出的中国力量、中国速度、中国精神和中国担当,充分激发爱党爱国爱人民爱社会主义的思想情感。

更多关爱特殊学生群体。各地各校要切实做好防疫一线人员子女、随迁子女、农村留守儿童及学习上有困难学生的学习指导和关爱帮扶工作,不让一个学生"掉队"。对在湖北、武汉等重点疫区不能按时返校或尚在隔离期的学生,学校要通过线上教学等方式,继续指导做好居家学习;返校后要通过专门的个别辅导,确保学生跟上教学进程。要充分利用课后服务时间,做好对学生的辅导帮扶工作,进一步提高服务水平,努力实现义务教育课后服务全覆盖。

2022 年 4 月,教育部办公厅印发《学校教职员工疫情防控期间行为指引(试行)》,对教职员工提出如下建议:成为"健康第一"理念的践行者,校内校外保持健康生活方式,在实践中提升疫情防控能力,严格遵守学校疫情防控规定,主动如实报告自身健康状况,引导学生非常时期健康成长,当好全校疫情防控的领航者,认真履行学校医护工作职责,从严执行校内留观场所规定,服从校园防控队伍各项要求,特殊岗位人员加强健康管理,外联人员遵守闭环管理要求。在引导学生非常时期健康成长方面,教师要为学生履行疫情防控个人责任做表率,线上教学高质量,线下教学保安全,辅导员、班主任与学生及其家长密切联系,倾听学生心声,加强学生思想引导、生活关心、心理关爱,分类精准指导学生安全学习、健康生活。

2020年春季以来发表的不少研究疫情期间线上教学的文献,描绘了我国线上教学教师角色的一些特征,如:注重情感交流,关怀学生,设计多样化的家庭作业和活动,让学生在居家学习期间愉快健康;在教学中激发学生学习动机,增强自我调节的意识;注重使用在线教育后台数据了解学生的学习情况,改善学生学习策略;负责地与家长保持紧密的联系,以保证学生线上学习的质量;确保教育公平,为特殊学生群体如线上学习有困难的学生提供额外的帮助。

此外,还开展了一系列的线上德育探索。华东师范大学的田爱丽提出,这次疫情让人们反思要培养学生的哪些必备品格和关键能力,让人们重新强调学生素养,包括学生的生命安全意识、爱与责任担当、家国情怀、制度自信、自觉自律等。南京师范大学的冯建军提出,疫情的发生让人们意识到学生的学习能力、品德、生活能力和生存能力的重要。万昆、郑旭东、任友群提出,线上教学要培养学生的社会情感能力,注重培养积极情绪,激发学生在线学习的内驱力。

学校积极探索线上德育活动,构建线上德育课程。如上海浦东新区第六师范附属小学设计了在线德育课程,分为班会课、晨仪课、洒扫课、社会实践课、行规教育课和健身健心课等六类。该校校长表示,充分利用班会课对学生进行居家健康教育和自主学习教育是学校在线德育的重要组成部分。上海复旦大学附属中学围绕疫情设计了一套全新的在线政治课程"疫情之下,和高中生聊聊公共参与",沉重的疫情为学生学习公共参与创造了真实的学习场景。这套课程被学习强国上海学习平台"中小学课堂"收录。

第二节　疫情时期线上教学:师德认知与发展

一、案例及相关评论

"QQ龙王"教师的一天

疫情时期,金老师开始用QQ在线教学。她的一天从"健康打卡"开始,每天早晨在 QQ 表格里请家长填写孩子的健康状况和目前所在地,对情况特殊的孩子要作跟踪了解。接着在 QQ 群推送录播课,向孩子们推荐绘本阅读录播课视频、适合孩子的课间操和爱眼操。每天晚上用 QQ 群作业功能批改作业。不用多久,金老师就顺利登上了"QQ 龙王"的"宝座"。

提问:为什么金老师在教学任务之外,在 QQ 上安排这么多活动？与面对面授课相比,哪一种教学形式给老师带来的职业满足感更强？为什么？

学员表示,疫情时期,不了解教师职业的人认为教师很轻松,不用出门上班而工资照拿,但事实上广大教师"停课不停学",通过多种方式开展线上教学,忙碌且辛苦。此外,不同于面对面授课模式,线上教学不止给老师带来了技术方面的新挑战,还涉及新的教学环境中如何教书育人的问题。广大教师大多像案例中的金老师那样,钻研线上教学,克服线上教学中的困难,奉献时间、精力,借助在线教学平台,关心学生的身心健康,督促指导学生学习,积极进行家校沟通。

无论是职前教师还是在职教师,学员大多认为线下教学满足感更强。在职教师会给出很多影响职业满足感的细节:"以往教学,看到学生的眼神从迷茫变为明朗,我能知道自己教学达到了效果,而现在,学生看得到视频里的我,我看不到他们,找不到那种感觉。""线下教学,有一张张生动的脸,他们会给我回应,也会向老师表达喜爱和谢意,这是线上教学无法比拟的。"

《2020 应对 COVID－19 教育指南框架》指出,线上教学重构了师生关系。线下课堂教学中的师生互动更加直接自然,教师通过学生的表情、动作等信息可以直接了解学生的状态。线上教学使得教师无法完全把握每个学生的学习状态,师生之间产生了距离感。学生居家学习时的心理状态复杂多变,这对教师敏锐洞察学生心理、情绪等提出更高要求。因此,我国教师努力钻研,探索线上教学的新方法,在课前、课上、课后的教学各环节中,尽量关心学生。在探索的过程中,我国教师最关注的师德、育德主题是什么？他们又有哪些有关师德修养、育德实践的体会和心得？以下将首先介绍我国疫情期间中小学开展线上教学的基本情况,再结合作者单位于 2020 年所作的线上师德教学调查开展分析。

二、疫情期间我国中小学线上教学开展的基本情况

2020 年初,教育部成立专项工作组,研究制定中小学延期开学期间"停课不停学"工作方案,由教育部统筹国家、地方和学校相关教学资源,提供丰富多样、可供选择、覆盖各地的优质网上教学资源,为各地"停课不停学"提供支持和服务。2 月 12 日,教育部办公厅与工信部办公厅联合印发《关于中小学延期开学期间"停课不停学"有关工作安排的通知》,提出相关工作的具体要求。3 月 6 日,教育部办公厅发布《关于深入做好中小学"停课不停学"工作的通知》,及时总结经验,特别强调各地要积极帮助困难家庭学生解决线上学习条件问题等。3 月 17 日,教育部办公厅印发《关于做好 2020 年春季学期中小学教育教学工作的通知》,对线上线下教育教学衔接提出明确要求。

在具体实践中,我国线上教学有如下特点:

首先,统筹利用电视和网络资源。2020 年 2 月 17 日,国家中小学网络云平台和中国教育电视台空中课堂正式开通,向各地提供优质教育资源。各地普遍统筹利用空中课堂和网络平台提供的学习资源,实现了优势互补、资源共享、全面覆盖,保障农村地区学生学习需要,有效缓解网络运行压力。多个省份开通了省级网络学习平台,为学生居家学习提供托底服务,并指导有条件的市县和学校用好本地本校优质资源。如上海组织全市各学段 1 000 多名骨干教师录制课程,按照"同一学段、同一课表、同一授课老师"的原则,从 3 月起开展"电视为主、网络为辅"的在线教育,每节录播课时间约 20 分钟,在 12 个直播频道播出,并支持全天候点播回看,服务 142 万上海中小学生。

其次,统筹课程学习和战"疫"专题教育。各地有针对性地开发战"疫"专题教育资源,强化爱国主义教育引领,注重将战"疫"先进事迹和防疫知识、生命教育、公共安全教育、心理健康教育等作为重要学习内容,引导学生正确认识人与社会、自然的关系,尊重客观世界、科学理性行事,培养学生爱党爱国爱人民爱社会主义的思想情感。

再次,积极探究在线学习的特点及与课堂教学的差异,努力防止照搬套用课堂教学方式、时长和教学安排,对不同年级不同学科加强学习指导。有的省份对小学一、二年级主要实行居家生活指导,多数省份规定每次线上教学时间原则上在 20 分钟左右。各地普遍要求做好一线医务人员子女、农村留守儿童、家庭经济困难学生等特殊人群的教育关爱与帮扶工作。

疫情期间,我国开展了服务 2 亿学生的大规模在线教育。不少调查研究指出了在线教学实施过程中暴露的一些问题:网络通达状况不佳,网络环境和硬件设备制约在线教学顺利开展;已有的"数字鸿沟"引发了新的教育不均衡;学校准备不足;教师的教学观念和教学方式难以适应在线教学,教师没有脱离传统教学模式,难以监控学生的学习状态等;教师信息素养参差不齐,影响学生在线学习体验;学生的自我管理和自主学习能力难以适应居家学习的要求。不过,专门针对教师线上教学师德认知的调查并不多见。

三、中小学线上教学师德调查

(一)分析框架

在现有线上教学教师角色与师德的相关研究的基础上,把疫情期间线上教学教师的师德认知和发展视为动态过程。教师需要完成如下四个层次的思考和实践:第一,线上教育机会公平,这一层次的理解和实践关乎线上教育的获得和学习质量。第二,实施在线教学过程中,教师如何理解和履行教学、管理、德育等领域的责任。第三,教学之余师生关系的构建。第四,对线上教学的反思和改进。

(二)研究工具、调查对象

在上述分析框架的基础上,分别设计调查问卷和访谈提纲。调查问卷意在了解教师对以下四个方面的看法:线上教育公平、线上教学过程的师德实践、教学之余的师生关系、线上教学的师德反思。采用李克特 5 级量表,1 代表完全不同意/完全不符合,3 代表中立,5 代表非常同意/非常符合。问卷题目示例如下:

1. 线上教学可以激发我的教学积极性。

2. 线上教学可以激发我的教学潜能。

3. 线上教学给我带来很多快乐。

4. 线上教学使我感到更大的成就感。

5. 线上教学工作量非常大,我感到精疲力竭。

6. 线上教学使我无法有效监控学生的学习情况,我感到很无奈。

7. 线上教学使得师生关系更融洽。

8. 线上教学使师生交流不畅,我感到很焦虑。

9. 线上教学促进了家长和教师间的交流。

10. 线上教学促进了同事间的互助关系。

11. 线上教学过程中学生和家长的不满情绪让我感到沮丧。

12. 线上教学让我发现,学生与老师之间的交流要直接且及时。

13. 此次线上教学对我日常教学工作触动很大。

14. 我会对家长无力辅导的学生提供一些额外的帮助。

15. 对无法参加线上学习或者条件不佳的学生,我会提供一些其他学习方式加以补救。

16. 经历了此次线上教学,似乎整个社会对老师职业有了更高的评价。

17. 尽管线上教学需要付出更多精力,但让我觉得很有价值。

18. 为了搞好线上教学,我花了很多时间去学习以提升线上教学能力。

19. 线上教学过程中,我比平时更关心学生的情绪与态度变化。

20. 线上教学增大了学生管理的难度。

21. 我不断调整线上教学管理策略以强化学习纪律。

22. 我觉得还是线下教学更有职业成就感。

23. 经历了此次线上教学,我觉得家长更能理解老师的工作了。

24. 我会通过各种方式帮助或者协助家长指导孩子的线上学习。

25. 对于家长不配合线上教学的情况,我还没有找到应对策略。

26. 我能根据学生的学习情况及时给予反馈与指导。

27. 线上教学让我明白,只有对教学内容采用多种表现形式,才能吸引学生的注意力。

28. 线上教学一定要让学生参与进来才有效,这也是课堂教学需要持续努力的地方。

29. 任务驱动有利于学生线上学习,这对课堂教学很有启发。

30. 完成同样的教学任务,线上教学时我要花费更多的时间。

访谈提纲也围绕前述四个方面进行设计:

1. 网课备课量和平时比如何? 教学效果怎么样? 作业批改情况如何?

2. 是否担心部分学生出现成绩滑坡? 如何处理?

3. 任教班级学生的情绪、态度是否受疫情影响？如何应对？

4. 家长在网课期间和老师沟通的主要内容是什么？和以往比，家校沟通引起的困扰是多了还是少了？

5. 网课教学和面对面授课，哪一种教学形式给教师带来的职业满足感更强？为什么？

调查对象为中小学教师。调查问卷于 2020 年 4 月至 5 月间通过研究团队的微信朋友圈发放，并鼓励答题教师转发。一个月内回收有效问卷 8 769 份。调查问卷参与者信息如下：男性 20%，女性 80%；任教地区东部 76%，中部 20%，西部 4%；学历本科71%，硕士研究生 25%；任教学科英语 34%，语文 26%，数学 10%，其他 30%；教龄 6—10 年 38%，11—15 年 14%，16—20 年 19%，21—25 年 24%，其他 5%；线上教学班级人数 11—80 人 70%，80 人以上 27%，10 人及以下 3%；线上教学培训机会较少的 87%，较多的 13%；教学方式直播 43%，录播 18%，录播+直播 27%，其他 12%。邀请 24 名教师参与访谈，被访教师信息如下：17 人女性，7 人男性；11 人任教于高中，6 人任教于初中，7 人任教于小学；来自 14 个省市。

（三）中小学线上教学调查主要发现

1. 教师注重线上教育公平

习近平总书记在 2016 年考察北京市八一学校时指出，教育公平是社会公平的重要基础，要不断促进教育发展成果更多更公平惠及全体人民，以教育公平促进社会公平正义。习近平总书记还多次指出，我们的教育发展还不均衡，存在区域、城乡、校际的差距，还有很多短板要补齐。

本次调查发现，教师注重线上教育公平。填写问卷的教师有意识地针对线上学习条件不佳的学生提供额外帮助，如："我会通过各种方式帮助或者协助家长指导孩子的线上学习"均值 3.87，"我会对家长无力辅导的学生提供一些额外的帮助"均值 3.87，"对无法参加线上学习或者条件不佳的学生，我会提供一些其他学习方式加以补救"均值 3.72。

结合访谈数据可以发现，教师不仅仅关注线上学习硬件缺失引起的教育公平问题，也关注学生家庭背景差异引起的线上学习家庭支持力度差异，以及由此产生的教育质量差异，并自发探索相应的解决对策。被访教师表示，大部分中小学生的自律能力不强,家长的监督、支持对学生疫情期间的学习质量有很重要的影响。然而,不同背景的家庭对学生线上学习的支持力度差异较大。不少来自乡村地区的教师表达了担忧:"农村家长对教育的重视不够","部分家长受教育水平不高,难以辅导孩子学习","复工之后家长外出打工,孩子跟着爷爷奶奶,放松了学习"。

实践中,教师针对家庭背景不同引起的线上学习效果差异,采取了一些应对策略以确保学生线上学习的公平性。一位任教于农村学校的教师介绍:

因为是农村学校,所以家长的监督多数不能到位。我们暂时把学生拉进家长群,除了用小程序布置作业,每次还需把作业发到家长群,让学生及时查收作业。对于个别问题比较大的同学,我们会个别语音私聊,问清情况,帮助其解决学习难题。

教师采用的常见策略如下:加强家校联系——改变以往家校沟通主要由班主任教师发起的状况,各科任教师也在课后和家长进行充分的沟通;改变评价方式——改变以期末考试成绩为主的评价方式,通过将线上教学期间的月考成绩纳入期末总成绩的方式,督促家长对学生居家学习给予监督和支持。

2. 教师线上教学过程中重视奉献精神

教师对线上教学过程中的两类师德主张——教师线上教学体现奉献精神和教师应对学生开展德育工作——表示较高程度的认同:"完成同样的教学任务,线上教学时我要花费更多的时间"均值3.52,"我能根据学生的学习情况及时给予反馈与指导"均值3.68,"尽管线上教学需要付出更多精力,但让我觉得很有价值"均值3.44,"为了搞好线上教学,我花了很多时间去学习以提升线上教学能力"均值3.77,"我不断调整线上教学管理策略以强化学习纪律"均值3.76。

结合访谈资料可以发现,疫情期间的线上教学从两个方面对教师提出了奉献时间、奉献精力的要求。第一,线上教学是在应急情况下大规模开展的,不少教师的准备并不充分。因此,疫情期间的线上教学要求教师投入大量的时间、精力,来熟悉、掌握线上教学平台、软件,将传统教学环境下的教学设计转化为线上教学设计等。在教学完成之后,线上作业批改也较以往更加辛苦。被访教师举例:

老师们都很辛苦,几十份作业图片,每晚都要目不转睛地对着屏幕批改,腰酸背疼眼花,还可能双方沟通不畅,明明已经把好不容易批改好的作业发给家长,由于线上教学的限制,有些家长可能在忙其他事情,没有及时查看,无法及时反馈、订正作业,大大影响了老师和学生第一时间交流的宝贵机会。

第二,疫情期间线上教学过程中,师生互动机会有限。这和网速有限有关,与线上教学采用的模式也有关系。不少学校使用现成的教学资源,如市、区提供的录播视频,本校的录播/直播课。因此,教师在正式教学时间之外,需要投入额外的时间和精力与学生进行沟通和交流。

3. 教师线上教学过程中重视德育

习近平总书记在 2020 年全国抗击新冠疫情表彰大会上发表讲话,指出中国的抗疫斗争,充分展现了中国精神、中国力量、中国担当。伟大抗疫精神是中国精神的生动诠释,传承了爱国主义、集体主义、社会主义精神,发展了民族精神和时代精神,筑起了中华民族伟大复兴征程上新的精神丰碑,丰富了新时代教育内容,为培养德智体美劳全面发展的社会主义建设者和接班人注入了强大精神动力。在线上教学中,教师注重对学生开展"抗疫"精神教育。受访教师表示:"我会在上课的间隙给孩子们讲讲与疫情有关的故事,让他们了解抗疫英雄的伟大以及医务工作者的辛苦,提醒他们珍惜学习机会,好好学习。"

一些教师意识到,学校教育的价值不仅仅是知识的学习,还有行为的规范和训练。大部分被访教师注重线上学习过程中学生自律、勤奋、认真等品德的培育,如:有的教师仔细分析线上学习平台的数据,对学习态度不认真的学生给予特别的关注;有的教师通过检查学生听课笔记、课后作业等获知学生学习情况,为态度不认真的同学写批语,提醒他们不能懈怠学习,对做得好的同学则给予表扬;有的教师在早、晚自习期间,要求所有学生打开摄像头,通过朋辈认真向上的学习氛围影响,引导学生养成良好的学习习惯。

4. 教学之余关心学生、发展紧密的师生关系

线上教学之余,教师关心学生,发展紧密的师生关系:"线上教学过程中,我比平时更关心学生的情绪与态度变化"均值 3.59,"经历了此次线上教学,我觉得家长更能理解老师的工作了"均值 3.64,"经历了此次线上教学,似乎整个社会对老师职业有了更高的评价"均值 3.22。

结合访谈数据可以发现,教师非常关心学生的情绪、态度等。由于居家学习,一些学生产生孤独、抑郁等问题,毕业年级的学生则面临升学考试压力,也有部分青春期学生和家长产生冲突。

一位受访教师介绍她如何通过课后作业关心孩子的情绪、进行家校互动:

学习《找春天》时，我发布了这样一条"晓讨论"：你找到的春天是什么样的？这既是课后题，也符合当下的现实环境。孩子们积极参与，我认真聆听那些稚嫩的声音，发现即使在这个不能摘掉口罩、肆意享受花香的初春，他们描绘的春天依然充满童趣、春意盎然，让我非常感动。于是我请家长把一些富有创意和想象力的句子录成文字，评论在孩子的语音下方，方便大家欣赏。我把这些文字汇总到一起，拼成两张图片，再发给孩子们，并且准备正式开学后张贴到教室后面的展板上，相信孩子们一定成就感满满。

为了回应、解决学生的情绪问题，教师在线上教学之余，还开展线上班会活动，结合学生的实际情况，对学生进行鼓励或者引导，如讨论如何在家做个好孩子等。此外，教师更频繁地与学生开展一对一沟通，向学生提供及时的支持。这些付出和努力，得到了学生家长的认可。

5. 教师反思线上教学：提倡更民主的师生关系

反思本次疫情期间的线上教学，教师更认同民主型师生关系，更注重学生中心的教学方式，如："线上教学让我明白，只有对教学内容采用多种表现形式，才能吸引学生的注意力"均值3.72，"线上教学一定要让学生参与进来才有效，这也是课堂教学需要持续努力的地方"均值4.05，"任务驱动有利于学生线上学习，这对课堂教学也很有启发"均值3.94。

在访谈中，教师反思线上教学，强调学生在教学关系中的重要地位：学生并不是被动、消极的接受方。不少教师表示，经历了此次疫情期间的线上教学，更体会到学生不仅给教师带来幸福感、责任感，激发教师的工作热情和动力，更能促成教师实施教育，教学相长。有受访教师表示：

上网课的感觉就像是对着空气上课，填鸭式教学，缺少师生、生生互动，没有眼神的交流，课堂变得非常苍白，感觉像一个人在表演独角戏；而面对面授课会有很多师生、生生之间的交流，思维的碰撞会产生火花，良好的互动、融洽的课堂氛围以及学生的正向反馈会给我带来成就感。

四、总结

通过分析8 769名教师参与的问卷调查和对24名教师的访谈，发现疫情时期我国中小学教师对线上教学环境中的师德认知呈现动态的发展过程。

首先,在实际教学中,教师努力拓展对线上教学公平性的理解。教师在实际教学中,对相关政策、文件中有关线上教育公平性的表述进行了探索和实践,不仅关注线上学习硬件缺失导致的学生教育机会公平问题,也关注学生家庭背景差异导致的居家学习质量差异问题,并实施一系列的应对举措,以确保教育公平,体现教师的关怀伦理。

其次,教师将传统教学环境中的师德认知转移到线上教学环境。尽管大部分教师对线上教学的准备并不充分,但仍自动将传统教学环境中的师德责任转移到线上教学环境,如在线上教学中奉献时间、精力,注重对学生开展道德教育,教学之余关心学生,发展紧密的师生关系。

再次,基于传统教学环境的师德认知在线上教育环境中受到冲击。教师在线上教学过程中,体会、比较传统教学和线上教学的差异,对师生关系的民主化等形成更强的认同。

综上所述,经过疫情时期的大规模线上教学,线上教学师德培育途径理应成为师德研究的一个重要课程,其中教育信息技术与线上教学环境这两个因素特别需要引起注意。教育信息技术不仅仅是教师线上教学所使用的工具,它本身具有道德潜力,既能鼓励教师更多进行师德思考,又能成为教师实践线上教学师德的手段,如熟悉教育信息技术的教师更懂得通过软件、平台等关心学生学习的进展、效果、状态,更能通过多元化的技术手段与学生建立紧密的师生关系。另外,线上教学环境和我国的传统授课环境有很大的区别。我国在长期的教育实践中,基于传统教学环境形成了一系列有效的学生行为、道德训练模式,如教师的言传身教、班会课、教师对学生进行奖惩等,它们在线上教学环境中都受到一定程度的冲击。需要结合线上教学的真实情境,结合各地区中小学生的心理、学习特点,进行线上教学德育工具和形式的探索。

第三节　疫情时期线上教学:特级教师师德探索与实践

一、案例及相关评论

国家需要的时候就是担当的时候

年三十那天,特级教师窦桂梅接到教育部通知:受疫情影响,全国中小学可能无法按时开学,希望清华附小为全国小学生"停课不停学"准备线上直播课,时间预计为3

周。大年初二,清华附小4名校领导组成了应对疫情工作小组。大年初四,9个分工明确的教师工作群组建完成。

为保证每一节课的直播质量,窦桂梅建立了多方协同备课机制,由包括她在内的特级教师带领团队指导课堂,资深教师捆绑年轻教师,海淀区、北京市乃至全国的"第三方专家"进行课前诊断和课后点评,整体形成校长领衔、专家引领、特级同行、伙伴互助、自我反思的扎实教研链条。

直播的压力显而易见。有的教师从直播课上下来,后背已经被汗湿透。有的教师课上内容差20秒没能讲完,出了直播室抱着导师就哭。但大家都知道,压力最大的是窦桂梅。自从接下了任务,窦桂梅几乎天天睡不着。每天一睁眼就想着直播的安排,总是一边处理工作一边看直播,走路也在看。一节现场直播课的诞生,要经10版以上的修改、3次以上的审校。……疫情不断发展,直播课的时间从3周延长到5周,又从5周延长到9周,最终延续到学期末。窦桂梅也从大年初一一直忙到9月新学期开学,中间没有休过一天假,硬是带着学校358名教师给全国小学生播出了1162节直播课。6.54亿人次的观看数据,创造了中国教育电视台近年最高收视纪录,受众满意率高达91.28%。

提问:特级教师窦桂梅在疫情暴发以后,承担了哪些工作? 这些工作和其他教师的线上教学工作相比,对学生、对教育会产生哪些不一样的影响? 这些行为展现了哪些师德要素?

相关讨论中学员们总结:一方面,在疫情之下,资深教师如特级教师等也投身线上教学,体会、探索线上教学教师角色;另一方面,不少特级教师担任管理工作,被社会赋予更高的期望。案例中的特级教师窦桂梅,牺牲个人的休息时间,组织多方力量开展直播课的教研准备,带领全校教师制作优质直播课程,得到观众的好评,服务了疫情期间各地因疫情而居家学习的学生,体现了奉献、敬业、责任感、忠诚于教育事业等优秀品质。特级教师群体在疫情期间,结合其工作岗位或教师专业发展团队领导者的角色,进行了独特的线上教学教师角色探索,丰富了教师的师德内涵。

二、特级教师与线上课程建设

新冠疫情暴发之初恰逢我国春节，面对疫情造成的开学日期延后，线上优质课程的开发成为重中之重。因此，不少特级教师都积极地投身线上课程建设，成为国家和地方线上课程建设的重要力量。

国家中小学网络云平台是在 2020 年疫情突然暴发的情况下开发建立起来的。课程团队成员为来自清华大学附属小学、北京市中关村第三小学、北京市第一零一中学等 18 所学校的 470 余名优秀教师。为了给全国的孩子上好课，北京市中关村第三小学派出了来自 3 个校区的 80 多名教师，其中有多名市级学科带头人、骨干教师。

在我国的东部，上海市组织各学段、各学科 1 000 多名优秀骨干教师，组成了 100 多个教学团队，以课程标准和教学基本要求为基准，制作从小学一年级到高中三年级全学段、全学科的 5 000 多课时的优质教学资源，通过电视和网络等向分布在全国各地甚至世界各地的上百万名中小学生播放，最大限度地减少疫情对中小学教育教学活动的影响。

在我国的西部，2020 年参加宁夏在线课程录制的教师团队全部从自治区特级教师、塞上名师、骨干教师、国家和自治区优课大赛获奖者、"一师一优课，一课一名师"部级优课获得者、学科带头人等优秀教师中遴选，182 位名师一同备课、磨课、试讲、录课，完成各学科课程 325 节，确保了中小学和学前幼儿在线学习和游戏活动的需要。

在这些线上课程的建设过程中，特级教师如何理解发展师德、开展育德实践？以下将结合武汉市特级教师 G 及其工作室的课程开发工作展开介绍。

（一）责任担当，形成专业团队创编课程

2020 年初，武汉因疫情封城，学生居家学习，身心健康等也大受疫情影响。G 老师为体育特级教师，在疫情之初，受武汉市教育局委托，探索线上体育教学，帮助广大学生更好地在家中锻炼身体，抵御病毒侵害。

G 老师动员其名师工作室成员，形成了线上工作团队，成员结合各自的特长进行分工合作。G 老师与工作室 9 名成员成立"亲子运动课堂"项目策划组。工作室主持人 G 老师考虑到居家状态下健身空间和器材的局限，以及家人共同运动对心理健康

有益等因素,统筹设计"亲子运动课堂"课程。工作室成员分工合作,完成文案编辑、素材提供、视频制作、上网推送。

G老师及团队成员牺牲春节休息时间,创编教学资源,投入巨大。系列课程通过QQ、微信群自2020年1月29日开始向武汉各校学生推送。每课均有小学版和中学版,每日更新,共推送了30期,服务当地中小学生及其家庭,也为后续"停课不停学"空中课堂教学等提供了思路和参考。

(二)注重学科德育,组织课程互动

G老师的名师工作室在创编线上教学资源的同时,与线上学习的学生进行互动,在互动中实施学科德育。

据工作室的L老师介绍,课程开发的初衷是发挥体育学科的育人价值:2020年初,人们经历了武汉封城,更意识到身体健康、家人情感交流的重要性。体育学科无疑有其潜在的德育价值,但是体育学科的教学需要体育教师亲身示范,需要场地、器材和团队协助,如何在家里进行呢?教师有针对性地扬长避短,研究、开发居家锻炼的有效教学资源,从而"隔空"向家长和孩子提供居家锻炼指导,突破了传统体育教育的界限,拓宽了体育教育的空间,还缩小了亲子间的心理距离。

在课程材料的组织上,除了强调学科教学的体系性,设计符合青少年身体发展的活动项目外,还用活动设计凸显育德要素,促进身心交融和亲子互动。L老师指出:疫情期间,家人24小时都在一起,提供了难得的亲子运动机会。因此,活动设计注重亲子运动的趣味性、互动性和创造性,并考虑各年龄段孩子的心理特点,如小学生爱比赛,中学生喜欢对抗类活动,而且很多活动可以结合家里的情况作调整。教学资源的呈现力求清晰易懂,并且将场地居家化、器材生活化,利用家里的客厅、窗台等设计活动,将杯子、毛巾、凳子等转化为运动器材。

从2020年2月开始,通过搜集亲子打卡视频,并对精彩的视频进行剪辑,课程开发团队做了十余个精彩的视频集锦,每个时长为3到7分钟。在亲子打卡视频中,可以看到各种各样的家庭环境(客厅、小区花园、田间地头),学生和父母、兄弟姐妹身穿各种各样的衣服认真锻炼,积极、快乐的氛围隔着屏幕都能感受到。

图 7.2　亲子打卡视频集锦截图(室内)

图 7.3　亲子打卡视频集锦截图(户外)

　　视频集锦的背景音乐为 2020 年初武汉音乐人为武汉加油打气的公益歌曲《武汉伢》。如果不是背景音乐提醒,人们可能不一定会觉察到,视频中欢快开展亲子运动的家庭当时正处于疫情重灾区。另外,亲子打卡视频集锦也专门制作了医护家庭专辑,向"最美逆行者"致敬。

　　G 老师及其名师工作室成员创编的线上教学资源不仅得到推广和使用,也达到了积极的德育效果:通过亲子运动锻炼身体,增强抵抗力,同时促进亲子情感沟通,调适心理状态,还借助视频、音乐等进行抗疫教育。

（三）"互联网+"引领教师专业发展

疫情期间，特级教师探索"互联网+"引领教师专业发展模式。特级教师尝试借助信息化工具，如直播平台、腾讯会议、微信等，协助不同地区、不同学校、不同水平的教师超越时间与空间限制，开展教学互动与交流。

G 老师的"互联网+"教研模式，激励更多教师投身线上课程探索。G 老师的名师工作室成员、某区教研员 Y 表示，"亲子运动课堂"社会效应良好，工作室除了线上更新之外，也在线下作跟踪调查，推出的 30 期课程得到了 50 万人次的点击浏览。在参加"互联网+"教研的过程中，Y 教研员认识到工作室成员的创造力，启发她在自己所在的片区开展线上教研，优化"停课不停学"期间教师的教学策略，精心设计云教学。

在疫情之初，Y 教研员所在的片区教师分散在各地，开展线上教学准备时间不充分，居家教学的设备、场所等都有所欠缺。中小学体育课每周有 5 节左右，教师们须独立完成视频录制、剪辑，难度较高。于是，Y 教研员组织教师围绕这几个问题重组线上教学活动：教什么？怎么教？怎么评价？在研究"亲子运动课堂"的基础上，确定本区的教学模式和策略，并展开小组分工合作，制作教学视频。该片区共制作空中教学视频 135 课时，其中不少教师的教学视频得到好评。

三、特级教师与线上教学文化建设

不少特级教师在工作单位担任学校领导工作。疫情期间，尽管各校有国家及地方性的优质在线课程资源可供教师使用，但是学生学情千差万别，各校须构建本校线上教学文化。国内外校长教学领导力相关研究指出，校长主要通过影响下述两个条件影响教学文化：环境条件，设置教师教学相关的规则、程序等；文化条件，制订努力的目标、方向，培育集体文化和价值观等。

N 中学校长、特级教师 Z 在疫情时期，基于已有的智慧教育服务体系，完善在线教育管理体系，搜集学生数据、制定在线教育方案，引领教师改变对智慧教育的态度，提炼智慧教育模式，形成 N 中学线上教学文化。

（一）基于原有智慧校园服务体系设计线上教学系统

早在 2015 年 10 月，N 中学就开始了智慧校园建设，引进办公自动化平台开展各项工作,根据学校自身发展需求与文化特色,先后研发与校务有关的模块 26 项,如考勤、用车、请假、培训、维修、物品申购、公文流转、智能餐饮、智能晚修、智能宿管等。依托办公自动化平台实现无纸化办公和管理,提高了工作效率。比如智能晚修:值班班主任、值班领导、政教处利用互联网、大数据进行管理、评价,实现学生自主管理、自我约束。当前,智慧校园应用设备已形成多元化建设格局,基本覆盖了学校管理的方方面面,如校园办公平台的财务、班主任类应用,包含物品相关(物品申购、有序审核)、请假事宜(学生请假,家长可知,班级审核,数据共享)、仪容管理(仪容仪表检查数据速递,学生管理无死角)、点餐服务(为第 5 节有课的教师提供方便)。

基于智慧校园服务体系,结合学校学生生源地多元的实际情况,形成符合疫情需求的师生疫情台账系统,更高效、精准地搜集学生数据,对疫情下学生居家学习的地点、环境、健康情况加以把握。依托智慧校园服务体系,启动线上教学方案,推进各学科教学与互联网技术的深度整合,组织各科教师以微课、直播课、视频讲解等形式开展教学活动。

语文学科:使用云校家、智学网实现语文线上"面"批,使用智能阅读设备实现语文智能阅读,使用在线公开课实现沉浸式课本剧智能演播,打造语文与互联网技术的深度融合,让语文课程更加多元化、多样化,回归语文教学的本真。线上教学可以使教师了解学生的阅读情况,还可以向学生推送合适的阅读材料。

理科学科:使用云校家、智学网及教学终端布置作业、推送习题及解析,通过作品观摩对比讲解,实现典型问题收集并推送给所有学生,利用相关设备的答题功能及时反馈作业正确率,进行有针对性的讲解,而其同屏功能则便于进行实验展示。

英语学科:通过云校家、智学网的音频作业安排学生朗读课文及单词,使用教学终端解决作文批阅的及时性问题。

政史地等学科:通过云校家、智学网实现板书发送,协助小组合作讨论,加强课堂的引领功能,实现课后活动对课堂学习的延展。

(二)改变教师智慧教学理念,提炼智慧教学模式

随着信息技术融入校园生活,N 中学教师的观念发生了变化:不再困惑于到底要不要使用相关技术,而是一致认为教育信息化已经成为日常教学和管理的必需品,深刻影响着教育的发展和改革。N 中学高一、高二、高三 54 个教学班全部使用智慧课

堂,智慧教学运行已实现常态化,因此,疫情时期线上教学过渡比较顺利。绝大部分教师对智慧教学的引入给予高度的肯定。在智慧教学实操中,备课组根据学科特色,筛选与组合智慧课堂应用模块,形成可借鉴、可推广的智慧教学模式,即依托多样化教学服务平台的"1366"智慧教学模式。

"1"指一个理念,即线上线下相结合的混合式教学理念。N中学教师的教育教学全过程秉承线上线下相结合的混合式教学理念,线上收集数据,线下评讲、讨论、总结。学校有效搭配师资,组建线上班级,实现精准化教学。线上线下教学相结合,扬长避短,取利去弊。线上说理,线下育情,提升教育教学的针对性和实效性。

"3"指三大环节,即课前、课中、课后。学校完善智慧学习系统,整合学习资源,利用学习终端、教师触控一体机等教学工具,实现教学辅助、互动教学、个性化辅导、即时批阅、即时分析等一体化智能教学功能,及时反馈课前导学、课中互动、课后作业三大类学习信息,变革课堂形式,扩展教学内容,转变教师角色,提高教学效率,改变学生的学习状态和学习习惯。

课前让学生自主预习、自主学习,培养学生自主学习能力。课前,教师向学生推送预习或自学要求、微课与微课件等学习资源,并根据学生提交的预习作业及时调整教学内容和进度。课中,让学生小组合作,培养学生的合作精神、探究能力,教师根据学生课前预习完成情况,在课堂上引导学生合作、交流、总结、展示。课后,强化拓展巩固提升,教师通过批阅学生提交的作业及分析平台的数据,及时掌握学生的学习情况,并根据学生的共性问题进行线上、线下辅导,同时推送相关资源供学生课余拓展学习。

第一个"6"指六类辅导。为及时解决学生学业问题,经过探索,N中学尝试基于互联网的六类在线辅导,利用智能终端,形成"流动课堂"。目前,学校在线辅导的主要内容有针对学优生的A++"N对1"在线微辅导、针对中等生的"大组互助"在线答疑辅导、针对待优生的周六在线直播辅导、针对寒暑假作业的在线直播辅导、针对高一新生的先修课程在线录播辅导、针对本周知识点的在线轮测辅导,初步形成了全方位、多层次、个性化的在线辅导模式,为学生争取个性化发展的时间。

第二个"6"指六项创新。建设基于"互联网+教育"的学生创新发展中心,组建创新教育团队,探索推进项目式教学模式。整合现有的创新资源,形成智能语文阅览室、虚拟采编演播室、机器人工作室、创客空间工作室、人工智能实验室、虚拟仿真实验室等六大创新实验基地,为学生搭建创新素养活动的平台。学生根据自己的兴趣和爱好,自主选择创新实验基地。教师深入研究教材和课程标准,把握学科本质,悉心选取素材,精心设计项目情境、内容、目标,培养学生问题意识、发散思维、合作精神、创新能力。

如 Z 校长所总结的,经过智慧教学的尝试,不仅学生的"学"在发生改变,老师的"教"也在改变。通过自主学习、分层学习、师生互动等,实现了"人人皆学、时时能学、处处可学"的"流动课堂"。高效率的学习使学生在学习之余有更多的空间和时间来发展自己的素质、培养自己的能力,促进学生个性化发展。互联网、人工智能、大数据等现代技术以其强大的支持功能,开始影响教育理念、教育方式、教育文化、师生关系等,这使得教育产生了新的时代特点。

四、疫情时期线上教学特级教师的师德探索与实践

2020 年疫情时期,我国的特级教师在教育教学的多个方面发挥了重要的带头、示范作用,对线上教学的教师角色进行探索。

讨论线上教学师德的现有文献,较多针对个体教师的角色进行剖析,较少讨论教师群体师德的发展。然而,我国的实际情况是,教师日常教育教学工作有着悠久的集体主义传统,如教研工作的开展常依托校学科教研组。近年来,我国对特级教师的示范作用日益重视,《教师教育振兴行动计划(2018—2022 年)》提到:"实施中小学名师名校长领航工程,培养造就一批具有较大社会影响力、能够在基础教育领域发挥示范引领作用的领军人才。"专家型、研究型特级教师具备优秀教学思想和教学特色,展现出特有的教师人格魅力,对学科建设发展和年轻教师培养,尤其是教师的专业成长及师德培育,有着重要而深远的影响。特级教师已经不仅仅是个体意义上的教师了,他们常以多种形式聚拢一大批志同道合的教师,形成群体意义上的教师,如前述名师工作室等。因此,分析特级教师在线上教学中的师德探索和实践,有助于从集体主义文化视角,进行线上教学教师角色研究。

特级教师在疫情时期的线上教学中,凸显了其组织领导角色。不同于已有文献提及的管理、教学、评价、技术、美德等方面,此处的组织领导角色有两层含义。

第一,特级教师面对疫情带来的线上教学环境,统筹全局,结合当下的社会、学生需求以及自己的专长,厘定新的教育教学任务,承担教育教学领域的新责任。因此,组

织领导角色相对于个体教师的线上教学来说，是一个上位的角色。组织领导角色的工作既包含引领，也包含管理、教学、评价、技术、美德等方面，其凸显的教师职业道德要素指向教师和学生、教师和社会的关系，主要涉及奉献、终身学习、关心、育德、勇气等。

如 G 老师针对疫情期间所在城市封城，学生缺少锻炼、心理压力较大的情况，发挥自己的专业所长，直面学生、社会的急迫需求，在正规学校教育尚未开展"停课不停学"的空白时段，向学生提供专业服务。在课程资源开发中，G 老师带领其名师工作室成员积极奉献，传递了教育者对学生的关心，担起了教育者的社会责任。

在课程资源的开发中，G 老师投入大量的时间、精力，统筹线上教学的多个角色及其任务，如：设计亲子运动的形式，使线上教学适合居家学习；及时跟进调查，搜集亲子打卡视频加以剪辑，对学习者既是鼓励也是评价；突出思考线上教学的育德意义。让冰冷的屏幕在输出学科知识的同时，也输出教育温度，要求教师重新体悟师德素养；将空前庞大的课程资源进行精细加工后再输送，要求教师对教育加深认识；将"生活即教育"内化成"尊重生命"、"健康生活"的育人素材，要求教师科学重构学科课程；从面对有常生活的"知识育人"转向应对无常灾难的"生存育人"，要求教师对学科本质再作理解，对育人方式再作反思。

第二，组织领导角色的工作不再局限于线上教学中的师生关系、家校关系等，而是进一步拓展到教师和教师关系的层面。特级教师在线上教学的过程中，承担起教师教育者的责任，协助其他教师提升专业素养，从而完成服务社会的使命。此处凸显的教师职业道德要素指向教师和教师、教师和社会的关系，主要涉及模范示范、专业引领等。

如 G 老师通过课程资源开发，协助其他教师适应线上教学新环境，影响更多教师的专业发展。G 老师表示，疫情是一次灾难，也是一次契机，它倒逼教师不得不站在新的起点上，去实现自身职业能力的再提升，使线上课程教育化，让疫情情境化，让教师完成从"操场领袖"向"客厅教练"的角色转变，让教师急速成长起来，意外地获得与不确定的世界共舞的能力。通过"亲子运动课堂"，团队成员得到成长，并把在名师工作室收获的经验，迁移到自己的工作岗位上。

Z 校长以全校推进的方式，进行学校教学管理、学科教学的智慧化探索。面对2020 年疫情下的线上教学，其领导的学校教师群体不仅在教育信息化技术方面有充分的准备，熟悉各类线上教学平台，而且在教学观念方面作了充分的调整，深刻认识线上教学对教育教学的价值和意义。

特级教师线上教学中组织领导作用的发挥,既涉及日常课程教学中师生的课内外互动,也涉及围绕线上教学开展的教师群体学习活动。特级教师在教师群体学习活动中,结合自身专业知识,带领其他教师搜集知识、分析知识、整合知识、传播知识,推动群体的价值观建设,鼓励知识共享和成长等。

总之,在后疫情时代,线上教学将成为教育常态之一,汇集全国各地名师的线上教学资源将成为面向广大师生的优质课程资源。教研活动将开始使用线上线下混合的方式开展,如:线下教研活动通过网络直播的形式传送给远程观摩的教师,开展线下线上同步研讨和互动。这些尝试将为师德修养与育德实践提供新的时空条件,值得师德研究者探索。

本章案例教学建议

◆ 案例教学定位

本章主题为线上教学师德,因此本章案例教学旨在帮助学习者关注线上教学这一新时空,辨别线上教学教师师德,反思自己的线上教学工作,融入线上教研共同体,明确自己线上师德工作的重点。

◆ 案例教学提问要点

结合建构主义学习理论,本章案例教学提问注重帮助学习者梳理、反思线上教学对其师德修养、育德实践的影响,主要提问形式如下:

和线下教学相比,你在线上教学中最关注学生哪些方面的成长?

线上教学给你带来的最大变化和发展是什么?

你和你的同事探索出哪些有效的线上育德方式方法?

这个案例给了你哪些启发?

◆ 案例教学推荐开展的活动

案例阅读、小组与班级讨论、分享自己或其他教师的线上教学经历。

思考题

1. 观看国家中小学智慧教育平台(https://www.zxx.edu.cn)学科教学视频,分析线上教学的特点。

2. 结合你线上学习或教学的经历,思考线上教学教师的师德角色,指出你认为最需要关注、改进的地方。

3. 阅读 2020 年全国教书育人楷模事迹,结合线上教学,分析特级教师在疫情期间发挥的独特作用。

相关教学资源

教育部:《中小学德育工作指南》

教育部等五部门:《教师教育振兴行动计划(2018—2022 年)》

教育部基础教育司:《疫情期间中小学线上教学工作情况》

教育部:《走近 2020 年全国教书育人楷模》

主要参考文献

[1] 陈骁,官芹芳,徐星.未来学习你准备好了吗?——在线教学与教育新常态[M].上海:上海教育出版社,2020.

[2] 冯建军.后疫情时期重构教育新常态[J].中国电化教育,2020(09):1 − 6.

[3] 梁林梅,蔡建东,耿倩倩.疫情之下的中小学在线教学:现实、改进策略与未来重构——基于学习视角的分析[J].电化教育研究,2020,41(05):5 − 11.

[4] 唐斯斯,杨现民,单志广,等.智慧教育与大数据[M].北京:科学出版社,2015.

[5] 田蕊,熊梓吟,ROMUALD N.疫情之下全球教与学面临的挑战与应对之策——OECD《2020 应对 COVID − 19 教育指南》解析与思考[J].远程教育杂志,2020,38(04):3 − 14.

[6] 万昆,郑旭东,任友群.规模化在线学习准备好了吗?——后疫情时期的在线学习与智能技术应用思考[J].远程教育杂志,2020,38(03):105 − 112.

[7] 王继新,韦怡彤,宗敏.疫情下中小学教师在线教学现状、问题与反思——基于湖北省"停课不停学"的调查与分析[J].中国电化教育,2020(05):15 − 21.

[8] 魏非,闫寒冰,李树培,等.基于教育设计研究的微认证体系构建——以教师信息技术应用能力为例[J].开放教育研究,2019,25(02):97 − 104.

[9] 习近平总书记教育重要论述讲义编写组.习近平总书记教育重要论述讲义[M].北京:高等教育出版社,2020.

[10] 杨俊锋.面向数字一代学习者的智慧教室设计与评价[M].北京:中国社会科学

出版社,2017.

[11] 于勇,孙艺倩.疫情防控背景下"空中课堂"线上教学分析[J].中国电化教育,2020(05):47-49.

[12] 张永波.智慧教育伦理观的建构机理研究[J].中国电化教育,2020(03):49-55+92.

[13] 赵冬冬,曾杰."互联网+"视域下跨区域教学共同体建设研究——兼议"三个课堂"应用.中国电化教育,2021(02):97-104.

[14] BERGE Z L. Facilitating Computer Conferencing: Recommendations from the Field [J]. Educational Technology, 1995,35(01):22-30.

[15] CARR D. Moral Values and the Teacher: Beyond the Paternal and the Permissive [J]. Journal of Philosophy of Education, 2003,27(02):193-207.

[16] COPPOLA W N, HILTZ R S, ROTTER N. Becoming a Virtual Professor: Pedagogical Roles and Asynchronous Learning Networks [J]. Journal of Management Information Systems, 2002,18(04):169-89.

[17] DIMMOCK C. Conceptualising the Research-Practice-Professional Development Nexus [J]. Professional Development in Education, 2016,42(01):36-53.

[18] MARKS H, PRINTY S. Principal Leadership and School Performance: An Integration of Transformational and Instructional Leadership [J]. Educational Administration Quarterly, 2003,39(03):370-397.

[19] NODDINGS N. Educating Moral People: A Caring Alternative to Character Education [M]. New York:Teachers College Press, 2002.

[20] PULHAM E, GRAHAM C. Comparing K-12 Online and Blended Teaching Competencies: A Literature Review [J]. Distance Education, 2018,39(03):411-432.

[21] SCHJETNE E, AFDAL H W, ANKER T, et al. Empirical Moral Philosophy and Teacher Education [J]. Ethics and Education, 2016,11(01):29-41.

[22] WALKER A. Leaders Seeking Resonance: Managing the Connectors That Bind Schools [J]. International Journal of Leadership in Education, 2012, 15 (02): 237-253.